기업의 지속가능성과 경쟁력의 기반

조직문화와 조직정체성

| 장용선 지음 |

창 민 사

※

머리말

최근 4차 산업혁명은 전 세계 경제와 기업경영에 큰 변화를 불러일으키고 있다. 특히 인공지능을 대표하는 생성형 AI는 기업의 경영관리를 근본적으로 뒤흔들고 있는 상황이다. 그러나 이러한 첨단기술의 발전을 주도하고 이러한 기술을 응용하여 사업화를 시도하는 주체는 기업 구성원 자신들이라는 점은 의심할 여지가 없는 명확한 사실이다. 그리고 조직에서 기업 구성원들을 지배하는 가장 상위의 가치는 조직문화와 조직정체성이다. 첨단기술에 의해 4차 산업혁명이 진행되고 있는 현시점에서도 사람을 움직일 수 있는 조직문화와 조직정체성은 기업의 지속가능성과 경쟁력을 갖추는 데 가장 중요한 핵심 요소이다. 특히 현재와 같이 불확실성이 높은 사업환경에서 경영자들은 자신들의 조직문화와 조직정체성의 기능을 심층적으로 이해하고 기업경영에 이를 활용하여야 한다. 이는 기업의 성과가 높은 경우에도 예외가 될 수 없다. 특히 과거에 우수한 성과를 기록한 기업의 경영자들은 구성원들이 인식하고 있는 사고의 고착화를 경계하여야만 한다. 기존의 조직문화와 조직정체성은 움직이지 않으려는 관성의 속성을 지니고 있다. 이러한 현상은 성공한 기업에서 두드러지게 나타나며, 최근 이러한 관성으로 쇠퇴의 길을 걷고 있는 인텔과, 스마트폰 시장에 적응하지 못하여 몰락한 노키아의 사례를 통해서도 이를 확인할 수 있다. 반면에 엔비디아는 세계에서 가장 규모가 큰 벤처기업의 조직문화로 전 세계 반도체기업 중 1위 기업으로 우뚝 올라섰다.

본서는 조직문화와 조직정체성의 기본 개념 및 관련 사례들을 풍부하게 담고 있다. 많은 경영자들이 자신들의 기업문화 혹은 조직정체성에 큰 관심을 갖고 이를 언급하고 있지만 학술적인 의미전달은 충분하지 않은 상황이다. 조직문화나 조직정체성은 조직구성원들의 집합적인 행동을 촉진하거나 혹은 제약하는 메커니즘을 설명해준다. 또한 조직문화와 조직정체성은 조직단위 행동에 기반한 거시적인 관점으로 경영전략, 조직변화, 인적자원관리시스템과의 관계를 조직수준에서 효과적으로 설명할 수 있다.

이 책은 조직문화와 조직정체성의 다양한 개념 및 현상을 국내외 학술 및 시사 자료를 기반으로 깊이 있는 기본 개념과 이와 연관된 국내외 기업사례를 통하여 독자들에게 보다 쉽게 설명하고자 노력하였다.

본서는 총 3장으로 구성되어 있다. 1장 서론에서는 조직문화와 조직정체성의 기본 개념 및 기업경영에 대한 의미, 둘 사이의 관계에 초점을 두어 서술하였다. 또한 서론에서는 조직문화와 조직정체성이 학술적이며 실용적 관점에서 중요한 이유에 대해 기술하였다.

2장의 조직문화에서는 1절에 조직문화의 인공물, 2절은 조직문화의 가치, 3절에는 조직문화 구성요소들 사이의 역동성, 4절에 조직문화의 통합적 접근, 5절 조직문화와 리더십, 6절에서는 조직문화 관점, 7절은 조직문화의 형성 및 변화, 8절에서는 조직문화와 전략의 정렬을 각각 설명하였다. 1절에서 기술된 조직문화의 인공물은 조직문화의 토대이자 시작점으로서 중요한 의미가 있다. 2절에서 조명된 조직문화의 가치는 조직문화의 압축된 내용을 담고 있다. 3절에서 다루어진 조직문화 구성요소들 사이의 역동성은 조직문화의 인공물, 가치, 상징, 가정 사이의 관계를 설명하여 조직문화를 보다 깊이 있게 이해하도록 해준다. 4절에서 부각시킨 조직문화의 통합적 접근은 조직의 역사적 전통과 깊은 관계가 있는 통시적-통합적 차원과 특정 시점의 조직상황과 연결짓는 공시적-전형적 차원을 설명하고 있다. 5절에서 설명된 조직문화와 리더십은 조직문화 형성에 중요한 문화적 리더십을 기술하였다. 6절에서 다루고 있는 조직문화의 관점은 통합, 차별, 분할의 3가지 관점으로 설명하였다. 7절에서 초점을 둔 조직문화의 형성 및 변화에는 문화변화를 촉발하는 요인과 문화변화의 정착에 초점을 두었다. 8절의 조직문화와 전략의 정렬은 상황론적 관점에서 둘 사이의 관계를 조명하였다.

3장의 조직정체성은 1절에서 조직정체성 개념, 2절에서는 조직문화와 조직정체성과의 관계, 3절은 조직이미지와 조직정체성, 4절의 내용은 미래지향적인 조직정체성, 5절은 다중조직정체성, 6절의 내용은 조직정체성과 전략경영으로 구성되어 있다. 1절의 조직정체성 개념은 심리학과 사회심리학에서 개발된 개인의 정체성으로부터 유래하였다. 저자는 이를 기반으로 본 절을 서술하였다. 2절에서 저자는 조직문화와 조직정체성과의 관계를 반영하기와 표현하기에 기반한 상호역동적인 영향을 기반으로 서술하였다. 3절에서 조직이미지와 조직정체성은 상호 반사하기와 영향력 행사하기를 통해 서로 영향을 주고받는다. 본 절은 이러한 과정에 초점을 두어 기술되었다. 4절의 미래지향적인 조직정체성은 미래의 바람직한 조직정체성을 형성하는 데 고려하여야 할 요소들을 중심으로 기술되었다. 5절의 다중조직정체성은 다양한 사업이나 집단으로 구성된 대규모 조직에서 흔히 관찰되는 조직정체성 문제를 다루고 있다. 6절의 조직정체성과 전략경영과의 관계는 전략 선택과 조직정체성 차이 조정, 전략변화로 인한 탈정체성과 새로운 정체성 형성, 전략선택과 조직정체성 선언, 인수 · 합병 및 내부사업다각화와 조직정체성, 전략유지와 조직정체성의 관성, 전략적 재지향과 조직정체성의 부활을 다루었다.

필자는 조직문화를 주제로 박사학위를 받은 이래 조직문화를 주로 연구하였고 대학교에 전임교수로 부임한 후에는 조직정체성에 관심을 갖기 시작하였다. 본서는 조직문화와 조직정체성을 대상으로 필자가 그동안 발표한 논문과 관련 문헌 및 수집한 사례를 포함시켜 독자들이 이들 분야에 관심과 흥미를 유발할 수 있도록 구성하였다. 이 책이 조직문화와 조직정체성 분야에 대한 독자들의 이해를 넓히고 관련 연구의 발전에 기여할 수 있기를 바란다. 본서를 출간한 창민사는 1999년 창립 이래 많은 전문 학술서적을 출간한 경험이 풍부한 출판사이다. 이 책의 출간을 흔쾌히 허락하여 주신 창민사의 윤동구 사장님께 깊이 감사드린다.

2025년

저 자

※

차 례

1장 서 론 • 13

2장 조직문화 • 31

1. 조직문화의 인공물 31

1) 의례(rituals)와 의식(rite) 36

(1) 통과의식(rites of passage) • 41

(2) 강등의식(rites of degradation) • 43

(3) 향상의식(rites of enhancement) • 43

(4) 재건의식(rites of renewal) • 44

(5) 갈등감소의식(rites of conflict reduction) • 45

(6) 통합의식(rites of integration) • 45

2) 이야기(stories), 무용담(saga), 신화(myths), 사회드라마(social drama) 46

(1) 이야기(stories) • 47

(2) 신화(myths) • 50

(3) 영웅과 무용담(saga) • 53

[사례1] 현대그룹 창업자 정주영 • 55

(4) 자기와의 대화(autocommunication) • 56

(5) 사회드라마(social drama) • 57

(6) 문화적 네트워크 • 59

3) 상 징 60

(1) 상징의 개념적 정의 • 60

(2) 상징의 기능 • 67

(3) 상징적 수단 • 70

4) 조직구조 및 권력배분 77

(1) 조직구조 차원 • 77

(2) 구조화와 조직문화 • 79

5) 인적자원관리시스템 84

(1) 인적자원관리와 조직문화와의 관계 • 84

(2) 최근 인적자원관리의 흐름 • 90

[사례2] 일본의 기린 • 94

2. 조직문화의 가치 96

1) 경쟁가치모형 96

(1) 시장형문화(Market Culture) • 98

(2) 씨족형문화(Clan Culture) • 99

(3) 가변형문화(Adhocracy Culture) • 100

(4) 위계형문화(Hierarchy Culture) • 102

2) 데니슨(Denison) 모형 103

[사례3] 프록터 앤드 갬블(The Procter & Gamble, P&G) 등 5개사 • 106

3) 위너(Yoash Wiener) 모형 ········ 111
4) 딜(Deal)과 케네디(Kennedy) 모형 ········ 114
5) 조직문화 목록(The Organizational Culture Inventory: OCI) 모형 ········ 116
6) 조직문화 프로필(The Organizational Culture Profile: OCP) 모형 ········ 117

3. 조직문화 구성요소들 사이의 역동성 ········ 119
1) 명시화(manifestation) 과정: 가정과 가치와의 관계 ········ 122
2) 현실화(realization) 과정: 가치와 인공물 사이의 관계 ········ 124
3) 상징화(symbolization) 과정: 인공물과 상징 사이의 관계 ········ 126
4) 해석화(Interpretation) 과정: 상징과 가정 사이의 관계 ········ 128

4. 조직문화의 통합적 접근 ········ 130
1) 인공물, 가정 및 가치의 통합 ········ 130
2) 통시적(diachronic) -통합적(syntagmatic) 차원 ········ 132
3) 공시적(synchronic) -전형적(paradigmatic) 차원 ········ 133
4) 상징 변환으로서의 조직변화 ········ 134

[사례4] 웅진그룹 • 138

5. 조직문화와 리더십 ······ 140

[사례5] 오이솔루션 • 142

[사례6] 미국의 메이요 병원(전 세계 종합병원 중 최상위 병원 중 하나) • 145

[사례7] 일본 도요타 자동차(최근 5년 연속 전 세계 자동차 회사 중 매출 1위) • 148

6. 조직문화 관점 ······ 150

[사례8] 미국 GM • 152

7. 조직문화의 형성 및 변화 ······ 156

[사례9] SK그룹 • 158

[사례10] 미국의 3M • 160

8. 조직문화와 전략의 정렬 ······ 165

[사례11] 펩시코(펩시콜라 모기업)에서 분사한 얌! 브랜즈(Yum! Brands, Inc.) • 170

3장 조직정체성 • 173

1. 조직정체성 개념 ······ 173

2. 조직문화와 조직정체성과의 관계 ······ 174

3. 조직이미지와 조직정체성 ······ 179

4. 미래지향적인 조직정체성 ············ 181

5. 다중조직정체성 ············ 183

[사례12] 현대그룹 • 184

6. 조직정체성과 전략경영 ············ 187

1) 전략 선택과 조직정체성 차이 조정 ············ 188

[사례13] 덴마크의 Bang & Olufsen • 191

2) 전략변화로 인한 탈정체성과 새로운 정체성 형성 ············ 195

[사례14] 두산그룹 • 196

3) 전략 선택과 조직정체성 선언 ············ 198

[사례15] 삼성전자(장용선, 2018a) • 199

4) 인수·합병 및 내부사업다각화와 조직정체성 ············ 201

[사례16] SK그룹 • 202

5) 전략유지와 조직정체성의 관성 ············ 203

[사례17] 핀란드의 노키아 • 203

6) 전략적 재지향과 조직정체성의 부활 ············ 205

[사례18] 덴마크 레고 • 207

참고문헌 ············ 210

1장

※

서 론

불확실성이 높은 현대의 기업경영 환경은 과거에 비해 조직을 최신 상태로 유지하고, 미래를 정확하게 예측하며 조직의 방향성을 일정하게 유지하는 것을 어렵게 만들고 있다(Cameron & Quinn, 1999). 이러한 경영환경에서 조직구성원들의 태도와 행동에 큰 영향을 미치는 조직문화는 그 중요성이 점점 더 커지고 있다.

조직문화 개념의 중심이 되는 배경 학문은 문화인류학이다. 조식분화는 1970년대 초에 나타나기 시작하였지만, 경영학 연구자들은 1980년대까지 조직문화의 개념을 보편적으로 받아들이지는 않았다. 이러한 상황에서 Schein(1985)은 다른 연구자들(문화인류학자나 민속학자)보다 먼저 조직문화를 분석하고 조직의 문화개입에 대한 개념적인 틀을 명확히 하였다. 일부 조직연구자들은 그의 아이디어를 적용하였고, 또 다른 일부는 그의 접근방법에 도전하였다. 예를 들면, 하위문화 연구자들은 조직문화는 단일하다는 그의 주장에 대해서 반박하였다. 또한 상징적 해석주의자들은 그가 주목하지 않은 관점을 추구하였다. 상징적 해석주의자들은 조직에서 상징물이나 구성원들의 상징적인 행동에 관심을 집중하고 다양한 방법으로 이러한 현상을 해석하였다(Hatch, 1993).

합리적 모델에의 과도한 의존으로 전통적인 조직 및 경영 이론은 상징의 중요성과 의미를 충분히 파악하지 못하였다. 합리적 모형들은 인간활동의 복잡한 형태를 지닌 특성보다는 공식적이고 합리적인 측면에 관심을 집중함으로써 조직의 본질을 과도하게 단순화시켰다는 비판을 받을 수 있다. 조직의 상징주의를 연구하는 이유는 조직은 기계 혹은 적응적인 유기체와 같이 단순한 시스템이 아니라는 것이다. 조직은 문화적 활동의 복잡한 패턴을 나타내는 인적시스템이다. 조직구성원들은 언어를 사용하여 은유(메타포)를 창조하고 해석하며, 사건이나 행동의 대상들에 의미를 부여하고, 조직 삶과 관련된 의미를 추구한다. 이처럼 조직구성원들은 상징적으로 행동한다. 상징적인 능력은 공식조직과의 관계를 통해 높여질 수 있다. 그리고 조직의 제도들은 역사를 창출하고, 공통적인 관점을 만들어내고 상징적인 수단을 통한 복잡한 과정을 거친다. 따라서 조직은 본질적으로 상징에 의해 구성된 실체이다(Morgan, Frost, & Pondy, 1983).

조직문화는 집단구성원들이 맥락적으로 적절한 증거들을 명확히 이해할 수 있는 공유된 이해, 해석 혹은 관점의 집합으로 기술된다. 조직연구에서 문화는 사회인지론이나 맥락적 의미형성과 연관성이 강하다. 또한 조직문화는 집단구성원들이 그들의 경험을 조직화하는 방법과 관련되어 있다(Barley, 1983). 조직문화는 2가지의 기본적인 요소를 가지고 있다. 첫째는 이데올로기와 규범, 가치에 담겨져 있는 의미 네트워크이다. 둘째는 문화의 형태나 관행으로서 의미가 구성원들에게 전달되고 표현되는 것들이다. 연구자들은 조직문화의 형태를 분석하는 것에 의해서 특정 문화를 구분짓는 의미를 찾아낸다(Trice &

Beyer, 1984).

조직문화는 조직마다 구분되는 조직의 공유된 가치, 규범, 신념의 형태를 지니고 있다(Higgins & McAllaster, 2002). 또한 조직문화의 가치는 조직에 새로 들어오는 새로운 구성원들이 조직에 대해 지각하고, 생각하고, 느낄 수 있도록 하는 기능을 한다(Schein, 2004). 조직문화 용어는 패티그루(Pettigrew)가 1979년 조직을 다루는 학술지인 계간관리과학(Administrative Science Quarterly)에 발표한 논문에서 처음으로 사용한 것으로 알려져 있다(Hofstede, Neuijen, Ohayv, & Sanders, 1990). 따라서 경영학에서 조직문화 개념이나 용어는 그리 오래되지 않았다.

조직문화는 변수로서 보는 관점과 근본은유(root metaphor)로서 보는 관점으로 구분할 수 있다. 문화를 변수로 보는 관점에는 비교문화 접근방법과 기업문화 접근방법이 있다. 근본은유로서 보는 관점에는 인지적 관점, 상징적 관점, 구조 및 정신역동 관점이 있다. 문화를 변수로 보는 관점은 조직이 문화를 품고 있다는 관점으로 조직문화와 조직 관련 변수 및 성과와의 관련성을 규명하려는 데 초점을 둔다. 따라서 이 경우에 조직문화는 주로 조직의 결정변수(critical variable)로서 하나의 독립변수가 된다(Smircich, 1983a).

반면에 근본은유로서 보는 관점은 조직의 문화적 현상이 나타나는 의미와 과정에 근본적인 관심을 두어 조직의 구성과 의미가 무엇인가에 초점을 두고 있다. 따라서 이 경우에는 문화는 단순히 하나의 변수차원을 벗어나 조직에서 발생하는 현상 그 자체로서의 근본은유가 된다. 기업문화적 접근방법(corporate culture approach)은 문화를 내부변수로 본다. 조직의 문화창출 현상에 주목하여 조직의 문화적 요소에 집중한다. 조직문화의 맥락변수들은 조직의 목표, 구조, 관리시스템, 생산시스템, 사회문화시스템, 규모, 기술, 리더십 패턴 등이다. 조직문화는 공유된 핵심 가치와 신념으로 인식되고 조직헌신 촉진, 일체감 향상, 조직의 안정성 향상, 조직행동 형성 및 지도 등 조직 내에서 중요한 기능을 수행한다(Smircich, 1983a).

조직문화의 근본은유 관점은 조직은 문화로서 이해될 수 있다고 생각하며 조직문화의 수단적인 차원을 넘어 조직의 표현행태나 인간 의식의 발현에 초점을 둔다. 인지적 접근방법은 Goodenough's 민족지학(ethnoscience), 상징적 접근방법은 Geertz's 상징적 문화인류학(symbolic anthropology), 구조-정신역동적 접근방법은 Levi-Strauss' 구조주의에 기초한다. 인지적 접근방법(cognitive approach)은 문화를 인지시스템 혹은 지식과 신념의 시스템으로 보고 물질적 현상, 사물, 사건, 행동, 감정을 인지하고 조직화하는 것으로 이해한다. 따라서 이 방법은 구성원들의 행동을 이끄는 규칙과 논리가 무엇인가를 규명하려는 데 초점을 두고 있어 조직문화의 구조적 실재(structural reality)를 밝히고자 한다. 인지적 접근방법이 채택하고 있는 대표적인 방법은 의미영역 분석(domain analysis), 분류학적(taxonomy) 분석, 성분(componential) 분석, 문화주제(cultural themes) 분석을 포함하는 형식(formal) 분석이다. 상징적 접근방법(symbolic approach)은 조직문화를 사람들의 경험을 해석하고 행동을 유도, 규제하는 의미와 상징의 체계로 정의한다. 상징은 개념을 전달하는 모든 사물, 사건, 내용, 관계로 이해된다. 상징적 접근방법은 사회 또는 문화를 공유된 상징과 의미체계로 보고, 조직문화와 관련된 주제들의 해석에 주력한다. 따라서 이 방법은 내재하는 의미체계를 설명하기 위하여 상징들이 의미 있는 관계로 연결되는 방법을 고찰하고, 이것이 인간의 행동에 어떻게 연결되는지를 밝히고자 한다. 구조-정신역동적 접근방법(structural & psycho-dynamic approach)에서 구조주의는 원인 사이의 관계에서 형성되는 결합 망으로 형식요인에 초점을 둔다. 따라서 이 접근법은 실제 일어나고 있는 사회적 요인들 간의 기능에는 최소한의 관심을 두고, 구성요소의 본질에 주로 관심이 있다. 구조-심리역학적 접근방법은 무의식적인 심리 과정의 표현으로 문화를 간주한다. 따라서 이 방법은 조직의 형태와 관행이 무의식적인 과정을 표출해 내는 방식을 이해하려고 노력하며 무의식적 과정과 의식적 표현 사이의 상호작용 분석에 초점을 둔다(Smircich, 1983a).

한편 조직문화에 대한 개념적인 분석 틀로 Schein(1985, 2004)의 모형은 지금도 널리 받아들여지고 있다. 그는 조직문화 개념을 체계적으로 정리하였으며 조직문화를 인공물(artifacts), 가치(value), 기본 가정(basic assumption)의 3단계로 설명하였다. 조직문화의 기본 가정과 가치는 수면 아래에 존재해서 바로 확인이 어려운 심층적인 의미를 지니고 있다. 이를 파악하기 위해서는 수면 위에 있어 바로 인식이 가능한 문화적 인공물을 통한 해석이 필요하다. 따라서 문화적 인공물은 조직구성원들이 경험하는 조직에서의 생활과 밀접한 관련이 있고 조직문화의 이해에 있어 핵심적인 열쇠 역할을 하는 것으로 이해할 수 있다.

Schein(2004)은 조직문화의 범주를 6가지 형태로 구분하였다. 문화적 범주는 첫째, 실재와 진실의 본질로서 의사결정의 결정방식과 밀접한 관련이 있다. 이는 의사결정의 보수-혁신 차원, 도덕주의-실용주의 차원, 불확실성에 대한 선호, 정보(information)에의 가정을 포함한다. 둘째, 시간에 대한 범주이다. 이는 시간의 정의 및 측정과 관련이 있으며 조직의 성과달성 주기, 의사결정에 소요되는 시간정도를 예로 들 수 있다. 셋째, 공간에 관한 범주로서 공간배분, 공간의 분배 방식, 구성원들 사이의 관계를 정의하는 공간의 역할 등이다. 예를 들어 구성원들 사이의 친근감, 개인들 사이의 거리, 사회적 혹은 공적인 거리감, 공간에 의한 상징성을 포함한다. 넷째, 인간의 본성에 관한 범주로서 구성원들의 속성에 대한 인식과 관련이 깊으며 예를 들어 자율과 통제 등의 문제이다. 다섯째, 인간활동에 관한 범주로서 구성원들의 행동지향성 등이 있다. 예를 들어 행동지향성은 조직구성원들의 적극성을 반영하는 범주이다. 반면에 존재지향성은 행동지향성에 비해 비교적 소극적인 의미를 지니며 외부 환경에의 적응이 중요하다. 여섯째, 인간관계에 관한 범주이다. 이 범주는 예를 들어 집단관리와 관련하여 개인주의, 집단주의, 참여방식을 포함한다(Schein, 2004).

조직연구에서 기능적인 관점에 비해서 상징적인 관점은 많은 이론적인 전통으로부터 유래하였다. 문화인류학이나 기호학, 문헌비판, 커뮤니케이션 연구 등은 조직의 상징주의로 명명될 수 있는 이론적 전통이다. 여기에서 논의되는 상징주의는 조직적 맥락에서의 상징에 초점을 두어 연구된다. 상징주의는 해석-지향적인 이해(verstehen) 관점에서 인간의 고유한 표현으로서의 상징을 광범위하게 사용하고 있다. 상징의 중요성은 인간들은 그들 자신과 환경에 대한 의미를 창조하고 추구한다는 점에서 시작된다. 상징적 패러다임에서 사람들은 자신의 존재를 적극적으로 창조하고 정의한다. 현실 속 사람들은 단순히 반응만 하는 대상은 아니다. 구성원들은 사회적 구성 개념으로 상황에 대한 자신들의 정의를 바탕으로 활동한다. 이러한 사회적 구성은 동일한 행동도 상이한 의미가 뒤따른다는 의미의 집단적인 창조로부터 나타난다. 조직구성원들에 의해서 공유되는 해석과정은 조직 현실의 공유차원을 발전시키기 위한 조건으로 필요하다. 그리고 상징적인 관점은 조직을 인적시스템으로 간주한다(Schultz, 1995).

문화는 주어진 시간에 주어진 집단에서 운영되는 공개적이고 집단적으로 수용되는 의미시스템이다. 이 시스템은 자신의 상황을 스스로가 해석하도록 한다. 그리고 이데올로기는 사람들을 함께 묶어주는 일관된 신념 체계를 의미한다. 어떤 사회시스템의 문화는 공유된 이데올로기의 네트워크로부터 나타난다. 많은 의미형성 관행은 이데올로기를 시스템 구성원들에게 전달하는 데 도움을 준다. 그러한 관행에 의해서 전달된 문화의 메시지는 현실에 대한 설명뿐만이 아니라 시스템 구성원들에게 어떤 신념이나 관행의 적절성을 선언하는 규범이나 가치이다. 따라서 문화는 2개의 기본적인 요소를 가지고 있다. 첫째는 이데올로기와 규범, 가치 등에 담겨 있는 의미의 네트워크이다. 둘째는 문화의 형태나 관행으로서 의미가 구성원들에게 전달되고 표현되는 것들이다. 연구자들은 문화의 형태를 분석하는 것에 의해서 주어진 문화를 특징화하는 의미를 구분해 낸다(Schultz, 1995).

기능주의는 시스템들이 균형을 이루고 있고, 문화의 통합적이며 조화를 창조하는 기능을 강조한다. 반면에 상징주의는 문화 내에서 혹은 문화와 사회시스템 사이의 미리 정해진 어떤 관계를 가정하지는 않는다. 상징적인 관점은 다양한 조직 단위나 조직 내의 맥락에서 의미의 지엽적인 창조 가능성을 제공한다. 상징주의 현실은 주관적이고 다차원적이라는 사실을 가정한다. 조직의 실재가 동일하여도 다양한 해석을 제공해 준다. 상징주의에서 돌은 돌이 아니라고 말할 수는 없다. 결정적인 요인은 돌이 조직구성원들에게 어떠한 종류의 의미를 지니고 있느냐이다. 상징주의의 다차원적인 실재는 2가지 방식으로 표현한다. 하나는 조직 내에서 상이한 의미가 동일한 현상에서 연상될 수 있다는 것이다. 이는 다양한 의미가 하나의 현상에 수렴하는 것을 의미한다. 은유적인 관점에서 보면 돌은 아름다운 조각 혹은 강도나 견고함의 표현으로서 조직구성원들에게 나타날 수 있다. 서로 상이한 집단의 구성원들이 그들 조직 내의 그들 자신의 방식으로 동일한 현상을 해석하고 정의한다. 반면에 다른 하나는 동일한 의미가 상이한 현상에서 표현될 수 있다. 의미와 현상 사이의 이러한 관계는 설계, 건축, 배치나 그래픽 등이 기업 정체성의 동일한 내용을 표현하기 위해서 이용되는 기업일체화 프로그램의 형성에서 뚜렷하게 나타난다. 실재에 대한 다차원적인 관점을 가지고 보면 상징주의는 조직 내에서 하나에 모든 것을 담는 진실에 대한 이미지를 무너뜨린다. 상징주의 관점에서 조직문화를 이해하는 것은 조직구성원들이 의미를 지속적으로 재구축하는 체계화된 과정이다. 상징에 의해서 표현된 다양성은 이전에 정의된 것보다는 상징에 대한 보다 정교한 정의 내에서 형성되어질 수 있다. 상징들은 다양한 의미에 대해서 모호하게 나타나는 대상, 행동, 관계 혹은 언어적인 형태들로서 구성원들의 행동을 이끌어내고 감정을 불러온다(Schultz, 1995).

기어츠(Geertz)가 언급하였듯이 문화의 분석은 법칙을 연구하는 실증적인 과학이 아니고 의미를 찾는 해석적인 과학이다. 따라서 조직문화를 연구하는 것은 미묘하고 파악이 어려운 의미를 조심스럽게 찾는 것이다(Trice & Beyer, 1984). 조직연구에서 기능적인 관점에 비해서 상징적인 관점은 다양한 이론적인 전통으로부터 유래한다. 문화인류학이나 기호학, 문헌비판, 커뮤니케이션 연구 등이 모두 조직의 상징주의로 명명될 수 있는 이론적 전통이다. 기호학적인 맥락과 관련해서 기호표현(signifier)은 물질적인 대상을 기호에 의해서 표시되는 (signified) 언어개념의 의미를 지니고 있다. 예를 들면 커다란 책상은 기호표현에 의해 연상된 권력으로 기호에 의해서 표시된 언어개념으로 나타낸다. 상징주의는 조직의 맥락에서 상징연구를 주로 수행한다. 사물이나 행동은 그것 자체가 지니고 있는 것 이상의 어떤 것을 나타낼 때 상징이 된다. 사물이나 행동은 그것에 부여된 의미에 따라서 조직구성원들이 경험을 할 때 상징화된다. 상징은 그것에 대한 충분한 의미와 중요성을 부여하기 위해서 의식적인 혹은 무의식적인 생각의 연상을 필요로 한다. 그리고 그것이 스스로 지닌 이상의 보다 많은 어떤 것을 지칭하는 표시이다. 예를 들면 커다란 책상은 사무작업을 위한 도구보다 지위나 권력, 영향력 등의 수단으로서 볼 수 있다. 상징을 창조할 때 조직구성원들은 대상에 대해서 의미를 투여한다. 조직구성원들은 생각이나 사물의 의미를 지속적으로 새롭게 해석해 나간다. 한편 조직의 상징적인 표현 중 일부는 바람직한 효과를 창조하기 위해서 의식적이고 의도적으로 구성된다. 예를 들면 경영층의 사무실은 권력의 상징으로서 기능한다. 경영자 사무실의 크기와 설계 장식 등은 '나는 보스라는 사실'을 상징적으로 외치고 있다. 반면에 복도에서 직원들의 이름표(name tags)는 경영자와 종업원들 사이의 거리감을 미묘하게 상징적으로 나타낸다. 실체나 사건, 행동 등이 복잡하면 할수록 의미에 대한 여러 가지 대안이 가능하다. 상징을 창조하는 연상들은 어떤 원천으로부터 나타난다. 이에는 다른 현상과의 유사성, 사람들의 경험, 전통에 대한 지식, 미래에 대한 꿈 등이 포함된다. 따라서 상징을 연구하는 것에 의해서 조직생활에 대한 해석적이고 정서적인 연구가 개방될 수 있을 것이다. 조직문화시스템은 최소한의 일관성이 있어야 한다. 그렇지 않다면 우리는 그것을 시스템이라고 부를 수는 없다. 구성원들이 문화를 관찰하면 많은 것을 볼 수 있다. 그럼에도 불구하고 문화적 관점에서 보면 문화시스템은 기능주의에 의해서 제시된 것 이상의 어떤 것을 내포하고 있다. 문화적 시스템은 주관적이고 다양한 해석을 가능하게 해준다는 것이다(Schultz, 1995).

인적자원관리시스템은 인공물, 가치, 가정을 포함한 3가지 수준의 문화적 현상 중 특히 인공물과 밀접한 관계가 있으며 조직문화의 가정이나 가치 해석에서 핵심적인 원천이다. 따라서 인적자원관리시스템은 조직문화의 구성요소이다. 조직문화의 가치들은 규범적인 특성을 지니고 있으며, 조직에서 행동의 고려 대상을 결정하게 된다. 기업의 문화가치는 기업의 전략이나 인적자원관리 정책을 통해 드러난다. 일반적으로 조직문화의 가치들은 창업자나 경영자에 의해서 내외적으로 공표되어 알려진다(Schein, 2004). 그러나 우리는 모든 가치와 인공물을 조직문화로 볼 수는 없다. 조직에서 때때로 일부 가치와 인공물이 급히 외부로부터 도입될 수 있기 때문이다. 가치들이 조직문화에 기초하지 않는다면, 공표된 가치와 조직에서 확산된 가치는 일치하지 않을 것이다. 또한, 가치들이 체계적으로 결합되어 있지 않다면, 때때로 가치들의 상호 간에 혹은 가치와 관찰된 행동들과 사이는 일관성이 떨어질 것이다. 구성원들 사이의 공유된 가치는 조직구성원들이 인식하는 행동의 지침이 될 것이다.

가치의 상위 단계에 조직문화의 가정이 존재한다. Schein(2004)에 의하면 조직은 조직에 대한 공유된 가정을 발전시킨다. 경영자들은 조직문화의 기본가정을 이해하여야만 표면적인 인공물을 보다 정확하게 이해할 수 있고, 인공물 관련 문제들을 보다 적절하게 처리할 수 있다. 인공물을 분석하는 궁극적인 목적은 문화적 패러다임(기본적인 가치와 가정의 형태)을 해석하는 것이다.

Schein(2004)은 조직문화 범주를 설명하면서 사례조직의 인간관계에 관한 기본적인 가정 중 진실은 구성원들 중 연장자나 경험이 많은 사람들로부터 얻어진다는 것이다. 또한 구성원들은 조직에 대한 충성과 몰입수준이 높고, 구성원들 사이의 관계는 위계적인 특성이 강하였다. 그리고 조직의 과업수행 공간은 구성원들의 지위에 따라서 명확하게 배정되어 있었다. 또한 조직구성원들 사이의 관계는 서로를 돌보아 주는 가족적인 특성이 있었다.

한편 조직정체성과 조직문화는 밀접한 관계가 있다. 개인정체성 관점과 연관시키면 조직정체성은 'I'와 'me'에 의해 구성되는데 조직문화는 'I'에 해당된다(Hatch & Schultz, 2002). 조직정체성 연구는 조직에 대한 근본개념을 제시한다(Ashforth, Harrison, & Corley, 2008). 그리고 조직정체성은 조직을 구분 짓는 특징이다. 이는 조직의 핵심 가치나 이념을 담고 있어 중심이 되고, 다른 조직과 구분되며, 지속적인 특징을 지닌 속성이다(Albert & Whetten, 1985). 우리 조직은 어떤 조직인가? 우리는 누구인가? 혹은 우리는 어떤 사업을 하고 있는가? 우리는 무엇이 되기를 원하는가? 등의 질문은 조직정체성과 관련된 질문들이다(Hatch & Schultz, 2004; Pratt & Foreman, 2000). 정체성 연구는 미시수준의 심리학과 사회심리학에서 시작되어 집단적인 자아의식을 나타내는 조직정체성 연구로 확산되었다(Hatch & Schultz, 2002). 정체성은 먼저 각 구성원에 의해서 형성되지만 조직으로 확대되면서 간주관적인(intersubjective) 현상으로 확대된다. 조직정체성 개념이 유도된 개인 정체성에서 자아 형성은 'I'와 'me'에 의해서 설명할 수 있다. 'I'는 타인들의 태도에 대한 개인의 반응이다. 즉 'I'는 자신의 경험 속에 나타나는 공동체의 태도에 대한 개인의 반응이다. 반면에 'me'는 타인들 태도의 조직화된 체계이다. 타인들의 태도는 조직화 된 나를 구성하고, 개인은 'I'로서 그것에 반응한다. 'I'와 'me'의 두 측면은 자아가 자신을 충분히 인식하는 데 필요하다(Mead, 1967). 조직정체성 또한 사회적으로 구성되고 내부와 외부 이해관계자들과 밀접한 상호 관계를 통해 형성된다.

조직정체성은 사회정체성의 한 영역으로 다루어지고 있다. 또한 조직정체성은 집합적인 자아의식과 우리 의식을 나타내며 조직정체성이 무엇이고, 그것이 어떻게 만들어지고 유지되는지, 조직성과와 개인행동에 어떠한 영향을 미치는지에 대한 여부가 주요 관심 사항이다(Hatch & Schultz, 2004). 조직정체성은 크게 조직의 목적과 역할, 조직의 속성에 관한 구성원들의 인지로 나타난다. 따라서 조직정체성은 구성원들 사이에서 협의되는, 상호작용의 특성과 성찰을 지닌 개념이다(Gioia, Schultz, & Corley, 2000). 조직정체성의 주체는 구성원들 자신이다. 조직구성원들은 조직 동일시 과정을 통해 조직정체성을 내면화한다(Dutton, Dukerich, & Harquail, 1994). 예를 들어 조직구성원들이 조직을 경제적 요인에 지향하는 것으로 인식하면, 조직정체성은 공리주의적이 된다. 조직구성원들이 조직을 이념이나 가치에 근거하고 있다고 지각할 때 조직정체성은 규범적인 성격을 지니게 된다(Albert & Whetten, 1985).

조직정체성은 구성원들의 적절한 조직행동을 결정하는 데 중요하며, 갈등관리, 의사소통, 조직몰입의 많은 부분을 설명해 준다(Dutton

& Dukerich, 1991; Golden-Biddle & Rao, 1997; 권중생 · 김태형, 2002). 또한 조직정체성은 조직차별화, 조직의 전략적 위치 설정, 이해관계자 관리, 종업원 몰입, 조직통합을 위한 의사소통을 위한 이론적 기초를 제공해 준다. 따라서 조직정체성은 조직의 재구조화, 전략 재정립, 새로운 기술 도입, 조직문화의 문제점 해결, 기업의 사회적 책임과 기업윤리 정착, 인수합병을 할 때 면밀하게 고려되어야 한다(Hatch & Schultz, 2004). 이와 같이 조직정체성 관리는 경영자의 중요한 역할로 점점 더 인식되고 있다(Pratt & Foreman, 2000).

조직은 생성되어 발전하면서 사회적 상호작용을 통해 조직정체성이 형성되어 간다(Albert & Whetten, 1985). 조직정체성은 조직 외부와의 관계를 통해 사회적으로 구성된다(Brickson, 2005). 개인이 사회에서 행동하면서 자신의 모습을 찾아가듯이 조직 또한 집단적인 성찰로 자신들의 모습과 나가야 할 방향을 찾아가야 한다. 이와 관련 Glynn & Watkiss(2012)는 조직정체성 형성을 사회문화적 현상과 관련된 포괄적인 틀에 이해 설명하였다.

새로운 사업단위 추가, 인수합병, 전략적 제휴, 사업 철수, 구조조정 등의 전략에서 조직정체성의 변화가 나타난다(Corley & Gioia, 2004). 조직정체성은 본질적으로 변화하기 어려운 속성이 있다. 따라서 조직정체성이 적절하게 관리되지 않는다면 전략적 변화를 방해할 수 있다(Ravasi & Phillips, 2011).

조직은 자신들의 정체성을 고려하여 전략적 선택을 하고(Gioia, Schultz, & Coley, 2000; Rindova & Fombrun, 1998), 전략적 변화는 조직정체성의 변화를 불러일으킨다(Nag, Corley, & Gioia, 2007). 새로운 정체성 요구는 전략의 수립과 실행의 기초를 형성하며(Ravasi &

Phillips, 2011), 조직정체성의 관성은 전략적 변화를 방해할 수도 있다(Nag, Corley, & Gioia, 2007). 또한 조직정체성은 현재 혹은 새롭게 부상하는 주요 이슈들에 대한 조직의 이해체계에 영향을 미치며(Gioia & Thomas, 1996), 이슈의 중요성을 평가하는 중요한 준거체계로서 기능한다(Dutton & Dukerich, 1991). 전략적 변화는 조직정체성에 대한 의미형성과 의미부여의 변화를 유발하여 정체성 변화를 일으킬 수 있다(Clark, Gioia, Ketchen, & Thomas, 2010; Gioia, Price, Hamilton, & Thomas, 2010; Ravasi & Schultz, 2006).

조직정체성의 이해를 위해서는 거시적인 차원과 미시적인 차원의 통합적인 접근이 필요하다(Kim, Moon, & Kim, 2010). 사회적 행동가 관점은 거시적인 차원과 관계가 깊고, 사회적 구성주의 관점은 미시적인 차원과 깊은 관계가 있다. 바람직한 조직정체성은 두 가지 관점이 균형 있게 반영되어야 한다.

조직정체성은 개인의 자아처럼 외부 이해관계자들의 영향을 받으며 문화적으로 배태되는 자기중심적인 의미형성의 측면을 지닌다. Ravasi & Schultz(2006)와 Gioia, Price, Hamilton, & Thomas(2010)에 의하면 조직정체성 관점은 제도적인 요구를 강조하는 사회적 행동가(social actor)와 구성원들의 집합적인 이해를 강조하는 사회적 구성주의자(social constructionist) 관점으로 나눌 수 있다. 조직정체성은 사회적 행동가 관점에 의한 의미부여와 사회적 구성주의 관점에 의한 의미 이해 및 형성의 상호 과정으로부터 형성된다. 즉 조직정체성은 제도적인 차원에서 구성원들이 자신들이 누구인가라고 하는 정체성 주장과 조직구성원들의 그들 자신에 대한 신념이나 이해의 역동적인 상호작용으로부터 나타난다(Kroezen & Heugens, 2012).

조직은 사회적 행동가의 자기-정의로서 정체성을 인식한다. 사회적 행동가 관점은 다른 조직과 구분되고, 중심이 되는, 지속적인 특징을 의미하는 조직정체성이 제도적인 요구 내에 존재한다고 본다. 따라서 사회적 행동가 관점은 의미부여의 인지적 과정을 강조한다. 의미부여는 조직구성원들에게 행동의 지침을 제시한다(Whetten & Mackey, 2002). 경영자들은 의미부여에 의해서 이해관계자들의 조직수용을 이끌어 내려고 한다(Clark, Gioia, Ketchen, & Thomas, 2010). 따라서 사회적 행동가 관점은 조직정체성과 조직정당성의 긴밀한 상호 관계를 강조한다(He & Baruch, 2010).

사회적 구성주의자 관점은 조직의 중심이 되고, 다른 조직과 구분되는, 지속적인 특징인 조직정체성이 집합적으로 공유되는 신념과 이해 속에서 존재한다. 따라서 사회적 구성주의자 관점은 구성원들에 의한 의미형성의 인지적 과정을 중요시 한다(Ravasi & Schultz, 2006). Kim, Moon, & Kim(2010)에 의하면 사회적 규범을 강조하는 거시적인(사회적) 차원의 정체성과 구성원들의 집합적인 인식을 강조하는 미시적인 차원의 조직정체성을 구분하였다. 따라서 사회적 행동가 관점은 'me'에 가깝고, 사회적 구성주의 관점은 'I'에 가깝다.

환경변화가 빠른 현재의 추세를 고려하면, 조직은 과거에 비해 이해관계자들이 추구하는 가치를 더 고려하여야 한다(Whetten & Mackey, 2002). 조직이 정당화된 사회적 행동을 통해 긍정적인 평판을 갖게 되면 구성원들의 동일시 과정을 통해 조직정체성이 강화된다. 조직정체성에 영향을 미치는 요인은 크게 외부 환경을 구성하는 맥락요인과 조직요인들로 나누어진다(Kroezen & Heugens, 2012). 조직문화는 조직정체성을 표현하는 원천이고, 조직정체성은 조직문화에 스며

들어 나타난다. 외부 환경을 구성하는 조직이미지는 조직정체성에 반영되며, 조직정체성은 조직이미지에 영향을 미친다(Hatch & Schultz, 2002). 조직정체성은 조직구성원들이 조직을 어떻게 정의하는지와 관련성이 높다. 이는 부분적으로 문화적 가치나 가정을 해석하고 이에 근거한 신념과 행동에 영향을 받는다(Ravasi & Schultz, 2006). 그리고 의미가 부여된 문화적 인공물은 정체성 형성과정으로 볼 수 있고 조직은 이를 자기정의에 이용할 수 있다. 조직정체성과 조직이미지는 상호 밀접한 관계가 있다(Dutton & Dukerich, 1991). 조직정체성은 조직 외부와의 상호관계를 통해 사회적으로 구성되기 때문에 외부의 이미지는 조직정체성으로 변화한다(Hatch & Schultz, 2004). 사회적 행동가 관점을 토대로 외부 이해관계자들의 이미지가 조직정체성에 반영되고, 사회적 구성주의 관점하에서 구성원들은 조직문화를 통해 조직정체성을 해석하고 공유한다. Hatch & Schultz(2002)는 'I'와 유사한 조직문화, 'me'와 유사한 조직이미지, 조직정체성과의 상호 관계를 분석하였다. 이들 상호 관계는 외부 이해관계자들의 이미지를 조직정체성에 반영하는 반사하기(mirroring), 조직정체성이 외부 이해관계자들에게 영향력을 미치는 영향력 행사하기(impressing), 조직정체성이 조직문화 속으로 배태되는 반영하기(reflecting), 조직문화를 통해 조직정체성을 드러내는 표현하기(expressing) 과정으로 구분된다.

전략적 변화에 따른 바람직한 조직정체성이 형성되기 위해서는 조직문화와 조직이미지에 전략적 변화의 내용이 적절하게 반영되어야 한다. 이를 위해서는 조직문화의 반영하기와 표현하기, 조직이미지의 반사하기와 영향력 행사하기 과정이 전략적 지향과 유기적으로 결합되어야 한다. 이들 과정이 제대로 기능을 하지 못하거나 불균형이 발생할 때 조직은 전략적 목표를 달성하기 어려울 것이다.

본서는 앞부분에서 조직문화의 인공물과 문화적 가치를 중심으로 조직문화를 설명하였고 조직문화와 밀접한 연관성을 지닌 조직정체성을 뒷부분에 기술하였다. 조직문화에서 인공물은 조직문화를 이해하는 데 가장 핵심적인 영역이며 조직문화의 이해는 인공물로부터 시작되는 것으로 볼 수 있다. 그리고 조직구성원들은 내부의 조직문화와 외부의 조직이미지를 통해 자신들의 조직에 대한 정체성을 파악한다. 따라서 조직문화는 조직정체성을 형성하는 핵심 요소이며 이는 결과적으로 전략경영과의 밀접한 관계를 엿볼 수 있다.

〈그림 1〉 조직문화와 조직정체성과의 관계

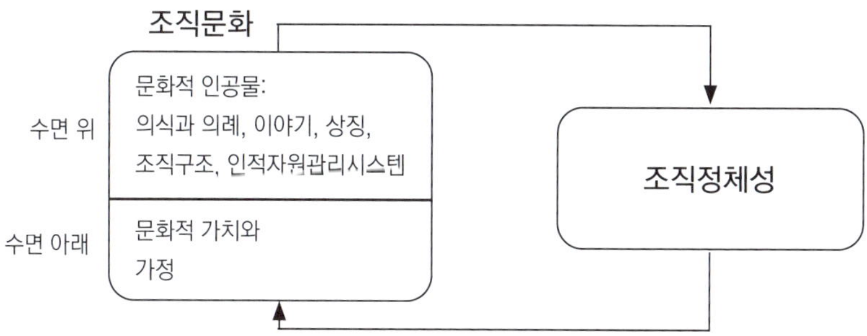

2장

※

조직문화

조직문화는 문화적 가치와 가정 및 인공물인 의례(rituals), 관행(routines), 이야기(stories), 신화(myths), 상징의 문화웹(cultural web), 조직구조 및 권력배분, 그리고 인적자원관리시스템으로 구성되어 있다(Alvesson & Sveningsson, 2008; Daft, 2020). 조직문화에서 문화적 인공물은 문화의 기초로서 조직문화의 특성을 결정하는 원시자료이기 때문에 본서는 이를 먼저 설명하였다.

1. 조직문화의 인공물

조직문화의 인공물은 공식적 및 비공식적 문화관행과 문화형태로 구분할 수 있다(Martin, 1992). 공식적 문화관행은 조직구조, 과업, 직무기술서, 기술, 보상시스템, 성과평가, 승진기준 등의 조직의 인적자원관리시스템과 조직구조 및 규정으로 파악할 수 있다. 반면에 비공식적 문화관행은 조직구성원들 사이의 상호작용, 리더십, 전통적인 과업수행 방식, 규범, 의사소통 등이 있다. 문화형태는 조직생활의 다양한 형태들로서 조직문화에 대해 중요한 단서를 제공해 준다. 이에는 각종 의례(ritual), 구성원들 사이의 이야기(story)와 유머, 의상, 조직에서 주로 사용되는 용어(jargon), 건축물과 내부설계 등이다.

가시적인 문화적 차원은 문화의 인공물로서 이는 곧 구조화된 물리적 · 사회적 환경을 보여준다. 이 단계에서는 물리적 공간, 집단의 기술적 산출물, 사용하는 문자와 언어, 창조물, 그리고 집단구성원들의 드러난 외면적 행위로 볼 수 있다. 인공물을 관찰하기는 쉽지만 인공물이 무엇을 의미하며, 어떻게 상호 관련되어 있으며, 그것들이 반영하고 있는 보다 깊은 유형은 무엇인지를 이해하는 데는 복잡한 해석과정이 필요하다(Martin, 2002; Schein, 2004; Schultz, 1995).

조직의 의례, 슬로건, 단어, 경영진의 스타일 같은 상징적인 과정이 조직구성원들 사이의 일관적인 경험과 공유된 의미의 발전에 기여한다. 집단 활동의 안정성은 공통적인 상호작용의 존재와 경험에 대한 상호 이해에 의존한다. 이러한 공유된 이해는 매일매일의 활동을 일상화시키고 당연한 것으로 여기게 한다. 사건이나 대상, 말이나 사람에 대한 공유된 의미의 발전을 통해서 조직구성원들은 통합된 행동을 촉진시키는 공통인자의 감정경험을 획득한다. 특별한 상황에서 전개되는 의미의 집합은 해당 집단에게 고유한 기풍과 고유한 특성을 형성하게 하고, 그것은 조직구성원들이 그들의 세계관과 그들 자신의 이미지를 유지하고 창조하는 신념의 패턴과 활동(규범과 의례), 언어 등의 상징을 구축하게 한다. 집단의 동질성과 목표와 방향의 공유된 이해를 갖춘 세계관의 발전은 개인 간의 상호작용이나 집단의 환경적응 과정을 거친 고유한 역사적 산물이다(Smircich, 1983b).

인공물은 행동패턴과 행동의 가시적이고 보거나 들을 수 있는 실체적인 결과이다. 그리고 인공물은 조직의 기술과 신념, 가치, 가정,

일을 수행하는 방법 등에 대해서 의도적 혹은 비의도적으로 정보를 의사소통하는 패턴을 포함한다. 수준(level) 1A는 조직의 문서화된 언어와 사용 언어, 속어, 사무실 배치, 배열, 조직구조, 의상형태, 기술, 행동규범을 포함한다. 물질적 인공물의 몇몇의 예는 기록물(연간보고서, 내부 기록, 조직의 책자) 등과 물리적 배열 혹은 배치(사무실, 작업활동 영역에서의 거리, 사무실 사이의 벽이나 칸막이, 개인의 혹은 공유된 작업공간, 장식품, 의상형태) 등으로 구성되어 있다. 몇몇의 인공물은 조직의 기술에 대해서 유용한 정보를 제공하고 반영한다. 각각의 영역은 다양한 문화적 인공물을 포함하고 있다(Schultz, 1995).

그럼에도 불구하고 모든 인공물이 명확한 실체를 지니고 있는 것은 아니다. 형태를 지닌 행동은 인공물이 될 수 있고, 문화의 상징적인 표시일 수 있다. 따라서 조직문화의 수준(level) 1B에서는 행동유형을 포함시킨다. 이에는 관습적 행동, 행동패턴, 의식과 의례가 포함된다. 관리행동의 형태와 조직의 리더십은 개별적인 리더십 스타일이나 행동패턴의 표현보다는 문화적 인공물로서 기술될 수 있다. 인공물이 강한 상징성을 지니고 있을 때, 인공물은 우선적으로 상징적인 목적을 수행하고, 합리적이며 기능적인 목적은 그다음 순서로 혹은 기능하지 않을 수도 있다. 인공물은 조직 내에서 사실이나 진실의 지각, 공유된 의미의 전달, 유지, 창조에 도움을 준다. 조직문화 관점에서 본다면 의미나 사실과 진실 등은 사회적인 개념들이다. 인공물은 비교적 수동적인 산출물이거나 혹은 문화에 의해 영향을 받는 행동의 결과물일 뿐만이 아니라 동시에 문화에 대한 기능적 혹은 상징적인 지원시스템이다. 조직의 프로그램들은 문화적 신념이나 가치, 가정 등의 가시적 표현 혹은 보여주는 기능을 한다. 그리고 조직은 반복적인 활동을 통해서 조직의 기술, 신념, 가치, 가정 그리고 일하는 방식에 관한 정보를 교환하는 의식과 의례와 같은 일상화된 행동패턴을 가지고 있다. 행동패턴은 조직구성원들이 조직에서 지속적으로 행동을 하게 하는 행동규범이다. 그러한 것들은 회의를 갖는 것, 훈련, 서류를 기입하는 것, 종업원의 성과평가를 수행하는 것 등을 포함한다. 의례는 조직구성원들에게 안정성과 의미와 주체성을 제공해 주고, 통제의 메커니즘으로서 기능을 한다(Ott, 1989; Schultz, 1995).

조직문화는 표면에서 인공물의 단계가 나타난다. 이는 외부인이 친숙하지 않은 문화 속에서 새로운 집단과 만났을 때 보고, 듣고, 느끼는 모든 현상을 포함한다. 인공물은 물리적인 환경, 언어, 기술과 제품, 예술적인 창조물, 의복, 주거방식, 감정표현, 조직에 관한 신화와 이야기, 공표된 가치목록, 관찰이 가능한 의식과 행사이다. 또한 이 단계에서는 행동이 일상화된 조직이나 집단과정의 가시적인 행동을 포함한다. 이에는 첫째, 물리적인 표시들인 건축물과 내부 장식, 물리적인 공간이나 사무실 설계, 복도나 회의실, 의상, 둘째, 언어로서 소리, 말하는 형식, 특별한 표현, 슬로건, 셋째, 이야기, 매일의 생활로부터 나타나는 작은 이야기, 중요한 사건에 의한 이야기, 좋은 시절 이야기 넷째, 기술, 재료, 운영, 지식, 다섯째, 가시적인 전통, 사회적인 전통, 리더십 전통, 작업 전통 등이다(Schultz, 1995). 인공물은 가시적이지만 해석이 필요하다. 조직이 인공물의 단계를 체계적으로 정리하기 위해서는 상당한 노력이 필요하다.

전략적으로 성공한 기업들의 공통적인 특징은 새로운 가치와 규범을 뒷받침하도록 원하는 행동변화를 강화하는 데 문화적 인공물을 성공적으로 활용한다는 것이다. 기업이 새로운 전략을 수립할 때, 조직구조, 시스템과 프로세스, 리더십 스타일, 인력, 자원, 공유 가치(조직문화)와 같은 주요 전략실행 요인에서 전략에 적합한 필요한 변화를 만들어야 한다. 그러나 성공적인 전략가는 때로는 직관적 수준에서 이해할지라도 원하는 전략적 성과를 달성하는 데 있어 진정한 열쇠 중 하나가 전략적 변화와 관련된 가치와 규범 그리고 이와 관련된 문화적 인공물을 관리하는 것이라는 것을 인지하게 된다. 실제적인 측면에서 이는 신화와 무용담, 언어시스템과 은유, 상징, 의례와 세레모니 등 4가지 문화적 인공물을 사용하여 원하는 행동 변화를 뒷받침하는 새로운 규범과 가치를 강화하는 것을 의미한다. 이 접근 방식은 또한 새로운 전략을 뒷받침하지 않는 문화적 인공물을 제거해야만 한다. 다음으로 중요한 문화적 인공물은 시설, 장비, 실내외 디자인 및 장식을 포함한 특정 문화를 특징짓는 물리적 주변 환경으로 조직문화를 정의하는 데 중요한 역할을 한다. 예를 들어, 많은 조직에서 사람들이 모여 아이디어를 공유하고 새로운 개념을 만들 수 있는 열린 공간을 제공하였다. 어떠한 전략적 변화에서도 조직문화를 완전히 바꿀 수는 없지만, 관리자는 최소한 전략과 목표와 관련된 문화의 가치와 규범을 바꾸려고 노력해야 한다. 예를 들어 조직의 신화와 사가(영웅 이야기)는 전략적 문제가 정확히 무엇인지 파악하려고 할 때 리더가 광범위하게 해석할 수 있다. DEC(Digital Equipment Corporation)처럼 회사에 무적 신화가 있다면 리더는 PC와 같은 전략적 위협의 현실을 보지 못할 수 있다. 회사에서 사용하는 언어 자체가 해당 언어와 유사한 외부의 생각을 제한할 수 있다. 회사의 리더가 다른 언어로 말할 때 새로운 시스템을 채택할 가능성이 없다. 또는 상징, 의식 및 의례와 같은 반복적인 행동 패턴은 혁신적인 전략 수립을 방해할 수 있다. 이 경우 전략적 계획은 행동으로 이어지지는 않는다(Higgins & Mcallaster, 2004).

1) 의례(rituals)와 의식(rite)

강한 기업문화는 의례와 의식을 통해 일이 수행되는 방식과 내용에 대해서 가장 가시적이고 광범위한 영향을 미친다. 기업문화의 영웅들은 작업생활의 모든 의례 – 선발과 해고, 보상과 회의, 문서작성 스타일, 언어스타일, 퇴직행사에 만찬을 실시하는 방식 – 등에 관한 지휘자인 점에 주목하여야 한다. 영웅은 이러한 의례에 대해 문화에의 접근 가능성을 통해 일관된 형태를 제공해 줄 수 있어 중요하다. 오늘날 대부분의 경영자는 중요한 관리 대상으로 예산수립과 전략계획과 같은 형식적인 절차를 중시한다. 그러나 그들은 그들 주위에 널리 퍼져 있는 기업문화의 인공물에 대해서는 무시하거나 보지 못하는 경우가 많다. 강한 문화에서는 어떤 것도 하찮은 것이 없다. 작업맥락에서 발생하는 어떤 사건도 관리되어야만 한다. 연극에서 기업활동의 창조적인 측면은 긴장을 풀고 혁신을 부추기는 것이다. 실질적인 규칙이나 목적은 없다는 사실에도 불구하고, 다양한 형태의 경기는 사람들을 함께 묶고 갈등을 줄이고, 새로운 비전이나 문화적인 가치를 창조한다(Deal & Kennedy, 1982).

의례는 행동적 상징에 포함된다. 의례들은 구체적인 상황과 연계되어 체계적으로 수행되는 상징적인 활동들이다. 몇몇의 의례만이 공식적인 규정과 구조에 의해서 지시되어 행해지고, 대부분의 의례는 어떤 상황에는 어떻게 행동해야 하는지에 대해서 과거의 전통에 입각해서 행동한다. 그것은 비교적 정교하고 계획된 행동 규칙들이고, 사회적 상호작용을 통해서 수행되고, 효익을 고려해서 실시되며, 다양한 사회적인 결과물들을 산출한다. 의례는 사람들의 역할 수행을 잘 정의한 사회드라마들이다. 예를 들면 미팅의례들은 조직구성원들이 미팅상황에서 어떻게 행동하는지에 대한 기대와 조직에서 미팅내용의 해석에 대한 중요한 출발점으로서의 기능을 한다. 미팅의례들은 구체적인 목적으로부터 전개된다. 의례는 그 형태는 변하지 않을지라도 조직구성원들에 대해 다양한 의미를 창출한다. 미팅의례는 어떤 종류의 행동이 참여자들에게 허용되고 혹은 금지되는지를 알려준다. 의례에는 진입과 기본적 훈련의 전환, 해고와 이동의 강등, 축하와 이벤트의 기념, 조직개발 활동의 재탄생, 단체교섭의 갈등 감소, 사무실이나 크리스마스 파티의 통합의례 등이 있다(Schultz, 1995).

규칙들은 조직생활에서 행동을 인도하는 문화적 가치의 희곡화이다. 각각의 의례의 이면에는 문화에서 중요한 신념을 상징화시켜 주는 신화가 있다. 이러한 연관이 없다면 의례는 단순한 관습이고, 사람들에게 잘못된 안정감이나 확실성을 제공한다. 의례는 직원들이 의미를 경험하는 장소와 대본을 제공한다. 세레모니는 기업이 영웅, 신화, 신성시된 상징을 고취시키는 데 도움을 준다. 관습처럼, 의례들은 일상화되어 있고 당연시되는 것들이다. 이에 비해서 세레모니는 특별한 것이다. 세레모니는 문화를 나타나게 하고, 종업원들에게 기억되는 경험을 제공해준다. 세레모니나 의례가 없다면 중요한 가치들은 영향력을 행사하지 못할 것이다. 영화와 대본의 관계는 세레모니와 문화의 관계와 같다. 의사소통과 사회적 의례에서 호칭 등의 사회적 교환의 의례는 경영진과 작업자, 노인과 젊은이, 전문가와 지원스탭, 여성과 남성, 내부자와 외부자 사이의 관계를 지배한다. 강한 문화는 갈등이 발생하기 전에 견해의 차이를 조절할 수 있는 의례를 가지고 있다(Deal &

Kennedy, 1982).

대부분의 작업자와 경영자들을 매일 힘들게 하는 것도 또한 의례이다. 사회적인 교환과는 다르게 작업의례는 직접적인 결과를 만들어내지는 않는다. 그러나 그것들은 조직의 안정감과 공통적인 정체성과 현재의 활동에 의미를 부여하기 때문에 가치 있는 것으로 여겨진다. 작업의례의 예는 사무자동화 과정에서 직원이 이에 거부감을 느끼고 과거의 방식을 선호하는 것을 통해 확인할 수 있다. 이때 직원은 과거의 의례에 대해서 안정감을 느끼고 자신의 가치를 확인하게 된다. 기업에서 경영의례(management ritual)와 관련하여 작업의 많은 부분은 규정된 작업의례의 형태에서 수행된다. 경영자들도 매일의 삶에서 의례에 관여한다. 대부분의 경영자들은 그들이 수행하는 절차가 단지 의례라는 것을 인정하려고 하지 않지만 그것을 인정하여야 한다(Deal & Kennedy, 1982).

가장 중요한 공식적인 회의의 경영의례는 다음과 같다. 개최건수, 회의를 진행하기 위한 세팅(setting), 테이블 형태, 좌석 위치, 참여자의 구성과 수, 회의 수행방식, 회의의 형태는 문화를 반영한다. 이러한 의례는 경영자들이 문화적 가치와 신념을 드라마화하는 사건을 만드는 기회를 제공한다. 경영자들이 하는 일들은 기업의 문화에 의존한다. 좋은 경영의례는 집단적인 응집력과 견고함을 제공하고, 외부에 강한 이미지를 제공한다. 기업의 공개적인 세레모니에서 중요한 사건들을 의례화하지 않는다면, 불확실성과 혼란을 초래하게 될 것이다. 이러한 혼란스런 사건을 통제하에 두려고 한다면 정교하게 운영되는 회사는 진지한 의식을 행한다. 의례는 이동 중에 안전을 제공하고, 문화적 가치나 신념을 강화하고 드라마화하면서 나타내게 한다. 의례의 드라마틱한 측면을 고려하지 못하는 경영자는 문화의 영향력을 확장할 수 있는 기회를 놓치게 되는 것이다(Deal & Kennedy, 1982).

의식은 의례에 비해 보다 공식적으로 행해진다. 조직문화에서 의식과 세레모니는 문화적 요소들 사이의 고립과 분리보다 이들 사이의 상호작용의 문화적 현상을 고려하게 해준다. 경영자들은 문화요소들 사이의 관계를 추적하는 과정에서 조직문화 속에 내재된 의미의 망에 대해서 많은 것을 알게 될 것이다. 그리고 의식과 세레모니는 문화를 이해할 수 있는 특별한 자료를 제공해 줄 것이다. 조직문화 연구자들은 의식(rite)과 예식(ceremonials)을 통해 조직행동의 다양한 측면을 분석하려는 시도를 하였다. 문화적 형태의 상호 의존성과 조합은 다양한 형대의 문화직 표현을 소합하는 의식과 세레모니(ceremony)에서 명확하게 나타난다. 구성원들이 의식과 세레모니 활동을 수용하는 중에 다른 문화적 형태도 활용하게 된다. 이에는 관습적으로 사용하는 말, 몸짓, 의례적인 행동, 인공물, 다양한 상징물 등이다. 공유된 의미들은 신화와 영웅담, 전설, 혹은 이야기 등을 통해서 전달된다. 의식과 세레모니의 2가지 형태는 서로 차이를 나타낸다. 의식은 통합되고 통일된 형태로 공개적으로 진행되는 많은 개별적인 문화형태의 집합을 의미한다. 세레모니는 여러 개의 의식을 하나의 상황이나 사건을 통해서 연결시키는 것이다. 의식과 세레모니는 4가지 특성을 지니고 있다. 첫째는 비교적 정교하게 계획된 활동체계이며, 둘째는 사회적 상호작용을 통해 수행되며, 셋째, 청중을 위한 혜택이 존재하고, 넷째, 다양한 사회적인 결과를 창출하는 것이다(Trice & Beyer, 1984).

세레모니는 조직 생활의 중요한 측면이다. 따라서 세레모니 분석은 조직의 구축과 유지에 필요한 조직목표 달성과 연관성이 높다

(Trice, Belasco, & Alutto, 1969). 의식은 또한 가치를 전달하는 중요한 수단이다. 예를 들어 성공적인 영업 캠페인을 축하하는 것은 특정 가치를 보상하고 영업 인력의 사기를 높이는 데 사용된다. 회사는 전략을 변경할 때 성과관리시스템을 정기적으로 변경한다. 그런 다음 관련 성과에 대한 평가를 성과관리에 관련된 주요 의식, 즉 평가 인터뷰에 통합해야 한다. 또한 해당 새로운 전략의 목표를 달성한 사람들을 위한 보상 의식도 있어야 한다(Higgins & Mcallaster, 2004).

조직은 공유된 의미의 시스템으로 존재한다. 구성원들 사이의 공통적인 감정은 이들 사이의 상호작용과 의미의 해석이나 재해석이 없이 조직화된 행동의 지속을 위해 필요하다. 이러한 공통성의 대부분은 의례, 슬로건, 특별히 사용된 말과 같은 상징적인 과정에 의해서 발전한다. 하나의 집단이 전개하는 의미의 특정 집합은 그것 자체의 기풍(ethos)이나 독특한 특성을 나타낸다. 조직의 기풍은 조직의 역사적인 상황이나 주요 사건, 사람들의 독특한 속성이나 선호를 반영할 것이다. 그것은 사회적인 과정으로부터 나타나고 집단의 과정을 통해 지속적으로 형성 및 유지된다(Smircich, 1983b).

의례(ritual)는 반복되고 공식화되어 있으며 정형화된 행동패턴들이다. 예를 들어 어떤 조직에서 월요일 오전의 스탭(staff) 미팅은 의례적인 특성이 많았다. 스탭 구성원들 사이에서 이 미팅은 구체적인 내용이나 형식이 없다는 공유된 신념이 있었다. 구성원들은 회사 사장이 스텝 구성원들에게 어려운 질문을 하지 않을 것으로 믿고 있었다. 왜냐하면 이 미팅의 정책적 성향이 거친 말을 하거나 누구를 공격하고 감정을 상하게 하는 것은 아니기 때문이다. 이를 통해 스탭 구성원들은 미팅의 실질적인 내용이나 결과물은 없는 것으로 인식하고 있었다(Smircich, 1983b). 의식과 세레모니는 구성원들이 수행하도록 역할이 부여된 사회적인 드라마이다. 이들 중 많은 것은 계획하에 유사한 상황에서 반복적으로 시행이 된다. 의식과 세레모니는 간헐적인 관찰이 가능하면서 문화적으로 풍부한 상황을 제공해 준다. 또한 그것들은 청중이 있을 때 공개적으로 수행되기 때문에 반복적인 접근이 가능하다. 조직에서 나타나는 통과의식(rites of passage), 강등의식(rites of degradation), 향상의식(rites of enhancement), 재건의식(rites of renewal), 갈등감소의식(rites of conflict reduction), 통합의식(rites of integration) 등 6가지 형태의 대표적인 의식은 다음과 같이 설명할 수 있다(Trice & Beyer, 1984).

(1) 통과의식(rites of passage)

신규 종업원에 대한 오리엔테이션, 승진, 퇴직 등의 과정은 모두 통과의식(rite of passage)에 포함된다. 승진의 예에서 은행의 관리자가 되는 것과 관련된 행동들은 조직에서 새로운 역할의 가치를 상징적으로 전달하는 의례를 형성한다. 은행은 승진 내용을 특별한 봉투에 담아서 전달한다. 기존의 관리자들은 승진을 발표한 날에 새로이 임명받은 사람을 초대하고 당사자를 처음으로 관리자 전용식당에 초대한다. 신임 승진자는 통지 후 첫 번째 금요일에 그의 부서의 모든 구성원에게 음료수를 사야만 하는 비공식적인 의무가 있다. 이러한 행동들은 지위 상승과 그 지위의 중요성을 강조하는 것으로 해석할 수 있다. 음료수를 마시는 것은 행운을 공유하는 메시지를 담고 있다. 그리고 이는 지위가 낮은 사람에 대한 높은 지위 구성원들의 책임을 전달하는 것을 의미한다. 많은 의례들은 이별을 수반한다. 상징적 의미를 지닌 이러한 의례들은 남아있는 사람들의 결속을 재확인하는 기능을 한다. 승진이나 퇴직은 파티나 스토리 등을 수반할 것이다. 해고는 감정을 표현하는 공식적인 기회인 퇴직 인터뷰를 수반한다. 조직구성원들의 죽음은 관련 종업원들(죽은 사람의 중요성이 강조된다면 모든 종업원에게)에 대해서 하루 휴가를 부여한다(Dandridge, 1983).

미 육군에서의 분리의식(rites of separation)은 신입자가 군 입대 센터에 신고하고 선서하는 것으로 시작한다. 그리고 다른 신입자들과 함께 소속집단을 배정받는다. 조금 떨어진 캠프로 이동을 하고 유니폼을 전달받고 머리를 자르고 의례적으로 잠자리에 들 것을 교육받는다. 신병은 군대의 인사와 걸음걸이를 배우고, 과거와는 다른 형태로 행동하고 과거의 의식과 지위를 버릴 것을 요구받는다. 다음 단계는 전환의식(rites of transition)으로서 신입자가 그들의 일체감과 관련된 기술을 배우는 기본적인 훈련기간에 나타난다. 이들은 자신들의 신체를 단련하고 행진연습을 하고 그 밖에 육체적으로 요구되는 훈련을 하게 된다. 신입자들은 전환기간의 마지막 단계에서 지속적인 시험을 보게 되며 새로운 역할을 정한다. 합병의식(rite of incorporation)은 새로이 부여된 보다 영속적인 지위와 함께 시작된다. 그리고 축제와 함께 성적우수 신입자에게 상을 준다. 합병의식은 각각의 신입자들에게 새로이 부여된 보다 영속적인 지위를 나타내는 증서 수여와 함께 끝나게 된다(Trice & Beyer, 1984).

신입자들은 기본 훈련기간에 신화(myth)와 일상적인 이야기를 전달받는다. 서열을 나타내는 상징은 다양한 형태의 유니폼, 계급장, 식당과 잠자리의 차별화 등 여러 곳에서 나타난다. 상징적 몸짓은 선서 중에 앞으로 나가는 것과 연설을 듣기 위해서 서 있고, 인사하는 것을 포함한다. 마지막으로 군대 막사는 다양한 물리적인 세트와 인공물 등을 포함한다. 새로운 구성원의 선발과 기본적인 훈련(미군)은 사회적인 역할을 촉진하고 조직구성원들에게 새로운 지위를 부여한다. 이는 이동으로 인한 불균형을 최소화하고 사회적인 관계에서의 균형을 재확립하고자 하는 의미를 지닌다. 위와 같은 의식 중에 유니폼 착용과 짧은 머리, 신발세탁 등의 의례 등이 행해진다(Trice & Beyer, 1984).

(2) 강등의식(rites of degradation)

강등의식(rites of degradation)은 해고와 최고경영층의 교체 및 사회적 일체감이나 권력의 해체와 함께 이와 관련된 것들을 상세하게 공개적으로 밝히는 의미가 있다. 조직구성원들은 강등되는 구성원들에게 관심을 집중한다. 그들은 강등된 사람의 행동과 조직에서의 문제와 실패를 공개적으로 연관시키려고 한다. 이러한 첫 단계에서 중요한 것은 이때 사용되는 언어이다. 생산담당 관리자나 공장 경영자가 강등된 사람의 여러 가지 문제점을 그가 지닌 단점에 기인하는 것으로 판단하면서 강등이 반복적으로 나타났다. 두 번째 단계는 강등된 사람들이 주로 외부 사람들에 의해서 객관적인 자료나 분석에 의해서 불신을 받는 경우이다. 예를 들면 스포츠 기자들이 스포츠 팀 코치를 비하하는 경우이다. 세 번째 단계는 개인의 지위가 공개적으로 박탈되어 강등되는 경우이다(Trice & Beyer, 1984).

(3) 향상의식(rites of enhancement)

향상의식(rites of enhancement)은 조직에 관한 긍정적인 보도를 조직에 전파하고, 특정 구성원의 성취를 공개적으로 인정하여 다른 구성원들이 동기부여될 수 있도록 한다. 예를 들어 미국의 메리케어(Mary Kay) 화장품 회사는 세미나를 통해서 사회적인 일체감을 높인다. 이 회사는 일정 판매량 이상의 수입을 올린 판매원에 대해 많은 청중들 앞에서 벌 모양의 금과 다이아몬드 핀을 포함한 보석을 수여한다. 벌 모양의 핀은 설립자의 이념적 상징을 나타낸다. 모든 사람은 자신의 날개를 가지고 날아갈 수 있다. 상으로 받은 핑크색 캐딜락(Cadillac)은 지위상승의 상징을 명확하게 나타난다. 이러한 인상적인 의식은 메리케어사의 무용담이다. 이 회사에 입사한 사람들 모두 메리케어의 무용담에 대해서 상세하게 들을 수 있었다. 향상의식은 조직이 개개인의 성취에 대해서 신뢰를 부여하고 사회적 가치의 성과를 인정하는 의미가 있다. 향상의식은 강등의식의 의미와 서로 상반되는 의미를 지닌다. 어떤 의식은 여러 가지 다양한 절차와 사건에 의해서 구성원의 사회적인 일체감과 개인적인 지위를 향상시키게 된다(Trice & Beyer, 1984).

(4) 재건의식(rites of renewal)

재건의식(rites of renewal)은 사회적인 구조를 재구축하고 조직의 기능을 향상하는 조직개발 활동과 관련성이 높다. 이에는 조직개발 활동인 목표에 의한 관리(MBO) 프로그램, 직무 재설계, 팀 구축, 민감도 분석, 서베이 조사 반영, 직장생활의 질 향상 프로그램, 품질관리 분임조 등이다. 팀 구축활동은 가족과 같은 유대감이 작업집단 내에 존재하고 형성되는 신화에 의해서 정당화되고 기업 효익 창출을 위해서 활용된다. 조직개발 실무자들은 변화의 노력을 위해 의식적으로 조직의 신화에 의존한다. 팀 구축 노력은 전형적으로 연속된 의례를 포함한다. 리더가 생산과 사람에의 관심을 동시에 갖추도록 하는 그리드(grid) 조직개발도 의례적인 6단계를 유지하고 있다(Trice & Beyer, 1984).

(5) 갈등감소의식(rites of conflict reduction)

갈등감소의식(rites of conflict reduction)은 노사 간의 단체교섭 갈등과 같은 집단의 공격성과 이기심을 감소시키고 혼란스러운 사회적 관계의 균형을 재확립시킨다. 조직에서 공식권한의 위계구조, 노동의 분화, 상이한 권력정도와 개인이나 집단 간 자원의 차이는 조직 내 갈등의 만연과 공격적인 행동을 창출한다. 조직은 이러한 갈등을 감소시기기 위해서 의식과 세레모니를 이용한다. 조직에서 단체교섭과 조정 등은 신화를 상징한다. 조직 내의 많은 갈등들이 의례적인 행동패턴을 보이면서 발생한다. 이와 관련된 해결과정에서 비공식적인 협력이 포함된다. 노조 대표가 적대감을 공개적으로 드러내고, 퇴장하겠다는 협박을 하고, 협상 테이블에서 떠나기 시작하는 경우, 경영진들은 그들을 진정시키고 가능한 합의점을 찾아 분노를 감소시키기 위한 의식적인 행동을 시도한다. 갈등감소의식이 효과를 내기 위해서는 사회시스템의 협력의지가 중요하다(Trice & Beyer, 1984).

(6) 통합의식(rites of integration)

통합의식(rites of integration)은 의식에의 참여를 통해 규범을 일시적으로 느슨하게 하면서 구성원들의 감정표현을 허용하고, 구성원들 사이의 연대감을 강화하여 이들의 공통적인 감정을 촉진하고 재생시켜 준다. 통합의식은 참여 도중에 구성원들의 상호작용을 증가시킨다. 회사의 크리스마스 파티 및 연례행사인 피크닉은 조직에서 자주 관찰할 수 있는 통합의식의 예이다. 이 행사에서 경영진과 작업자들은 그들 사이의 사회적인 차이를 줄이는 활동을 한다. 이들은 함께 먹고, 이야기 하고 함께 술을 마시는 것은 평등과 공동체를 선호하는 공유된 가치를 전달한다. 참여자들은 자주 등 두드리기와 껴안기, 입 맞추기, 사랑이 담긴 몸짓 등을 한다(Trice & Beyer, 1984).

2) 이야기(stories), 무용담(saga), 신화(myths), 사회드라마(social drama)

조직구성원들은 신화, 전설, 무용담, 이야기 등에 의미를 부여한다. 신화, 전설, 영웅담 등은 추상적인 가치를 담고 있는 암묵적 가정의 구체적인 예이다(Wilkins, 1983). 따라서 이야기 등은 기업가치의 유지와 전달에 중요한 역할을 한다(Dandridge, 1983). 조직의 신화는 조직의 정신이며 모든 형태의 의사결정이나 정책에 주입되는 경향이 있다(Mitroff & Kilmann, 1976). 조직에서 정보는 구체적이고 생생하며 쉽게 기억될 수 있도록 제시될 때 효과적이다. 우리는 대부분의 사람들에게 다양한 관찰에 기초해서 통계적인 논의를 하는 것보다 하나의 이야기를 효과적으로 전달하는 것이 주장에 설득력이 있다. 조직에서 이야기들은 최소한 가치에 대한 태도의 몰입을 만들어 내거나 혹은 이야기에서 제시되는 행동에 대한 암시를 제시해준다. 조직의 설립과 카리스마적인 리더십, 조직에서의 주요 사건에 관한 이야기들은 조직의 이미지를 제시하는 기능을 한다. 이야기는 행동통제에서 표준화된 운영절차와 동일한 기능을 제공한다. 기억에 관한 연구에 따르면 상호 연결된 이야기의 구체적인 단어, 문장, 구문 등은 현상에 관한 추상적인 변환에 비해 보다 정확하게 정보를 회상하게 해준다. 이야기의 기능과 관련된 연구에서 대본(script)의 존재는 회상이나 인식을 촉진시키고, 빠른 정보처리라는 결론을 지지하고 있다. 그리고 이야기는 신념을 창출한다. 신화와 전설은 역사적인 사실과 의미를 제시하고, 해석을 유도하면서 이를 증명하는 기능을 한다. 또한 이야기는 몰입을 촉진한다. 문화인류학적인 신화는 사회적 가치에 대한 몰입과 관련되어 있다. 이와 유사하게 조직의 무용담도 구성원들의 몰입을 높인다. 구성원들의 몰입수준이 높은 조직에서는 회사에 대해서 우호적인 많은 이야기가 존재하고, 그것은 기업의 고유한 독특성을 정당화한다(Wilkins, 1983).

(1) 이야기(stories)

이야기는 미묘한 방식으로 참여자들이 보고 믿고 느끼는 것을 제한하면서 일부는 풍부하게 하는 전제조건이나 가치를 전달하는 기능을 한다. 공유된 가치와 관점들은 늘 표현되는 것은 아니며 단순히 서술하는 용어로서 표현되는 것도 아니다. 이야기는 사람들이 경험하고 확인할 수 있는 상세하고 생동감 있는 기술을 한다. 그것은 생생한 경험에 대한 잠재력으로 인해서 기억할만하고 믿을만하다. 의례의 기능 중에서 주요 요소들 중 하나는 이야기나 신화의 활성화이다(Wilkins, 1983).

조직에서 들려주는 이야기들에 대한 연구에서 많은 이야기들이 조직참여자들에게 대본이 되곤 한다. 대본은 일상적인 사건들의 이해를 위한 사건지도(event map) 역할을 한다. 그리고 대본은 직원들이 알기를 원하는 것 혹은 행동하는 방식과 관련해서 사건들을 각각의 영역으로 분류하는 데 도움을 준다. 감원과 같은 사건이 발생한 과거 사례의 이야기는 유사한 사례에 직면했을 때 대본으로서의 기능을 한다. 회사의 경영이 어려워져 감원을 해야 할 경우 그러한 상황이 어떤 상황이고 이에 대처하기 위해 기업에서 어떤 조치를 취했는지에 대한 이야기는 대본으로 남아 전달된다. 이러한 이야기는 경영자들의 행동을 직원들이 예측하는 데 이용되고 경영자들이 의사결정에 활용되는 대본이 될 수 있다. 대본이 된 조직의 이야기들은 표준화된 운영절차와 유사한 인지적 기능을 수행한다. 의사결정자는 어떤 문제에 직면했을 때 잘 알려진 이야기의 구성체계에 바탕을 두고 의사결정을 하려 한다. 이야기의 대본과 표준화된 운영절차와의 차이점은 전자가 비공식적으로 전달된다는 점이다(Wilkins, 1983).

이야기 대본은 공식적으로 규정된 절차나 규칙보다는 조직의 역사로부터 주관적으로 해석되는 사건들이다. 이는 이야기들이 구성원들에 대한 통제역할을 할 수 있음을 의미한다. 이러한 통제는 공식적 통제보다 미묘하면서 쉽게 해석하기 어려운 경우가 많다. 따라서 조직의 이야기는 조직의 역사를 담은 구성원들 사이의 대본으로 의사결정자를 인도하면서 한편으로는 의사결정을 제한할 수 있는 조직문화의 가정이나 가치를 형성한다(Wilkins, 1983).

조직 내 구성원들 사이의 공통적인 이야기는 문화요소 중 하나이다. Martin, Feldman, Hatch, & Sitkin(1983)의 연구에서 이야기 유형은 규칙 깨기, 보스는 인간적으로 행동하나? 하위직원이 최고경영자까지 올라갈 수 있는가? 내가 해고될 것인가? 내가 이동하였을 때 조직이 나를 도울 것인가? 보스는 실수에 어떻게 반응할 것인가? 조직이 장애물에 어떻게 대응하는가? 등의 7개 이야기를 대상으로 하였다. 7개의 공통적인 이야기를 분석해 보면 조직에서의 평등과 불평등, 안정과 불안정, 통제와 통제결핍 등의 2중적인 성격이 존재하였다. 또한 조직의 이야기는 조직의 성공과 실패에 대해 자기합리화를 통한 오류가 발생하였다. 즉 성공에 대해서는 자기 책임을 높게 인식하고, 실패에 대해서는 책임을 낮게 인식하였다. 그리고 긍정적인 내용은 구성원들이 통제의식을 갖게 되었고, 부정적인 내용은 조직과의 거리감을 형성하게 하였다. 연구자들은 이야기를 분석하기 위해 주로 조직 관련 문헌과 소규모 전자업체, 연방기관 등에서 자료를 수집하였다. 그리고 대본이론(script theory)에 기초해서 이야기 내용을 분석하였다. 대본이론은 역할의 특성 체계나 사건의 인과적인 연결순서를 의미한다. 대본이론 관점에서 공통적인 이야기를 주요 역할이나 사건의 순서를 정해 기술하였다(Martin, Feldman, Hatch, & Sitkin, 1983).

조직에서 사용하는 언어체계와 은유는 조직의 가치를 표현한다. 조직은 자신이 누구이고 무엇을 하는지 표현하기 위해 고유한 언어를 개발한다. 일부 회사는 '경쟁사를 죽이거나' '적과 싸우고 싶어한다.' 라는 언어를 사용한다. 특정 회사는 고객 또는 고객을 만족시키는 과정에 집중한다. 디즈니에서 모든 구성원들은 '캐스트의 일원'으로, 항상 '무대에 서서' 가능한 최고의 성과를 내야 한다는 필요성을 일깨워 준다. 조직은 새로운 전략을 사용할 때 언어를 바꿔야 한다. 변화에서 일어나는 많은 일은 이해관계자가 기분이 좋아지고, 자신에게 일어날 일에 대해 긍정적으로 느끼게 하는 것이다. 항공사인 콘티넨탈(Continental)을 구하기 위한 전략은 'Go Forward Plan'이라는 이름이 붙었다(Higgins & Mcallaster, 2004).

(2) 신화(myths)

기업 신화와 무용담은 조직역사에서 주요 인물과 사건의 이야기이다. 이러한 이야기는 초기 개척자와 비전가, 조직을 변화시킨 사람들, 그리고 조직에 크게 기여한 사람들의 업적을 이야기한다. 기업조직의 제품과 서비스, 그리고 과거의 승리와 실패도 종종 신화와 무용담의 초점이 된다. 신화와 무용담들은 조직의 공유 가치와 규범을 중심으로 구성되며, 이를 강화하는 데 사용된다. 이러한 이야기는 신입직원과 고참 직원의 태도와 행동을 형성하는 데에 도움이 된다. 전략이 변경되면 조직은 새로운 전략의 결과로 현재 회사에서 강조되고 있는 새로운 가치와 규범을 강조하기 위해 오래된 신화와 무용담을 수정하거나 새로운 질서를 형성하기 위해 새로운 신화와 무용담을 만들어야 한다(Higgins & Mcallaster, 2004).

조직에서 신화는 다양한 상황에 대한 해결책을 반복적으로 제시해 주며 현재의 조직 상황에 대한 설명도 해주는 기능을 한다. 또한 신화는 역사적 경험에 기초해서 조직의 미래는 어떻고 조직에 대해 무엇을 요구할지에 대한 설명도 해준다. 신화는 조직 내에서 2가지의 기능을 한다. 첫째 기능은 조직구성원들의 행동선택에 대한 정당성을 부여해 준다. 신화는 조직의 역사에 근거한 표준화된 설명이다. 신화는 의미 있는 방식으로 경험을 구조화하고 설명하기 위해서 전개된다. 그리고 신화는 조직생활의 다양하면서 세세한 설명과는 구분되는 강한 영향력을 가진 기본적으로 전설적인 성격을 지니고 있다. 신화는 실제적인 조직현실로부터 나타나지는 않지만 역사적 사건으로부터 전달되어 현실로 이동한다. 신화들은 조직문화가 개인과 사회의 행동을 어떻게 구조화하는지를 이해하는 데 중요한 역할을 한다. 그리고 신화들은 구체적인 상황에서 반복적인 설명을 통해서 조직의 세계관을 재생시켜 준다. 따라서 신화는 조직구성원의 세계관의 변화나 전개에 대한 원천을 제공해 준다(Schultz, 1995).

A is B라는 은유(metaphor)는 단순한 형태이고, 때때로 2개의 사물이나 사건은 오랜 기간 동안 상이한 방식으로 반복될 수 있다. 이는 확장된 은유(extended metaphor)로서 언급될 수 있다. 신화는 확장된 은유의 한 형태로서 볼 수 있다. 신화에서 말하는 이야기들은 실제의 사건들 사이에서 은유적 관계에 있게 된다. 신화는 다른 방식으로 기술하기 어려운 미묘한 은유로서 정의될 수 있다. 레비스트라우스(Levi-Strauss)에 의하면 신화는 오래전에 발생한 시간제한이 없는 사건으로서 현재와 과거, 미래를 설명해 준다. 보편적인 특성의 본질은 그것이 말하고 있는 이야기에 있다는 것이다. 따라서 신화는 시간과 공간에서 분리된 사건들 사이에서 확장된 은유를 설정한다. 신화는 자주 환상적인 요소를 포함하고 논리적 제약이나 실증적인 반증가능성(falsifiability)의 어디에도 지배되지 않는다. 신화의 특별한 경우를 포함하는 은유들은 조직에서 상징적 실재의 단계를 포함한다. 상징적인 실재는 객관적인 실재나 조직행동을 구성하는 실증적인 대상이나 사건들의 체계와도 비교된다. 조직의 객관적인 분석은 조직의 신화나 은유에 대해서 주변적인 의미만을 부여할 것이다. 주어진 상황은 조직에 대한 하나의 객관적인 실재와 패턴만을 인정할 것이다. 그러나 상징적인 실재는 의미의 패턴화된 집합을 구성하고 상황에서 활동하는 사람들에 의해서 사회적으로 해석될 것이다. 그리고 주어진 객관적인 실재는 많은 상징적인 실재들을 지원할 것이다. 조직은 상황의 객관적인 사실뿐만 아니라 상징적인 실재도 가지고 있다는 것을 논의한다. 조직

의 은유와 신화들은 상징적인 실재가 창조되고 전달되는 주요 장치들이다(Pondy, 1983).

신화 속에서는 메시지가 부호화되고 해석되는 그들 자신의 문법을 가지고 있다. 신화는 상징적인 활동가들(영웅, 악당), 사건들(갈등과 다툼, 충돌), 특정한 방식으로 질서화된 행동들로 구조적인 특성을 지니고 있다. 조직에서 신화를 보는 방법에 관한 합의가 거의 이루어지지 않았지만, 일반적인 가정은 신화는 가치를 표현한다는 것이다. 신화는 목적론적인 차원과 관련된 특징을 지니고 있고 이것은 미래로 향하는 방향을 조직에 제공한다. 신화는 변화가 쉽지 않으며 가치가 강하게 실린 관점에서 정보를 표현한다. 그것은 조직의 가치-논리를 표현한다. 조직의 가치시스템은 목적론적 차원과 연결이 되고 조직과 조직구성원들에게 잠재된 무의식적인 조직의 깊은 목적을 표현한다. 신화 만들기는 조직변화를 위한 적극적인 수단이 될 수 있기 때문에 기업들은 신화를 의도적으로 창출하기 위한 많은 시도가 있었다. 따라서 신화는 과거의 상징적인 패턴에 깊은 뿌리가 있다. 따라서 그것들은 접근이 쉽지 않다(Schultz, 1995).

신화는 확장된 은유로 볼 수 있는데 은유의 첫 번째 기능은 설명을 제공한다는 것이다. 논리를 넘어서 정서적으로 상세하고 풍부한 감정을 불러일으킨다. 두 번째 기능은 친근한 것으로부터 낯선 것으로 연결을 해준다는 것이다. 은유는 미지의 영역에서 지도로서 작용할 것이다. 세 번째, 은유는 낯선 것을 친밀하게 만드는 것에 의해서 변화를 촉진한다. 그러한 과정에서 은유는 새로운 상황에서 그것을 표현하는 것에 의해서 조직의 의미나 가치를 깊게 할 것이다. 의미의 영속성에 대해 인식이 없는 변화는 조직을 키울 수 없고 조직을 수정만 할 수 있을 뿐이다. 이와 유사하게 동일한 좁은 상황이나 활동영역에서의 의미의 반복은 조직의 수준을 높여줄 수 없을 것이다. 의미에 있어서의 이러한 양면성은 은유가 변화를 가능하게 하고 영속성을 유지하는 이중적인 기능을 수행할 수 있게 한다(Pondy, 1983).

(3) 영웅과 무용담(saga)

조직의 무용담은 조직에 대한 공유된 정체성의 창조와 전개에 기여하는 공유된 담화(narratives)들이다. 신화와 비교해서 무용담은 조직의 실제적인 역사와 관계가 있고 조직이 이룩한 과거의 성과를 전달하는 데 있어서 중요하다. 반면에 이야기는 매일의 일상적인 사건에서 일반적인 주제(theme)에 관심을 집중하고 감정을 불러일으킨다. 무용담과 이야기의 공통점은 조직의 역사에서 실제적인 사건에 대해서 언급하고 현재의 상황에 대한 일반적인 주제에 관심을 집중하고 그것들 자체를 잡담(small talk)과 수다(gossip)로부터 구분해 준다.

비전을 지닌 영웅(visionary heroes)은 직원들에게 조직에서 어떻게 활동하여야 하는지를 명확하게 해준다. 그러나 그들의 영향력은 광범위하면서도 철학적이다. 반면에 상황적 영웅(situational heroes)은 일상의 성공경험들을 직원들에게 고취시켜 준다. 강한 문화를 가진 기업에서는 상황적 영웅을 인식하고 창조하는 데 익숙하다. 일반적으로 영웅은 기존의 가치에 대해 도전이 필요할 때 요구된다. 나침반 영웅(compass-hero)은 기업이 변화를 필요로 하지만 변화에 대한 역할모델은 없는 상황에서 이를 잘 실행하는 사람이 있을 때 조직에서 만들어진다. 영웅은 자신들이 지니고 있는 가치나 신념에 대한 관심이 높다. 따라서 이들이 지니고 있는 가치나 신념은 그들 주변에 있는 사람들에게 전달되고 교육된다. 영웅들은 강한 기업문화에서 선도적인 활동가들이며 기업활동 중 의례와 의식을 통해서 영웅들을 두드러지게 드러나게 해준다(Deal & Kennedy, 1982).

강한 기업문화는 의례와 의식을 통해 일이 수행되는 방식과 관련 가장 가시적이고 광범위한 영향을 미친다. 기업문화의 영웅들은 작업생활의 모든 의례-선발과 해고, 보상과 미팅형태, 문서작성 스타일, 언어 스타일, 퇴직행사에 만찬을 실시하는 방식-지휘자인 점에 주목하여야 한다. 영웅들에 있어 이러한 의례들이 문화에의 접근 가능성과 일관된 형태를 제공해 줄 수 있기 때문에 중요하다. 오늘날 대부분의 경영자들은 중요한 관리 대상으로 예산수립과 전략계획과 같은 형식적인 절차를 인식할 수 있다. 그러나 그들은 그들 주위에 널리 퍼져 있는 기업문화의 인공물에 대해서는 무시하거나 보지 못하는 경우가 많다. 강한 문화에서는 어떤 것도 하찮은 것이 없다. 작업맥락에서 발생하는 어떤 사건도 관리되어야 할 사건이다(Deal & Kennedy, 1982).

비전을 지닌 영웅들은 영웅담을 통해 직원들에게 조직의 비전을 명확하게 제시해준다. 그들의 영향력은 조직 전체에 이념적으로 광범위한 영향을 미친다. 반면에 상황적 영웅들은 직원들에게 매일매일 성공경험의 예를 주입시켜 준다. 영웅은 기존 가치에 도전하고 새로운 것을 만들 때 더욱 필요하다. 영웅들은 강한 기업문화에서 선도적인 활동가들이다. 기업의 의식(rites)이나 의례(rituals)에서 영웅이 필요한 상황이 조성되곤 한다. 기업문화 창조자로서 영웅들은 조직생활의 의례들인 선발과 해고, 보상과 회의, 문서작성 스타일, 언어 스타일, 퇴직행사 지휘자인 점에 주목할 필요가 있다(Schultz, 1995).

이 중 무용담은 본래 개인이나 집단의 역사에서 성취와 사건에 대한 중세 아이슬란드 또는 북유럽의 이야기들을 뜻한다. 이는 영웅적인 공적, 참가자와 후손의 감정을 깊이 감동시킨 독특한 발전에 대한 이야기이다. 조직의 무용담은 공식적으로 설립된 집단의 고유한 성취에 대한 집단적 이해를 의미한다. 거시조직이론이 조직의 효과성을 주로 구조와 기술에 초점을 두는데 비해 조직의 무용담은 조직생활과 조직의 성취를 비구조적이고 비합리적인 차원을 부각시켜 분석한다(Clark, 1972).

Clark(1972)는 조직의 무용담을 확고한 목적을 가지고 시작된 Reed대학, 위기상황에서의 Antioch대학, 점진적인 변화 추구의 Swarthmore대학의 명성으로 유명한 3개 단과대학의 사례를 중심으로 분석하였다. 무용담의 개발은 시작과 실현 단계로 나눌 수 있다. 시작은 비교적 짧은 기간 동안에 나타나고 중심이 되는 인물이 존재한다. 실현은 보다 지속적이고 예측 가능성이 높다. 실현 단계에서는 교수단, 프로그램, 사회적 토대, 학생의 하위문화와 무용담의 이미지가 중요한 요소였다. 조직의 무용담은 조직문화의 구성요소로서 기능한다. 무용담은 수동적인 조직에서는 나타나지 않고, 자율적인 새로운 조직, 확립된 구조가 없고, 관습이 적은 조직에서 나타날 가능성이 높다. 조직의 무용담은 구성원들 사이에 공통적인 신념공유, 통합, 조직의 가치있는 자산, 유대감, 충성심, 자긍심 등을 형성하게 한다(Clark, 1972).

사례 1: 현대그룹 창업자 정주영

현대그룹 창업자 정주영 회장은 사업과정에서 많은 무용담을 생성하면서 현대그룹의 조직문화 가치를 명확하게 형성해 나갔다. 예를 들어 1959년 미 극동군 공병단 발주의 인천 제1도크 복구공사를 수행하였는데 당시 건국 이래 최대 공사였다. 이 공사에서 게이트를 수문에 달아야 하는 작업이 있는데 이를 들어올릴 크레인이 당시에 한국에 없어 아이디어를 짜내 조수간만의 차를 이용하여 이를 옮긴 일화가 있다. 그리고 1965년 태국 나라티왓 고속도로 건설공사에서는 일부 건설장비들을 직접 제작하여 현지 상황에 적응하면서 작업을 한 무용담이 있다. 이밖에도 한국 경제의 산업화 초기 단계에서 기술적 어려움을 극복하고 건설한 정주영 회장과 관련된 많은 무용담들이 있다. 예로는 경부고속도로 건설, 현대자동차 설립, 소양강댐 건설, 현대조선소(현대중공업) 창업, 사우디의 주베일 산업항 공사, 영하 40도의 미국 알라스카 산속의 교량공사, 월남 캄란 군사기지 공사 등이 있다(박정웅, 2007; 정주영, 1991; 정주영, 2011). 특히 현대중공업 창업과 관련하여 정주영 창업자는 500원 지폐에 담겨 있는 철갑선인 거북선을 보여주면서 한국은 16세기에 이미 이와 같은 배를 건조한 경험이 있는 국가라는 사실을 강조하면서 영국 금융기관에 투자요청을 하였다. 그리고 현대중공업의 최초 유조선 건조 시에도 많은 무용담이 회자되었다(장용선, 2015).

(4) 자기와의 대화(autocommunication)

조직에서 자기와의 대화는 자신과의 대화를 통해 신화적인 정보를 창조하는 메커니즘이나 절차이다. 조직문화로서 자기대화의 목적은 마음으로의 관심집중, 목표추구, 열정창조 등이다. 이는 유럽 도서관 및 대학 사례와 챈들러(Chandler)의 문헌 등을 통해서 자기와의 대화(autocommunication)를 찾을 수 있다. 헬싱키 경제학교 도서관의 전산화 사례는 계획시작부터 자기대화였고, 계획 자체가 상징적인 의미를 지니고 있었다. 영국의 킬(Keele) 대학교 사례는 이상이 현실과 반대되는 경우에 구성원들이 이상을 어떻게 추구하게 되는지를 보여주는 예이다. 여기서 중요한 요인은 구성원들의 열정이었다. 챈들러의 시어즈 로벅(Sears Roebuck & Co)의 사례에서도 조직의 다양한 변화나 계획들보다 구성원들의 자기대화가 기업성과에 영향을 미쳤다. 조직문화는 자기대화를 통해서 확인할 수 있고 자기대화는 다음과 같은 상황에서 발견되었다. 전략적 계획이 신화적 사고를 필요로 하는 경우 자기대화의 필요성이 높고, 예산계획과 같이 체계적이며 분석적으로 정리된 계획보다는 유연성이 필요한 전략적 계획에서 자기대화가 더 필요하다. 역동적인 목표계획과 고정적인 목표계획을 비교하면 고정적인 목표계획에서도 자기대화는 일정 부분 필요하고 역동적인 목표계획에서 자기대화의 중요성은 더욱 더 강조된다(Broms & Gahmberg, 1983).

(5) 사회드라마(social drama)

기업생활은 연극과 같은 사회드라마를 통해 창조적인 활동을 강조하면서 긴장을 풀어주고 혁신을 부추길 수 있다. 실질적인 규칙이나 목적은 없다는 사실에도 불구하고, 다양한 형태의 연극은 사람들을 함께 묶고 갈등을 줄이고, 새로운 비전이나 문화적인 가치를 창조한다(Deal & Kennedy, 1982). Pettigrew(1979)는 조직문화의 형성을 사회드라마를 기반으로 연구하였다. 사회드라마는 조직문화를 인지하게 해주고 새로운 조직문화 개발에 관한 연구를 가능하게 해준다. 그는 사회학이나 문화인류학에서 널리 사용되고 있는 개념을 도입해서 조직문화 연구에 적용하였다. 조직은 종종 외부와의 접촉이 제한된 상황에서 규칙이나 의례, 독특한 조직의 단어나 의상을 통해서 구성원들의 내부 몰입과 외부에 대한 배타적인 감정을 형성한다. 구성원들은 조직의 선발과정이나 조직 내의 언어, 과업집단의 의례 등을 통해서 조직문화를 경험하게 된다. 사례학교에서 신화는 구성원들이 몰입을 형성하고 유지하게 하는 역할을 하며 또한 창업자의 통제를 정당화시켜 준다. 창업자의 비전은 조직의 승인을 통해서 이념화되었다. Pettigrew(1979)는 설립자의 감정이나 행동과 신념, 이데올로기, 언어, 의식, 신화 등을 통해서 조직의 목적이나 질서, 몰입이 어떻게 창조되는지를 논의하였다. 이를 설명하기 위한 자료수집은 1972년 구조적인 변화를 전후로 해서 시작되어 1975년까지 진행되었다. 그는 인터뷰 및 설문 등의 자료와 함께 1934년부터 1972년까지 학교의 설립과 진화발전에 관한 역사적 자료를 보완하였다(Pettigrew, 1979).

Smith & Simmons(1983)는 새로이 개발된 정서장애 아동 및 성인에 대한 심리교육기관인 덱스터(Dexter) 의료관리자의 사례를 분석하였다. 환자의 비밀정보 이외에는 모든 정보에 대한 접근이 가능하였다. 그리고 연구자는 모든 회의나 대화에 대해서 말없는 관찰자의 역할을 할 수 있었다. 이를 통해 연구자는 개인 간, 집단 내, 집단 간 조직구성원들이 그들의 경험을 기술하는 데 사용하는 상징, 이야기, 전설, 신화 등의 집합적인 상징화시스템을 이해하고자 하였다. 사례조직에서는 장애진단 방법과 임금 등의 문제로 관리자에 대한 불만이 한층 고조되고 관리자가 해고되는 상황이 발생하였다. 이런 상황에서

Rumpelstiltskin(동화에 나오는 나쁜 요정의 이름)에 관한 동화와 조직 상황을 서로 비교하였다. 신격화 과정에는 구성원들의 관리자에 대한 의존과 갈등의 양면성이 순환되었다. 위의 내용을 통해서 카리스마적 리더십이나 조직 내의 갈등에 관한 시사점을 얻을 수 있었다(Smith & Simmons, 1983).

(6) 문화적 네트워크

기업문화에 있어서 매일매일의 생활은 문서화되지 않으나 구성원들에게 잘 알려져 있는 수많은 의례의 반복이다. 하나의 문화에서 사람들이 학습하는 의례는 그들을 훈련시키는 것을 의미한다. 특정 문화에서 잘 운영되는 의례도 상이한 사업환경으로 인해 다른 문화에서는 아마도 실패할 수 있을 것이다. 경영자들은 자신들의 문화에 대한 의례적인 요소를 충분히 알 필요가 있다. 강한 문화는 사람들에게 의미를 창조한다. 그리고 의례를 따라서 사람들이 행동하는 방법을 훈련시킨다. 문화적 네트워크의 특성과 관련하여 이야기를 해주는 사람(storyteller)은 조직의 실재를 바꿀 수 있기 때문에 강력한 지위에 있다. 이야기를 해주는 사람이 말하는 이야기는 신화처럼 작업활동 세계에 대한 의미를 부여하고 설명한다. 그리고 이는 조직구성원들의 응집력을 유지하고 대부분의 구성원들이 따라야 할 지침을 제시해 준다. 그것은 정보를 전달하고 행동을 형성하는 가장 강력한 방법이다. 그들은 비전을 지닌 영웅에 대한 이야기를 전달한다. 이야기를 해주는 사람의 역할을 잘 수행하는 사람은 많은 정보의 접근이 용이한 지위에서 전형적으로 발견된다. 하나의 조직문화에서 성직자(priest)가 되기 위해서는 몇 년에 걸친 성숙함과 진지함을 필요로 한다. 대부분의 성직자 역할을 하는 인물들은 그들의 기업 역사를 잘 알고 있는 사람들이다. 성직자들은 실망이나 좌절을 느끼는 사람들에게 도움을 준다. 소문을 퍼뜨리는 사람들은(whisperers) 2가지의 특성을 필요로 하는데, 하나는 최고경영자의 마음을 빠르고 정확하게 읽는 것이다. 그들의 권력은 주요 인물과의 상징적인 관계에 의존한다. 이들이 일을 완성하기 위해서는 조직을 통한 많은 지원시스템과의 접촉점을 구축하여야 한다. 소문(gossips)은 뉴스를 보다 빠르게 전파시킨다. 소문에 의한 정보는 모든 조직계층에 침투시킬 수 있는 특별한 능력을 지니고 있다. 소문은 이야기를 가지고 기업 내부를 통해서 그것을 반복시킨다(Deal & Kennedy).

3) 상 징

(1) 상징의 개념적 정의

상징은 대상, 행동, 사건, 언어, 모양 등 의미가 뒤따르는 다양한 요소들로부터 나타난다. 상징은 보고, 듣고, 느낄 수 있거나 혹은 다른 방식에 의해서 지각될 수 있는 것이다. 상징적 관점은 조직 현상에 대한 이해에서 조직구성원들 사이의 어떤 동의를 가정하지는 않는다. 물리적인 상징은 조직의 건축물, 물리적인 설계, 구성원들의 물리적인 배치, 복장, 기업의 로고, 스티커, 표지(markers), 기타 등등의 설계를 의미한다. 행동적인 상징은 수단적인 내용을 넘어서 의미를 부여할 수 있는 조직에서의 행동들로서 구성된다. 의식과 세레모니는 강한 상징적 행동들의 예이다. 언어적 상징은 상징적 내용을 담고 있는 신화, 이야기(stories), 은유, 특정 구문, 유머, 슬로건과 전문용어 등을 의미한다. 상징적인 관점은 개별 상징들이 구별 가능한지와 상징들이 시간이나 공간에 의존하는지 혹은 조직을 통합하고 조직에 널리 퍼져 있는 일관된 형태의 해석인지의 여부를 묻는다(Schultz, 1995).

조직이론에서 물리적인 상징에의 관심이 커지고 있다. 조직문화 연구 초기에 물리적인 상징들은 가시적인 표현물로서 중요하였다. 그것들은 미묘한 의미의 패턴을 지니고 있다. 의례나 이야기 등의 상징적인 표현에 반하는 물리적인 상징들은 조직문화의 변화에 매우 민감하다. 물리적인 상황은 조직생활에서 가장 기본적인 바탕이 된다. 기업의 건축물은 전략적 프로파일이나 지위를 나타내는 상징으로 기능할 수 있다. 이런 점에서 물리적인 상징들은 조직문화에 영향을 미치고 조직에 의해서 주도면밀하게 구성된다. 그리고 물리적인 상징들은 조직구성원들의 감각적인 경험을 구조화하거나 무력화시키는 역할을 한다. 커다란 테이블을 갖춘 오래된 장식을 갖춘 어두운 회의실의 회의와 부드럽고 하얀 가구와 많은 불빛을 갖춘 건물에서 실시하는 회의 등은 조직구성원들에 의해서 상이하게 해석되고 경험될 수 있다. 그리고 물리적인 상징들은 정체성 형성과 이미지 구축을 위한 보다 정교한 도구로 이용될 수 있다. 기업의 정체성 표시로서 물리적인 상징은 경영관리 내에서 영역이 확장되고 있고 제품의 설계에서부터 건축물과 로고, 브랜드의 사용에 이르기까지 많은 영역에서 정체성 요소를 포함하고 있다(Schultz, 1995).

기어츠(Geertz)는 상징을 개념의 전달 수단으로서 기능을 하는 어떤 대상, 행동, 사건, 질, 혹은 관계로서 정의하였다. 상징은 관념의 구체적인 형상화, 인식 가능 형태로 고정된 경험으로부터 나오는 추상, 아이디어, 태도, 판단, 희망, 신념 등으로서 기능한다. 따라서 상징의 정의에서 주요 관심은 구체적인 형상화의 수단을 통한 의사소통이다(Wilkins, 1983). 상징은 명확한 의미에 더해서 함축을 지니는 매일의 삶에서 친숙하게 보이는 형상, 이름, 용어 등으로 정의될 수 있다. 정보처리 관점에서 본다면 상징은 정보가 전달되는 기본적인 요소들로서 해석될 수 있다. 이런 관점은 정보의 창조, 변화, 전달, 수용, 해석과정으로 상징의 관심 영역을 좁힐 수 있다. 상징은 의사소통의 수단으로 다양한 기능을 수행한다. 상징의 의미는 함축되어 있다. 또한 상징의 물질적인 특성은 정보의 인출과 저장을 가능하게 한다. 그리고 상징은 재창조되기 때문에 의사소통의 신뢰성이 높다. 한편 상징은 추상적인 사고를 명확하게 한다. 상징의 주요 역할은 의사소통에서 의미의 전달을 촉진한다(Eoyang, 1983).

상징을 통한 조직문화 설명은 전통적인 조직이론과의 상호 보완적인 측면에서 중요하다. 조직 연구의 대부분은 조직의 객관적인 측면에 관심을 집중한다. 이러한 점에서 보면 상징주의는 기존의 전통적인 주제와는 다른 준거체계를 가지고 있다. 상징적 상호작용은 상징의 연구에만 오로지 관심을 가지고 있는 것은 아니다. 그것보다는 조직에서 의미와 행동에 주로 관심을 가지고 있다. 대상과 사건들은 매일의 사회적 상호작용 과정에서 사람들이 그것들에 부여한 의미와 매우 밀접한 관계가 있다. 상징적 상호작용은 사회적 상황에서 의미의 창조를 강조하는 사회과학의 사고와 연구방법으로 기술될 수 있다. 상징적 상호작용은 연구를 수행하는 연구방법론과 사회를 바라보는 관점을 개념화하는 방법을 제공해 준다. 상징적 상호작용은 사건이나 사회적 상황 등이 개개인의 의미형성 과정을 통해서 어떻게 해석되는지가 주된 관심 사항이다. 이러한 관점을 따르면 인간은 의미가 있는 사회적 상호작용을 통해서 형성되는 그들 자신의 이미지를 가지고 있다.

상징적 상호작용의 주요 개념 중의 하나는 상황에 대한 정의이다. 상징적 상호작용은 모든 조직의 상황은 다양하고 자주 갈등을 일으키는 해석이나 의미들로 가득 차 있다는 가정에 기초한다. 조직에서의 상징은 매일매일의 조직생활에서 관행을 형성하고 영향을 미친다(Schultz, 1995).

조직의 상징은 잠재되어 있는 조직의 가치시스템이나 특성, 이념을 표현한다. 상징은 첫째, 조직에서 구성원들 사이에서 언급되는 신화나 이야기들에 의해서 조직에서 의미를 부여하면서 축적된다. 둘째, 조직이 사용하는 오리엔테이션 프로그램이나 연회, 커피타임 등의 의례나 의식적인 행사나 관행들에서 관찰된다. 셋째, 조직의 로고(조직이 선택하거나 혹은 독특한 내부의 특성을 외부에 전달하기 위해서 고안된 구체적이며 가시적인 기호)를 통해 상징을 확인할 수 있다(Schultz, 1995).

조직문화는 상징, 이야기, 신화 등에 의해서 전달되고 형성된다. Barley(1983)에 의하면 기호학은 조직문화에 대한 의미시스템을 분석하고 연구하는 접근방법을 제시해 준다. 장례회관에서 기호적으로 인식되는 코드들은 장례지도사의 다양한 과업을 구조화시킨다. 기호학적 연구는 작업세계 내부자의 해석과 함께 문화에 대한 현실적이고 중요한 면에 대해서 민감하게 해준다. 마지막으로 기호학적 연구는 작업문화의 구성원들이 일관되게 그리고 계속적으로 의미를 창조하는 것에 의해서 규칙을 명료하게 설명해 준다(Barley, 1983).

하나의 상징은 개별구성원의 감정과 가치를 이끌어내고 인도하는 기능을 한다. 기업의 모토나 신조 혹은 설립이야기 등도 상징으로서 기능한다. 그리고 성과급, 사무실에서의 크리스마스 파티 등도 상징으로서 기능을 한다. 기업의 로고나 금시계, 신분증 등의 물질적인 항목도 상징이다. 그것은 사용자들이 특정 감정이나 가치 등을 경험하는 것을 촉진하는 방식으로 그것을 받아들이거나 믿도록 해주기 때문에 상징이다. 상징은 이성과 감정을 연결시키는 다리 역할을 한다. 조직은 변화한다. 기업의 변화에서 이야기나 의례 등은 변화에 대한 설명과 내용을 전달하는 과정을 거치면서 시스템 지원에 필요한 기억들을 전달하면서 조직의 분위기나 몰입을 안정화시킨다. 많은 상징들은 다양한 기능들을 수행한다. 기업의 역사가 하나의 예를 제공한다. 새로운 직원에 대한 입직훈련 중 조직에 관한 이야기는 조직의 가치를 효과적으로 교육시키고, 조직 내부의 정보를 알리는 수단이 된다. 조직의 이야기는 조직의 구조와 기업가치를 강화하고 안정화시키는 기능을 한다. 동시에 조직의 이야기는 새로운 직원의 열정이나 에너지를 환기시켜 주고, 미래에 이들을 재 고취시키는 상황을 창조한다. 조직의 이야기는 조직이 왜 이러한 활동을 하는가를 설명해 주면서 의미형성 과정의 일부로서 기능을 한다(Dandridge, 1983).

경영자들이 상징을 이해하는 것은 직원의 가치에 대한 통찰력을 제공한다. 이는 단순히 현실에 대한 이해를 넘어 미래의 경영활동에 영향을 미친다. 각각의 단계에서 경영진에 의해서 조성되는 조직이야기는 조직의 발전이나 조직의 현재 상태에 대한 이해를 높여준다. 시정부와 같은 공공조직들은 정치적인 리더십 변화와 같은 정기적인 변화를 경험한다. 상징의 사용과 이해는 이런 변화를 촉진시켜 줄 수 있을 것이다. 조직의 리더들은 어떤 이야기나 상징적인 요소들이 조직역사를 통해서 지원되고 성장시켜야 할지에 대해서 선택하여야 한다. 대부분의 조직에서 상징들은 무작위적으로 나타나고 사라진다. 조직은 관리과정 혹은 다른 부서와의 관계에서 다양한 형태의 상징적 조화에 관심이 없는 경우가 많다. 한편 외부 관찰자, 컨설턴트, 이론가들은 조직의 핵심 과정 혹은 주요 주제를 이끄는 데 있어 상징을 진단기법으로 사용한다. 조직의 이야기나 축하행사 등에 대한 신중한 검증은 메시지의 일치성 혹은 내부의 불일치성을 드러낸다. 상징적인 과정의 종합적인 이해를 통해서 상징을 조직변화의 자연적인 통로로서 이용할 수 있다(Dandridge, 1983).

조직의 삶은 의례적인 행동과 유머(humor)의 패턴, 이야기하기(story-telling)와 다양한 형태의 은유적인 상징의 풍부한 원천이고 조직이 지닌 고유하고 독특한 형태의 발전에 기여한다. 그러한 행동들은 의식적으로 구성되거나 혹은 구성원들에 의해 자발적으로 형성하게 된다. 따라서 조직의 전통과 이야기는 경영통제를 높이기 위한 수단으로서 의식적으로 발전된다. 조직에 널리 퍼져 있는 상징적인 행동은 조직 삶의 모든 영역에 영향을 미친다. 조직에서 개인들은 상징으로서 인식되기 어려운 상징시스템들과 무의식적으로 만나게 된다. 관리자들이 합리성과 효율성을 높이기 위해 구성한 상징시스템은 다른 사람들에게 억압이나 지배의 원천으로서 인식될 수 있을 것이다. 상징적 의미에서 풍부한 일본식 정원도 상이한 사람들에게 상이한 의미를 지니게 된다. 상징은 상징을 경험한 사람들에게 독특한 경험을 창출하게 해준다(Morgan, Frost, & Pondy, 1983).

상징에는 첫째, 행동(action)이 있다. 그것은 관련된 사람들 사이의 관계형태를 상징화한다. 예를 들어 두 사람이 악수를 할 때, 그러한 행동은 그들이 하나라는 것을 상징화한다. 비밀 조직원들 사이에서 그것은 형제 간의 우애를 재확인하고, 그들이 속해 있는 조직 질서에 대한 충성심을 확인하게 된다. 정치가들 사이에서 그것은 협력하려는 의도를 상징화하게 된다. 상징에는 둘째, 사건(event)이 있다. 예를 들어 생일 기념일은 해마다 돌아오는 사건 이상의 의미를 지닌다. 그 날은 잊기를 원하거나 혹은 비밀을 유지하기를 원하는 날일 수도 있고, 때때로 잊기를 누구도 원하지 않는 열렬히 축하하기를 원하는 날일 수도 있다. 상징에는 셋째, 말(utterance)이 있다. 팀 구성원들은 대부분 그들 팀의 파이팅을 높이기 위해서 환호의 외침을 행한다. 환호의 외침은 하나로 결속시키는 역할을 한다. 상징에는 넷째, 이미지가 있는데 꿈들은 상징적인 형태로서 메시지를 전달한다. 사람들이 그들의 집, 그들의 작업, 그들의 가족과 관련해서 만들어내는 아이디어들은 숨겨진 상징적인 의미를 전달한다. 꿈 혹은 아이디어는 본질적인 내용보다 보다 많은 것을 나타낸다(Morgan, Frost, & Pondy, 1983).

Schultz(1995)에 의하면 은유와 환유 등은 조직에서 의미의 창조에 유용한 수단으로 일반적인 문화적 이미지를 나타내는 데 유용한 도구이다. 은유와 환유 등은 그것이 말이든 문자로 만들어졌는지에 관계없이 조직에서 언어를 통하여 표현된 이미지들이다. 은유는 유사성이나 유추를 통해서 유도되는 의미이다. 은유를 통해서 조직문화의 새로운 측면들을 나타낼 수 있다. 조직에서 특정 은유들은 조직구성원들 사이의 공유된 연상을 창조하기 위해서 조심스럽고 의도적으로 선택된다. 상징적인 관점은 우선 무엇보다도 조직구성원들의 조직생활에서 만들어지는 의미의 패턴을 창조하는 은유를 찾는 것이다. 은유에 비해서 환유는 전체를 나타내는 하나의 측면 혹은 사물이다. 은유와 환유는 조직문화의 가시적인 측면을 해석하고 형상화하는 데 이용된다(Morgan, Frost, & Pondy, 1983).

상징의 본질을 이해하기 위해서는 최소한 3개의 영역에 대한 이슈를 이해하는 것이 중요하다. 먼저 상징들은 복잡성의 정도가 상당히 다르며, 의식적 혹은 무의식적으로 만들어지며, 상이한 사람들에게 상이한 방식으로 때때로 반대되는 의미가 부여되고, 사람들 사이에서 공유 정도가 다르다. 사장의 사무실이 평등이나 절약, 전통, 현대성, 안전성 등의 상이한 영향력을 창출할 수 있다. 때때로 잘 인식된 상징들은 계획되지 않은 목적을 수행하는 데 이용되기도 한다. 그리고 세레모니의 대상은 경영진이 조직에서 육성하기를 희망하는 행동이나 가치를 상징화하기 위해서 이용된다. 예를 들면 커다란 성과 차트는 세레모니에 대한 배경을 나타내는 벽을 장식하고자 하는 것이다(Morgan, Frost, & Pondy, 1983).

대상, 행동, 사건, 말, 이미지 등은 조직구성원들이 자신들의 작업환경에 대해 무의식적인 관심을 상징화하는 매개수단이다. 그러한 현상하에 존재하는 상징적인 투사에 대한 이해는 연구자에게 조직상황에 대한 많은 것을 말해준다. 무의식적인 상징의 단순한 형태는 수단적인 목표를 향한 성취지향적인 행동에 대해 의도하지 않은 결과를 만들어낸다. 단순한 관료제의 일상적인 운영은 상징적인 의미가 풍부하다. 관료제는 안전, 권력, 중요성 등의 의미의 중요한 패턴을 부여하고, 규칙에 대한 복종은 좌절, 분노, 무력감을 나타낸다. 상징적인 의미는 관료인가 혹은 규칙을 따라야 하는 사람인가에 따라서 매우 다르다(Morgan, Frost, & Pondy, 1983).

(2) 상징의 기능

Dandridge, Mitroff, & Joyce(1980)는 조직행동에서 상징의 중요

성을 지적하였다. 상징이 조직에서 수행하는 기능은 기술(descriptive), 에너지 통제(energy controlling), 시스템 유지(system maintaining)로 구분된다(Dandridge, 1983). 첫째, 기술(descriptive)적인 설명으로 조직은 어떤가? 등에 대한 질문에 조직구성원은 어떤 형용사나 임금수준, 휴가정책, 경영스타일 등의 말들을 할 것이다. 또 다른 사람은 상징적인 이야기를 할 것이다. 아래의 3개의 예는 상이한 기업들로부터 나왔다. 하나의 예로서 기업의 소유주가 뉴욕에서 그의 사무실 복도까지 운전할 수 있는 유일한 사업가라는 주장을 좋아한다. 그가 소유한 빌딩의 승강기는 그가 있는 12층까지 그의 리무진차를 운반할 수 있을 정도로 충분히 크다. 두 번째 예로서 창업자의 손자인 이사회 이사장은 크리스마스마다 부서를 둘러 직원들에게 메리크리스마스를 기원해준다. 그는 장기근속한 직원 대부분을 알고 있다. 세 번째 예로서 최근의 주주총회에서 사장은 버뮤다 해안에 오토바이를 타고 도착하였다(Dandridge, 1983).

둘째, 에너지 통제(energy controlling)와 관련하여 상징이 조직구성원들의 에너지를 통제할 수 있도록 기능하는 3가지 방식이 있다. 먼저 상징은 조직구성원들에게 영감을 불러일으키도록 하고, 새로운 지원자들에게 흥미를 느끼게 하고, 바람직스럽지 못한 외부인들을 쫓는데 이용한다. 군대조직에서는 이러한 상징의 활용에 익숙하다. 군대모집에서 적절한 후보자에게 관심을 끌기 위한 이야기나 슬로건 혹은 물리적 실체들이 풍부하다. 유사한 상징들이 바람직스럽지 못한 종업원을 쫓는 데 이용된다. 호텔 종업원들은 현재 고용주에 대한 몰입을 확인하면서 다른 호텔에서의 나쁜 작업환경에 대해서 이야기를 교환한다. 이야기에서 나타난 비교는 그들 호텔의 매력의 일부가 된다. 이러한 사례에서 상징들은 조직에 대한 조직구성원들의 감정에 영향을 미치고, 몰입 혹은 억제된 에너지의 수준을 변환시키는 기능을 한다. 다음으로 상징들은 이용자가 하나의 감정을 재경험하는 것을 촉진시킨다. 마지막으로 상징들은 조직구성원들의 감정을 발산하는 수용 가능한 통로를 제공한다. 사무실의 파티나 부서 간 운동경기 등은 이러한 기능을 수행한다. 그리고 조직에 반대되는 상징활동이나 사기를 떨어뜨리는 이야기 등의 발산기능은 역기능적일 수 있다(Dandridge, 1983).

셋째, 시스템 유지(system maintaining) 기능으로서 상징들은 시스템을 유지하고 안정화시키고, 구조의 변화에서 중요한 기능을 수행한다. 상징들은 역할들 사이의 관계를 이해하게 해주고, 관계를 유지시키는 기능을 수행한다. 예를 들어 몇몇 기업들은 조직의 위계구조에서 각각의 단계에 합법화된 사무실의 크기, 책상의 질, 장식품 등이 있다. 비공식적인 의례들은 자주 점심식사 혹은 커피타임 중 앉는 것에서도 나타나고, 이것은 관계에 대한 상징적인 메시지를 전달해 준다. 기업의 경축행사 등은 이야기나 포상을 통해서 장기적으로 조직이 지니고 있는 가치나 신념을 나타낼 수 있는 기회를 제공한다. 종종 기업들은 영업실적이 매우 우수한 사원에게 금메달과 앞자리를 제공해 준다. 비행기 조종사들 사이에서 회자되는 이야기에는 최근에 조종모를 쓰고 있는 전문적인 이미지가 아닌 자신의 스타일로 머리에 신경을 쓴 조종사들을 비판하는 것들이 있다(Dandridge, 1983).

일부 상징은 문장이나 가치의 진술과 같이 본질적으로 물리적이다. 다른 상징은 특정 종류의 행동에 대한 보상과 같이 행동적이다. 회사의 로고, 깃발 및 슬로건은 또한 조직이 특정 가치, 아이디어 또는 이벤트에 두는 중요성을 전달한다. 인사담당 부사장이 회사 본사

주차장에서 싫어하는 회사 정책 매뉴얼을 태우는 것을 직원들이 지켜보았을 때, 이의 상징은 분명한 의미를 담고 있었다. 항공사인 콘티넨탈(Continental)은 합병을 통해 성장한 항공사였다. 그리고 많은 비행기는 여전히 외부와 내부에 원래 색상을 유지했고, 그 위에 로고가 그려져 있었다. 새로운 좌석이 필요할 때 정비사는 이미 비행기에 있는 좌석과 일치하든 그렇지 않든 재고에서 사용 가능 좌석을 꺼냈다. 그래서 최고경영진이 모든 비행기를 같은 색상으로 칠하고, 각 비행기의 모든 좌석을 동일하게 하고, 다소 불명예스럽게도 미트볼이라는 별명이 붙었던 빨간색 로고를 없애고, 모든 게이트 대기 구역에 다시 카펫을 깔기로 했을 때, 직원들은 새로운 질서가 생겼다는 것을 알았다(Higgins & Mcallaster, 2004).

(3) 상징적 수단

문화적 이해는 조직구성원들의 다양한 상징의 해석을 통해서 세계관에 접근한다. 문화를 이해하는 해석적인 과정에 있어서는 상징들(물리, 행동, 언어적인 상징)과 상징들 사이의 해석적인 패턴에 의해서 구성되는 상징들 사이의 관계를 구분하는 것이 필요하다. 주요 상징적 표현인 건축물, 의례(rituals), 신화(myths), 이야기(stories) 등은 문화를 이해하는 전형적인 수단이다. 그것들은 조직에서 인식하기 쉬운 상징들이다. 반면에 기풍(ethos)과 세계관은 보다 종합적인 세계관이다. 세계관은 질서에 대한 가장 종합적인 생각들을 담고 있다. 문화적 패턴의 기술에서 조직구성원들의 실재에 대한 정신적 이미지를 담고 있는 인지적인 세계관과 심미적이고 그들 자신의 조직적 관점인 기풍을 구분하였다. 기풍은 색조, 특성, 생활의 질, 심미적인 스타일과 정서이고, 그들 자신의 기초를 이루고 있는 자신과 그들의 삶에 영향을 미치는 세계에 대한 태도를 의미한다. 세계관과 기풍은 종합적이고 문화에 대한 조직구성원들의 공유된 혹은 변형된 이미지를 나타내는 다소 모호한 개념들이다. 조직구성원들의 언어에 기초한 의미에 대한 집단적인 구조를 이해하는 데 적합한 구문분석(text analysis)을 이용하는 것이 효과적이다. 기풍과 세계관은 의례, 신화, 이야기보다는 개수가 적다. 기풍과 세계관의 기술에서 개념의 독특한 내용을 밝히기 위해서는 많은 상징적인 표현의 해석을 필요로 한다. 상징적 표현들 사이의 연상관계는 조직에서 중요한 의미를 지니고 있다. 상징들은 사물이나 사건의 해석이 가능하고 이를 의미 있는 표현으로 바꾸는 경우 조직구성원들의 연상에 의해서 각각을 서로 연결할 수 있다. 상징적 표현의 내용들은 조직구성원들에 의해서 공유되는 해석체계와 관련될 수 있다. 이러한 실질적인 연상들은 신화가 상징적 사건을 설명하는 기능을 할 때, 이야기들이 물리적인 상징에 대해서 말할 때, 은유의 사용이 특정 이야기들과 관련되어 있을 때 표현된다. 상징적인 표현들은 각각의 상황과 관련되어 있다. 유사한 이야기들이 구체적인 의례와 관련해서 늘 언급되고 어떤 신화들은 특정 상황이나 발생 위치와 관련되어 있다(Schultz, 1995).

해석을 하는 사람들은 조직의 상황이나 상징적인 내용에 기초해서 상징들 사이의 관계를 찾는다. 다양한 상징적 표현들 사이의 연상관계는 개별 조직문화 내에서 의미의 사슬(chain)을 만들어낸다. 이것은 조직문화의 해석에 있어서 문화의 보다 일반적인 세계관이나 기풍의 이미지를 불러올 것이다. 이것은 신화가 세계관을 긍정적으로 확인할 때 물리적인 상징이 여러 다양한 의례에서 나타날 때, 유사한 담화

패턴이 서로 관련되어 있을 때, 이야기에서 언급되는 은유가 조직구성원들의 세계를 보는 방식을 나타내줄 때 드러난다. 연상된 주요 상징적 표현들의 사슬을 찾는 것은 이러한 표현들이 각각 서로 어떻게 연결되어 있는지에 대한 질문과 조직문화에 대한 보다 많은 해석을 가능하게 해준다(Schultz, 1995).

주요 상징적 표현들 사이의 관계는 조직구성원들이 상이한 현상을 해석하거나 다양한 행동을 수행할 때 조직구성원들의 연상에 의해서 만들어진다. 조직에서 문화의 정확한 이해는 조직구성원들의 해석과정을 통한 보다 깊이 있는 정의와 구성원들 사이의 높은 친밀성을 필요로 한다. 그리고 기업문화의 구조적인 차원은 상징적인 영역으로 나타날 수 있다. 이러한 영역은 조직에서 실재를 구성하는 군집화된 상징적 표현의 전체적인 패턴이다. 인간들 사이에서 발전된 많은 해석으로부터 나타나는 의미의 상호 연관패턴을 기술하기 위해서 관계(web)의 이미지를 이용하고 있다. 따라서 조직문화 연구는 상징들 사이의 의미의 관계를 발견하기 위해서 그것들 사이의 다양한 관계를 찾는다. 상이한 상징들 사이의 관계의 존재는 군집화된 상징표현이 중요하다. 그리고 상징연구는 의미의 관계를 전달하고 공유된 상징적 실재를 창조하고 유지하는 의사소통 과정이 중요하다(Schultz, 1995).

조직문화는 조직의 특정 생활방식에 영향을 미치는 방식으로 사회적으로 정의되는 의미 있는 실재를 구성한다. 이러한 의미 있는 실재들은 상호 관련된 상징적 표현으로서 인식될 수 있고 신화, 조직의 이야기, 의례, 의식 등에 의해서 전개되고 유지된다. 따라서 조직문화는 다양한 상징적 패턴으로서 나타난다. 조직문화 연구는 상징들 사이의 패턴을 구축하기 위해서 상징적 패턴이나 표현들 사이의 관계를 찾는다. 이러한 문화적 정의는 다양한 주요 상징적 표현들(예를 들면 물리적인 상징, 의례와 같은 행동적인 상징, 이야기나 신화와 같은 언어적 상징)의 미리 예정된 실재 위에서 만들어진다. 그럼에도 상징적인 관점은 상징적 표현들 사이의 관계 특성을 미리 예정하지는 않고, 이들이 특정 조직문화에 따라서 다양한 형태를 지니고 있는 것으로 보았다. 경영자들이 조직문화의 통찰력을 얻기 위해서는 단계들의 체계화를 구성해 나가야 한다(Schultz, 1995).

조직문화 연구에서 기호학적 접근방법은 조직의 의미체계를 이해하는 데 중요한 의미가 있다. 문화는 공유된 이해나 해석체계로 기호학의 분석틀을 가지고 의미를 파악할 수 있다. 그리고 사회적 관계는 상징적인 과정에 의해서 매개된다. 설명 사례의 예로서 장례회관 고유의 은유와 환유 및 대비에 의한 비교방법으로 구성원의 의미체계를 이해할 수 있다. 장례회관 운영자의 의미부여는 자리를 잡은 얼굴, 가구, 제거의 3가지 영역으로 구분해서 의미체계를 형성하고 일반적인 것과의 은유와 대비 및 자체적인 속성인 환유의 표현을 통해서 설명이 가능하다. 기호학은 기호시스템이나 기호에 관한 연구로서 정의될 수 있다. 의미(signification)는 사건이나, 단어, 행동, 대상들이 주어진 공동체의 구성원들 사이에서 의미를 전달하는 과정과 그것이 전달하는 내용에 대해서 언급한다. 따라서 기호학은 궁극적으로 의사소통이 어떻게 가능한지에 대한 방법을 보여주고 공유된 기호체계를 가정한다. 기호학의 본질은 의미체계의 분절과 이의 사용을 지배하는 규칙이다. 문화에 관한 접근에 있어서 논란은 있었지만, 문화인류학에서 과거 30년간 기호학적인 관점은 중요한 위치를 유지하였다. 기호학은 사회학에서도 유행하였고, 많은 실증연구들이 기호학적인 관점에서 현대의 사회조직을 분석하기 위한 시도를 하였다. 기호학에서 의미구축의 검증 정도는 상징적 상호주의와 문화인류학적 방법론의 목적과 유사하다. 상징적 상호주의처럼 기호론자들은 물리적 혹은 사회적인 세계와 우리의 관계는 상징적 과정에 의해서 조절된다는 것을 가정한다(Barley, 1983).

문화적 요소들은 매우 밀접하게 연결되어 있고 상호 간에 영향을 미치게 된다. 문화의 요소들은 다양한 정도로 상호 의존적이고 통합과 통제, 몰입의 기능적인 문제와 관련되어 있다는 점에서 수렴성이 존재한다(Pettigrew, 1979). 기호학의 핵심은 기호에 대한 개념이다. 기호는 기호-수단(표현, 단어, 소리 또는 색깔을 띤 빛)의 연합이나 관계, 그리고 기호-수단에 의해서 전달된 내용이나 관점에 의해서 이해될 수 있다. 표현과 내용들 사이의 관계는 기호의 사용자들이 속해 있는 집단의 관습이라는 의미에서 임의적이다. 임의적인 관계라는 것은 동일한 표현이 다른 내용을 나타낸다는 것을 의미한다. 동일한 내용도 상이한 표현에 의해서 전달될 수 있다. 임의적 연계는 동일한 표현이 대안적인 내용을 기호화하는 것을 의미하고, 유사한 내용이 대안적인 내용을 나타낼 수 있고, 유사한 내용들이 그 사람이 속해 있는 관습에 의해서 상이한 표현으로 전달될 수 있다. 문화를 보다 잘 이해하기 위해서는 구성원들이 그들의 세계를 이해할 수 있는 기호를 묘사하고 구성원들과 기호를 묶을 수 있는 표현이나 내용, 규칙들을 발견하는 것이다. 기호는 표현들이 인접이나 병렬에 의해서 내용과 연결될 때 환유(metonymy)에 의해서 나타난다. 수사에서 환유에 대한 고전적인 정의는 속성이 있는 실체에 대한 질적인 측면을 나타내는 것이다. 예를 들면 왕관은 왕과 왕에 대한 표상과 관련되어 있어 왕을 나타낸다. 또 다른 형태의 환유는 음악에서 발견된다. 멜로디의 감각은 멜로디가 음표와 화음의 관계로부터 나타나기 때문에 순수한 환유이다(Barley, 1983).

은유는 유사성과 유추에 의한 의미이다. 2개의 기호 사이에서 유사성은 2개 모두 하나 혹은 보다 많은 명시적인 의미와 함축적인 의미를 공유할 때 전형적으로 나타난다. 왕관이 마가린의 상표를 나타낼 때, 그것은 2개의 대상이 왕의 성격을 공유하는 것을 은유적으로 제시하는 데 이용된다. 기호화 과정으로서 은유와 환유의 중요한 차이에서 환유적인 표현은 표현과 내용이 동일한 영역과 상황이 2개의 부분일 때 발생하고, 반면에 은유적인 표현은 영역과 상황이 혼합될 때 나타난다. 영역(domain)이라는 용어는 '모든 해양'처럼 어의적인 맥락이나 물리적인 대상과 속성을 언급할 수 있다. 환유관점에서 보면 왕관과 왕은 동일한 영역의 부분들이기 때문에 왕관은 왕을 나타낸다. 그럼에도 불구하고 마가린의 질을 나타내는 왕관의 사용은 상징이 의미론적인 영역과 혼합되기 때문에 은유적 장치이다(Barley, 1983).

기호는 또한 반대개념에 의해서 나타날 수 있다. 멈춤 신호로서 빨강 불빛을 해석하기 위해서는 교통 불빛의 기호에 대해서 상이한 의미를 나타내는 녹색과 노란색, 붉은색을 비교한다. 비록 문화 의미론자들은 기호가 구조화되는 기본적인 원리로서 2개의 반대되는 의미 대부분을 개념화하였다. 반대의 메커니즘은 우리가 의미하지 않는 것을 아는 것에 의해서 어떤 것이 무엇을 의미하는지를 부분적으로 알 수 있게 해준다. 업(up)이라는 단어는 다운(down)의 반대되는 개념 없이는 아무런 의미도 없다. 기호는 분석적으로 4개의 요인들로 분해된다. 표현 및 내용세트, 내용과 표현의 관계에 대한 규칙, 조합에 기초한 대안적인 반응세트 등이다. 마지막 요소가 문화나 사회 혹은 조직의 연구에 있어서 중요하다. 행동은 상황의 해석에 대한 함수가 될 수 있다. 기호의 관점에서 보면 사회집단의 구성원들은 세계에 대한 의미를 해석하는 데 있어서 동일한 기호를 공유하는 정도에 의해 유사하게 행동할 것이다. 문화연구에 있어서 기호학적인 접근방법은 기본 배경이 되는 가정으로부터 연구에 대한 명확한 관점에까지 사회적으로 공유된 의미체계의 추정을 높인다(Barley, 1983).

의미의 연쇄는 2개의 주요 부분들인 명시와 함축의 기호로 구성되어 있다. 명시 기호는 기호-수단들과 같이 직접적으로 연관된 내용에 대해서 언급한다. 함축 기호는 보다 포괄적인 수준에서 의미를 나타낸다. 유사한 함축 기호들은 완전히 상이한 명시 기호들을 일반화시킬 수 있다. 연구자는 함축적인 기호에서 행동이나 사회생활의 다양한 영역 속에 있는 명시적인 기호를 묶을 수 있는 중복되는 해석들을 발견할 수 있다. 함축적인 수준에서의 중복성을 주제라고 부른다. 주제는 여러 다양한 행동이나 사건을 나타내는 메시지 혹은 해석을 의미한다. 따라서 이는 많은 개별행동을 일관되게 하는 문화적 접착제로서 기능한다(Barley, 1983).

롤린즈 대학(Rollins College)의 비즈니스 스쿨 사례에서 이 대학에는 2000년에 새로운 학장이 임명되었다. 첫 번째 교수 회의에서 그는 학교 전략의 핵심 원칙을 검토했고, 그 회의가 끝날 무렵 그는 학교의 사업전략의 주요 원칙 중 하나인 학생의 요구에 대한 개인적 관심을 강조했다. 그래서 모든 교수에게 고무 문버팀쇠를 나눠주었다. 그는 교수들에게 설명했듯이, 학생을 위한 개방정책이 실질적으로 실천되기를 바랐다. 이러한 문버팀쇠는 학생의 요구에 주의를 기울이는 것에 대한 가치를 나타내는 상징이 되었다. 그것은 그 정책과 전반적인 사업전략을 끊임없이 상기시키는 역할을 했다. 문버팀쇠는 학장이 학교의 전략을 강화하는 데 사용한 많은 문화적 인공물 중 하나였다. 학장이 학교의 평판과 경쟁력을 높일 새로운 차원을 포함하도록 학교의 전략을 변경하기 시작했을 때, 그는 다시 문화적 인공물을 사용하여 핵심 가치를 강화했다. 2005년에 사례조직인 비즈니스 스쿨이 포브스 순위에서 두 번째로 상위 50위에 올랐을 때, 그는 학교 로비에서 이 행사를 축하하는 파티를 열었다. 이 의식과 기타의 다른 활동은 교수진들 사이에서 순위 지향적인 경쟁력을 달성하는 데 도움이 되었는데, 이는 이전에는 존재하지 않았던 것이었다(Higgins, Mcallaster, Certo, & Gilbert, 2006).

4) 조직구조 및 권력배분

(1) 조직구조 차원

조직구조의 집권화와 공식화는 조직문화의 인공물로서 조직문화와 긴밀한 관계가 있다. 최근 조직구조는 집권화와 공식화 정도가 낮은 수평적 조직으로의 확산이 가속화되고 있어 조직문화에 큰 영향을 미치고 있다. Martin(1992)은 조직구조를 조직문화의 인공물 중 공식적 문화관행으로 분류하였다. 조직구조는 조직을 형성하고 있는 부분요소들 사이에 설정된 관계유형으로 조직운영이나 행태로부터 추리될 수 있다(윤우곤, 1977). 조직구조는 기능적 분화와 역할전문화의 개념이다(Child, 1974). 조직은 적응성, 유연성, 생산효율성, 직무만족 등의 조직목적을 효과적으로 달성하기 위해 집권화, 공식화, 복잡성 등의 조직구조가 필요하다(Hage, 1965). 조직구조의 차원에는 조직운영의 내용과 절차의 기록 및 보관 정도를 의미하는 공식화가 있다. 그리고 중요한 의사결정을 할 수 있는 권한의 소재지가 주로 상위 계층에 집중된 집권화가 있다(Pugh, Hickson, Hinings, & Turner, 1968). 조직구조를 단순하게 정의하기는 어려움이 있다(유홍준, 1993). 그러나 다차원적인 조직구조의 개념으로 조직은 명확히 구분된 위계와 구체적인 규칙과 규범, 그리고 문서로 기록된 관리절차가 필요하다. 이는 공식화와 집권화가 조직구조의 주요 차원임을 의미한다(Blackburn, 1982).

조직은 환경에 적응하기 위해서 신규직원 고용, 이동 및 승진, 새로운 전략과 계획 채택, 자원할당 등에 대해서 의사결정이 필요하다. 집권화는 의사결정에 있어서 조직구성원들이 참여하는 정도이다. 이는 권력 배분의 성격을 지니고 있으며 조직구성원이 상급자의 개입이 없이 자신의 업무를 수행할 재량권이 부여되는 정도를 의미한다(Aiken & Hage, 1967). 집권화에 영향을 미치는 요인들은 첫째, 의사결정 소재, 둘째, 의사결정 규칙, 셋째, 통제의 철저함 정도와 통제 빈도, 넷째, 정보의 이용 가능성이 있다(Pugh, et al., 1963).

공식화란 조직 내 활동이 표준화되어 있는 정도를 의미한다. 절차의 표준화는 의사결정, 정보의 전달, 업무수행 방식 등의 절차가 표준화되어 있는 정도이다. 역할의 표준화는 역할규정이나 역할수행 절차의 표준화를 의미한다. 기록의 공식화는 업무수행 내용이 문서로 정리되어 보관되는 정도를 뜻한다. 구성원들의 활동을 표준화하기 위해서 조직은 공식적인 선발, 직무할당과 규정, 훈련과 의례를 통한 공식화 과정이 필요하다(유홍준, 1993).

공식화는 역할과 직위가 구체적으로 정의되어 있는 정도와 문서화된 직무기술서의 존재 여부를 의미한다. 권한구조의 공식화와 문서화된 의사소통의 강조 정도를 의미한다. 그리고 공식화는 규범과 처벌의 문서화된 규칙, 정책의 수, 규칙위반에 대한 벌칙의 규정화 및 문서화 정도를 의미한다. 또한 공식화는 새로운 직원에 대한 입직 및 현장훈련의 공식화 정도를 의미하기도 한다(Hall, Haas, & Johnson, 1967). 한편, 민즈버그(Mintzberg)는 공식화를 첫째, 직무에 의한 공식화로 직무기술서의 공식화 정도로 보았고, 둘째, 과업의 공식화, 셋째, 규칙의 공식화, 넷째, 구조 공식화로 나누어 설명하였다(Mintzberg, 1979). 공식화는 규칙의 사용을 의미한다. 직무담당자의 권한, 책임, 의무, 절차의 준수에 대한 규정과 이의 준수 여부의 추적 및 감시를 의미한다(Aiken & Hage, 1966).

(2) 구조화와 조직문화

구조화이론은 조직문화를 연구하는 수단이 될 수 있다. 본 연구는 조직정치학의 상징을 통해 조직문화의 정치적인 본질을 지배하는 구조를 확인하기 위하여 일상적인 과업중심 기업과 비일상적인 과업중심 기업을 서로 비교하였다. 분석결과 조직문화는 모든 조직구성원들이 공통적으로 가지고 있는 통합화된 가치체계로서가 아니라 통합화된 하위문화의 시스템으로 보아야 한다는 것을 제시해 준다. 조직은 하나의 합리적인 단위가 아니라 다양한 단위를 통한 게임하기, 규칙추구, 자아향상, 경쟁, 감추어진 영역 등이 포함된다(Riley, 1983).

구조화(structuration)는 사회분석에 있어서 구조와 인간행동을 상호 연결하여 설명하는 데 주요 목적이 있는 메타이론(meta theory)이다. 구조화는 공식적 조직역할, 절차와 같은 체계연구(framework research) 및 비공식적으로 유형화된 질서에 대한 해석을 통해 조직역구에서 분열된 많은 것을 통합하려고 시도하였다. 구조화 과정은 미시/거시와 양적연구/질적연구의 양극단의 간격을 줄이려 한다. 구조는 구성원들 사이의 상호작용에서 사람들이 이용하는 자원이나 규칙들이다. 그것들은 이중적인 특성이 있으며 상호작용의 결과이자 수단이다. 구조는 개인들 사이의 상호작용이 의미를 갖도록 필요한 자원과 규칙을 제공하기 때문에 수단이다. 한편 그것은 상호작용에서 인정하고 적용되는 경우를 통해서만 존재하기 때문에 결과이다. 구조화는 생성된 자원이나 규칙을 통해서 사회시스템의 생산과 재생산에 관여한다. 이러한 의미에서 시스템은 부분들 사이의 기능적인 관계가 아니라 상호작용을 통한 규범화된 관계이다. 기든즈(Giddens)는 사회시스템을 구조화된 총체성으로 보았다. 사회시스템을 구성하고 있는 깊이 층화된 관행들은 이러한 의미에서 제도들이다. 깊이 층화된 구조시스템은 조직의 체계를 설명한다. 반면에 구조를 창조하거나 재창조하는 사람들은 상호작용의 패턴을 형성한다. 구조화에서 개인들의 중요성은 규칙과 자원의 창조자이자 운반자들이기 때문에 중요하다. 이전의 구조들은 지식 중 일부로 저장되고 그것들 스스로 재창조된다. 사회시스템은 각각 분리되어 존재할 수 없어 그것들은 함께 조직의 계층을 형성한다(Riley, 1983).

구조화를 통한 문화분석은 시간과 공간을 통해 볼 수 있는 깊이 층화된 시스템에 관심을 집중한다. 그리고 해석 연구자들은 행동보다는 의미를 다룬다. 구조화이론은 제도분석에 있어서 경제 및 정치 구조에 강조를 두는 것에 의해서 급진적 인본주의(radical humanism)와 급진적 구조주의(radical structuralism) 사이의 경계를 오간다. 구조화이론은 이론적 토대가 철저하게 확인되고, 검증되고, 다른 패러다임의 관점과는 뚜렷하게 구분될 수 있다. 주관/객관의 연구 선상에서 구조화이론의 중간적인 위치는 분석수준이나 특정 현상에 대해 다양한 연구방법을 가능하게 한다. 따라서 상호작용에 관한 질적인 상징적 분석 혹은 규정화된 관행의 지속과 폭에 대한 양적인 분석 등이 이용될 수 있다(Riley, 1983).

조직문화의 개념은 구조화이론에 있어서 제도적인 현상이다. 그것은 매일의 조직생활을 반복적으로 조직화하는 깊이 층화된 구조들로서 제도들이다. 제도들은 3가지 주요한 구조적 특징들로 분석될 수 있다. 이는 의미작용(signification), 지배적임(domination), 정당성(legitimation)으로 구조들이 어떻게 존재하고 유지되는지를 설명하였다. 3가지 구조적 특징들은 상호 관련되고 다른 요인들의 매개나 변형을 통해 질서를 형성한다. 상징적인 언어는 의미작용, 지배적임, 정당화를 통한 구조화 특성의 관점에서 분석이 가능하다. 그리고 3가지 구조적 특징은 정치적 행동과 관련된 긍정 혹은 부정적인 제재를 찾고, 정치적 권력이 기초가 되고 변형을 지배하는 규칙과 자원발견, 구조들 사이에서 갈등과 반론에 관심을 집중하게 해준다. 의미작용 연구에서 의사소통 등의 행동은 필요조건으로서 의미작용시스템에서 미리 가정하고 있다. 의미작용 연구는 기호에 관심이 많다. 기호화시스템이 시간이나 공간에 대해서 비교적 안정적이지만 새로운 기호가 창조되고, 조직에 대한 은유와 같은 구조와의 연합을 통해서 상징은 새로운 의미를 촉진하는 잠재성을 지니고 있다. 연구자들이 어떤 의미작용이 구성되는지를 통해 제도적인 형태를 연구하는 경우 그것은 상징적인 질서를 분석하는 것이다. 이러한 질서들은 문화적인 요소로 볼 수 있다(Riley, 1983).

지배적임의 구조들은 권한부여와 권한배분에 의해서 구성된다. 권한부여는 대상이나 재료에 대해서 명령할 수 있는 능력과 관계되고, 배분은 자원을 주로 언급한다. 따라서 조직에서 지속적인 하위시스템 중 둘에 해당되는 것은 정치시스템과 경제시스템이다. 이러한 하위시스템들은 조직문화의 연구에서 중요하다. 정당화는 가치 기준과 개별적인 이익 사이의 상호관계에 관심을 집중하고 공통적인 가치에 대한 집합적인 합의를 의미하지는 않는다. 사회시스템 내에서 지배적 집단의 규범적인 통합 정도는 시스템의 지속성에 중요한 영향력을 행사한다. 구성원들은 각각의 상호작용에서 타인의 반응에 기초해서 자신의 맥락적인 메시지를 지각하게 된다. 구조는 변형이 나타나기 때문에 다른 구조와의 교류를 통해서 변화를 촉진한다. 문화의 개념은 다원적인 의미를 가지고 있기 때문에 구조화를 통한 문화연구를 위해서는 연구의 초점이 될 수 있는 주요 구조화 요소들의 인식을 필요로 한다. 예를 들면 조직에서 하위문화 존재를 위해서는 뚜렷한 하부집단으로 구성된 시스템이 가장 중요한 요소이다. 구조화를 이해하는 데는 상징적인 질서가 매일의 일상적인 맥락에서 지배적임의 형태를 어떻게 유지할 수 있는지와 의미작용과 정당성을 연결하는 가장 기본적인 구조적인 요소를 확인하는 것이다. 이를 위해서는 정치적인 의도를 형성하는 조직의 상징과 언어 또는 조직의 권력을 나타내는 장식, 조직의 신화 혹은 이야기에 표현된 정치적 혹은 비정치적인 이념의 증거, 상징적인 언어에서 정치적 행동의 지각이나 귀인을 찾는 것이 중요하다(Riley, 1983).

언어 상징(verbal symbol)들인 신화, 농담, 전설, 명성, 루머 등은 정치적 이미지에 대한 통찰뿐만 아니라 과업 장소에서 이루어지는 의사소통의 특성에 대한 암시를 전달해 준다. 연구 대상 2개의 기업 중 한 곳의 언어 상징은 다른 곳처럼 다양하지 않았다. 한 곳은 2개의 주요한 상징 중 게임과 군대가 상징으로 사용되었다. 한 조직에서 승진은 몇몇 구성원에게 상당한 의미의 정치적인 과정으로서 인식되었다. 이 영역에서 2개 기업(일상적 과업, 비일상적 과업)의 주요 차이점은 위계적인 관점의 차이이다. 한 조직의 상층부에서는 높은 정치적 문화가, 하부인 컨설턴트 수준에서는 상당히 비정치적인 문화적 성향이 있었다. 정당화와 관련해서 넓은 의미에서 게임 메타포는 조직정치 관행을 승인하는 것에 의해서 정당화과정을 설명하고 있다. 군대 메타포는 정치문화를 독특하게 정당화할 수 있다. 성공은 전쟁의 관점에서 정당화될 수 있다. 합리적 관료주의 이미시는 정당한 규칙추구의 행동구조를 통해서 만들어진다. 높은 지위의 구성원들에게 정치적인 관행들이 받아들여지는 특정 맥락에서는 규칙깨기 등이 정당화될 수 있었다. 따라서 조직 상층부의 정치적인 이미지는 하층부의 규칙을 따르는 문화와는 상당히 달랐다. 지배석임과 관련하여 권한이나 배분의 언어적 상징은 정치적인 이미지의 권력을 설명하고 있다. 정치문화의 요소로서 권력의 이미지에 있어서 2개 조직은 상당히 달랐다. 한 조직에서 구성원들은 권력구조에 의한 희생을 많이 느끼고, 또 다른 조직에서 상층부 구성원들은 조직의 자원을 권력과 정치적 문화를 창출하는 수단으로 보았다(Riley, 1983).

행동 상징(action symbol)은 의식, 전략, 의사결정과 같은 과정이나 조직의 사회화 등에 의해서 설명된다. 정치문화의 흥미로운 점은 은밀한 전략의 사용이다. 그리고 주요 구조화시스템은 정보통제이다. 정당화와 관련해서 행동을 정당화시켜 주는 주요한 구조는 경쟁이다.

은밀한 행동전략은 개인과 하부집단의 목표구조와의 상호작용과 기업의 인센티브나 승진시스템에 의해서 창조된다. 이러한 내부 경쟁상황에서는 종업원들이 서로 경계심을 갖고, 비밀리에 비난과 같은 전술을 사용하는 정치문화를 만든다. 리더십과 의사결정 과정에 의해서 하부조직들 간에 상이한 문화를 창출할 수 있다. 지배적임과 관련하여 조직에서 자원의 분배가 중요한 역할을 한다. 인적자원의 분배는 권력투쟁에 관심을 집중시키고, 구조화 과정은 동맹형성이나 정보통제 중 하나이다. 조직구성원들은 자원에 대한 통제를 유지하는 것에 의해서 권력을 재창출한다(Riley, 1983).

물질적 상징(material symbol)은 다른 상징과 비교해서 덜 복잡하다. 한 조직에서는 재무적 자원이 물질적인 상징의 주요 수단이다. 물질적 상징은 물질을 받는 지위와 행동을 정당화시켜 주는 기호로서 작용한다. 그리고 그것은 개인이나 하부조직 권력의 기초로서 기능한다. 이런 상징들은 지위에 관한 위계구조의 수준으로 인식하고, 경쟁의 이해관계로서 기능한다. 2개 조직에서 물질적 상징은 유사한 기능을 하는데, 그것들은 주로 개인 혹은 조직의 이미지와 위계구조 내에서 자원과 기호의 이미지로서의 역할을 수행하였다(Riley, 1983).

5) 인적자원관리시스템

(1) 인적자원관리와 조직문화와의 관계

조직문화의 구성요소에는 문화적 인공물, 가치, 가정이 있다(Schein, 2004). 문화적 인공물은 수면 위에 있고 문화적 가치와 가정은 수면 아래에 존재한다(Daft, 2020). 따라서 조직문화의 가장 표면에 인공물이 있고, 인공물은 조직생활의 표면에서 인지할 수 있는 현상을 의미한다. 인적자원관리시스템은 문화적 인공물로 분류된다. 구성원들 사이에서 공유되는 조직문화의 가치는 인공물을 지배하거나 혹은 새로운 인공물의 확산을 통해 조직문화의 가치는 변화를 겪는다. 조직문화와 인적자원관리와의 관계는 크게 2가지 방향으로 검토할 수 있다. 하나는 새로운 인적자원관리제도들로 인하여 나타나는 조직문화(문화적 가치와 관행)의 형성과 변화이다. 또 다른 방향은 조직에 강하게 자리 잡고 있는 기존의 조직문화 가치와 관행으로 새로운 인적자원관리제도의 정착이 어려운 경우이다. 먼저 첫 번째 경우를 보면 다음과 같다. 기업경영자들은 자신들의 이상적인 조직문화를 설계하고자 한다. 이 경우 인적자원관리제도는 유용한 방법이자 도구가 될 수 있다(Kerr & Slocum, 2005). 예를 들어 픽사는 창의성과 협동심의 균형과 함께 참여와 팀워크 강화를 통해 생산성을 높이고자 한다. 반면에 넷플릭스는 자유와 책임감의 문화적 가치와 더불어 성과중심의 보상체계 운영에 초점을 둔다. 또한 슬랙은 자유로운 의사소통과 직원중심의 조직문화 운영을 도모하고자 한다. 그리고 GE의 잭웰치는 구조조정, 워크아웃(Work-Out), 새로운 지도자 육성개발 방식을 통해 GE에 새로운 조직문화를 형성하였다(김상욱, 2024; 배종석, 2018).

새로운 인적자원관리제도들로 인해 나타나는 조직문화의 형성 혹은 변화는 조직사회화와 유인-선발-소멸(Attraction-Selection-Attrition)이론으로 설명이 가능하다(Chuang & Liao, 2010; Kozlowski & Bell, 2013; Ferris, Hochwarter, Buckley, Harrell-Cook, & Frink, 1999; Oh, Han, Holtz, Kim, & Kim, 2018; Pathomphatthaphan, Das, & Virat, 2021; Rogg et al., 2001; Schneider, Goldstein, & Smith, 1995).

인적자원관리제도인 채용선발, 승진 및 부서이동, 직무설계, 교육 및 훈련, 경력개발, 성과평가, 보상시스템, 참여제도, 이직관리 및 고용안정 등은 조직사회화 과정이 포함되어 있으며 이를 통해 구성원들은 조직문화의 가치를 수용하고 강화한다. 따라서 조직 내에 정착된 인적자원관리제도들은 조직문화의 가치가 전달되는 주된 통로가 될 수 있다. 조직의 예비 지원자들은 모집과정을 통해 조직에 유인되어 지원하게 되며 조직은 자신들이 원하는 자격을 갖춘 구성원을 선발한다. 선발 후 성과평가나 승진제도와 같은 인적자원관리제도를 통해 해당 조직의 문화적 가치와 행동을 지지하여 조직과의 적합이 검증된 구성원들은 잔류하게 된다. 반면에 조직과의 적합도가 낮은 구성원들은 본인의 선택이나 혹은 타의에 의해 조직을 떠난다. 이를 설명하는 이론은 유인–선발–소멸(ASA) 모형이다. 이와 같은 유인–선발–소멸(ASA) 모형을 통해 조직문화 가치의 형성 혹은 변화를 설명할 수 있다.

Ulrich(1984)는 인적자원관리(HRM)와 조직문화와의 관계에 대해, 인적자원관리 활동은 조직문화의 가치(기업의 이념)를 강화하는 핵심 요소로 보았다. HRM은 모집, 고용 및 인력감축을 통해 조직의 경계를 확장하고 HRM과 관련된 사회화 프로그램을 통해 조직문화의 가치를 전달한다. 선발, 훈련, 교육 · 훈련 및 경력개발, 평가 및 보상 절차 등의 HRM제도가 포함된 조직의 의례와 의식은 조직의 경계를 명확히 하는 역할을 한다.

다음으로 기존의 조직문화 가치와 관행으로 새로운 인적자원관리 제도가 자리 잡기 어려운 경우는 다음과 같이 설명할 수 있다. 조직에는 특정 조직문화에서 자주 관찰되는 인적자원관리 관행이 존재한다. 인적자원관리는 특정 형태의 문화적 환경 속에서 발전되며, 새로운 인적자원관리제도의 도입 여부는 조직문화에 의해서 결정되는 경우가 많다(Jennings, 1994). 따라서 HRM 도입과 운영에서 조직문화 가치와 전통이 중요한 역할을 한다(Kochan & Dyer, 1995). 예를 들어 한국 조직의 조직문화에서 여전히 강하게 나타나는 근속 중심의 강한 위계구조는 한국 조직들 사이에서 직무급제 혹은 직무기반의 진정한 성과연봉제 도입을 어렵게 하고 있다. 또한 전통적인 문화적 특성은 유럽 기업과 같이 조기에 경영자로서의 경험을 쌓을 수 있도록 하는 핵심 인재 혹은 경영자 육성 경력개발제도(예로서 한국경제신문, 2022.8.29과 2023.10.30)의 도입에 장애가 되고 있다. 인적자원관리제도는 제도적 동형화의 모방적 압력으로 인해 제도가 도입되는 경우가 많아 제도 설계와 제도의 실제적인 운영과는 상호 차이가 있을 수 있다. 제도화이론은 제도적 모델의 확산을 동형성으로 설명한다(Brandl, Keegan, & Kozica, 2022).

제도화이론은 사회적 정당성을 얻기 위하여 조직이 제도적인 요구를 수동적으로 수용하는 것을 의미한다. 기업조직이 제도적인 규범으로부터의 이탈은 사회적 정당성과 이로 인한 효익의 감소를 초래한다(Harrell-Cook & Ferris, 1997). 이러한 관점에서 인적자원관리제도의 공식적 측면은 오로지 조직의 요구라기보다는 외부 환경의 합리화 압력 또는 신화의 반영으로 나타나는 경우가 많다(Bromley & Powell, 2012). 조직은 사회적 정당성을 얻기 위해 인적자원관리제도를 단순한 모방에 의해 도입한 결과 제도의 실행은 원래 의도한 대로 발전되지 못한 경우들이 있다(김경묵 · 김상준, 2006). 제도의 설계와 실행의 차이는 조직 내의 다양한 맥락에 의해서 초래된다. 이를 설명하기 위해 제도화이론은 맥락적인 토대를 상세하게 설명한다(Do et al., 2020). 맥락 중 가장 중요한 요소는 조직문화이다. 적절하게 실행되지 않은 인적자원관리 사례는 널리 알려져 있다. 이는 많은 인적자원관리가 경영자의 의도대로 구현되지 않을 수 있음을 시사하고 있다. 지금까지 인적자원관리 문헌들은 이에 대해 관련 내용을 충분히 설명하지 못하고 있다(Brandl, Keegan, & Kozica, 2022). 적절하게 실행되지 않은 인적자원관리 예로 라인관리자는 직원평가를 해야 한다는 것에 동의는 하지만 아마도 조직문화의 영향으로 평가가 도움이 되지 않는다고 보기 때문에 질 낮은 평가를 수행하는 경우가 있다(Woodrow & Guest, 2014).

인적자원관리는 인공물 중 공식적 문화관행으로 분류된다(Martin, 1992). 인적자원관리시스템과 연동되는 각종 의례(ritual)와 의식(rite)은 다양한 의미를 담고 있다. 예를 들어 이동의식(rite of passage)에는 입직훈련인 오리엔테이션, 승진이나 퇴직과 연계된 의식을 들 수 있다. 또한 은행에는 새로운 역할의 가치를 상징적으로 전달하는 승진과 관련된 의례(rituals) 등이 있다. 관리자들은 승진이 결정되면 이들이 주로 이용하는 식당으로 새로운 관리자를 초대한다. 또한 신임 관리자는 관리자가 된 후 첫 번째 금요일에 그가 지휘할 구성원들에게 음료수를 사는 비공식적인 의식이 있다. 이러한 의식들은 지위 상승의 중요성을 보여준다(Dandridge, 1983; Trice & Beyer, 1984; Trice & Beyer, 1993). 인적자원관리시스템의 효과성을 향상시키는 데 조직문화는 중요한 역할을 한다. 공유된 가치와 신념으로 구성된 조직문화는 인적자원관리제도에 대한 구성원들의 동의나 유연성 혹은 몰입과의 연관성이 강하다(Story, 1995).

또한 인적자원관리제도의 인공물을 통해서 조직문화의 가치는 강화된다. Legge(1995)는 조직의 핵심 가치는 모집 및 선발, 교육 · 훈련, 인적자원개발과 경력개발, 보상 및 평가, 이직관리 등을 통해서 확산되며 강화된다. 모집 및 선발과정에서 조직이 추구하는 조직문화 가치와 적합한 지원자를 선발하고 평가 및 이직관리를 통해서 적합한 직원을 유지하고 조직에 잔류시킴으로써 조직의 핵심 가치를 유지하고 강화시킬 수 있다. 또한 조직이 혁신적인 인적자원관리제도를 도입하여 정착시킨다면 조직은 이에 적합한 가치를 조직에 확산시킬 수 있을 것이다. Hatch(1993)는 인적자원 관행과 문화적 가치와의 관계를 다음과 같이 제시하였다. 조직이 직원들의 게으름에 대한 부정적인 시각을 가지게 된다면 게으름을 통제해야만 된다는 가치가 나타난다. 이는 출퇴근 시간 강조, 직원들의 생산성 기록, 성과향상 모임, 직원 감시 등의 인적자원관리 관행이 발전되고 게으름에 대한 통제 가치는 더욱 강화될 것이다. 따라서 조직이 자율관리 팀 혹은 성과연봉제를 성공시키기 위해서는 조직의 가치와의 적합이 필요하다.

한편 고성과작업시스템의 인적자원관리 관행들은 구성원들의 능력: A(ability), 동기부여: M(motivation), 참여기회: O(opportunity)를 높이고(김재구 · 임상훈 · 김동배, 2003; Appelbaum, et al., 2000; Marin-Garcia & Tomás, 2016; Han et al., 2019; Jloti & Rani, 2017), 의사소통이나 협력을 촉진하는 내부 사회적 구조를 개선하며(Evans & Davis, 2005), 조직성과를 높이는 기능을 한다. AMO모형의 인적자원관리시스템에서 Ability(능력)에는 선발과 교육훈련이 포함되고, Motivation(동기부여)에는 성과평가, 보상시스템, 고용안정, 이직관리, 경력개발 등이 포함되며, Opportunity(참여기회)는 직무설계, 참여와 정보공유, 팀제 등이 포함된다. 고성과작업시스템의 인적자원관리 관행들은 조직문화의 가치에 큰 영향을 미칠 수 있다.

(2) 최근 인적자원관리의 흐름

최근 인적자원관리 관행은 한국을 포함해 전 세계적으로 큰 변화가 일어나고 있으며 이에 따라 앞으로의 조직문화도 급격한 변화가 예상된다. 최근 기업환경은 4차 산업혁명과 ESG경영, 다른 세대에 비해 새로운 가치관과 행동이 명확하게 드러나는 MZ세대로의 이행이 급속하게 진행 중인 상황으로 불확실성이 높다. 4차 산업혁명으로 생성형 AI가 빠르게 발전하고 있고, 코로나바이러스로 인해 재택근무가 널리 확산되었으며, 직장에서 MZ세대를 중심으로 새로운 가치관의 유입으로 최소한의 주어진 일만 수행하겠다는 조용한 사직과 공식적인 구조조정이나 명예퇴직 대신 간접적인 방식으로 인력을 줄이고, 비용을 절감하는 조용한 해고 등의 현상이 확산되고 있다. 국내 대기업에서는 전통적으로 보편적인 채용선발 방식인 정기공채제도가 사라지고 수시채용이 확산되고 있는데 수시채용은 한국의 노동시장과 한국 기업의 전통적인 인력운용 방식에 큰 변화를 유도할 가능성이 높아지고 있다. 조직문화는 인공물, 가치, 가정의 문화요소로 구성되어 있고, 인적자원관리제도는 문화적 인공물에 포함된다. 인적자원관리제도의 변화로 인한 문화적 인공물의 변화는 조직문화의 가치와 가정에 큰 변화를 불러일으킬 것으로 예측된다.

최근 국내의 인적자원관리제도는 많은 변화가 동시적으로 발생하고 있는 상황이다. 먼저 대기업의 채용선발과 관련하여 가장 눈에 띄는 두드러진 변화는 정기공채에서 수시채용으로의 변화이다. 정기공채는 유연성 부족 및 능력과 자질을 갖춘 인력확보에 어려움이 많고, 경영환경 변화에의 적절한 대응에 한계가 있어 수시채용으로 전환되고 있다. 수시채용은 한국의 노동시장과 인적자원관리에 큰 변화를 일으키고 있다. 정기공채는 정기적으로 대규모로 인력을 선발해 안정적인 인력운영에 장점이 있었다. 그래서 대기업을 중심으로 정기공채를 선호하였고, 기수에 따른 조직의 질서유지에 장점이 있었다. 수시채용은 필요인력 유무에 따라 수시로 채용하는 방식이다. 대기업, IT업종, 보수적인 금융권에도 수시채용이 확산되고 있는 상황이다. 한편 수시채용은 과거부터 미국 · 유럽 지역의 기업들 사이에서는 보편적으로 사용되는 선발방식이다(중앙선데이, 2020.8.29.). 수시채용은 정기공채에 비해 실제 업무와 관련된 직무역량과의 연관성이 강하고 현장부서의 개입이 많은 방식으로 외부 노동시장의 개발을 견인할 가능성이 높다.

최근 기업에서는 조용한 사직(Quiet Quitting)과 조용한 해고(Quiet Firing) 등의 용어가 빈번하게 사용되고 있다. 조용한 사직은 직장인들이 직장에서 주어진 일 이상을 하지 않는 것을 의미한다. 주로 MZ세대의 가치관이 반영된 개념이다(서울경제신문, 2022.8.26). 조용한 해고는 직접적인 해고 대신 직원 재배치나 직무평가 강화, 급여 인상 거부, 승진 기회 박탈처럼 간접적으로 해고의 신호를 줄 수 있는 조치 등을 일컫는 말이다(서울경제신문, 2023.9.10.). 이는 최근 조직과 개인과의 관계를 상징적이며 포괄적으로 보여준다. 한국 조직에서 조직과 구성원들은 고용보장, 충성도, 몰입을 바탕으로 매우 긴밀한 관계를 유지하여 왔으나 이들 개념은 이러한 조직과 개인과의 관계가 약해지고 있음을 보여주고 있다. 구성원들은 조용한 사직을 통해 직장에 쏟는 시간과 에너지를 절약하기 시작했고, 기업들은 조용한 해고로 성과가 저조한 구성원을 해고하는 데에 드는 비용을 줄이려고 한다(한국경제신문, 2023.12.27).

그리고 새로운 고용형태인 디지털직원 개념이 부상하고 있다. 디지털직원은 다양한 업무를 수행할 수 있는 자율머신, 로봇프로세스 자동화, AI의 결합을 의미하며, AI시대에 디지털직원은 일상적인 관리업무와 함께, 방대한 양의 데이터 분석, 의사결정 프로세스 개선 등 다양한 역할을 수행할 수 있다(김덕중, 2023년 9월). 인적자원관리에 AI 기술이 광범위하게 활용될 것으로 예상된다. 이에는 채용, 평가, 보상, 교육, 이직관리에서의 AI활용, AI와 함께하는 맞춤형 교육프로그램, AI를 통한 조직의 커뮤니케이션과 협업, AI를 통한 직원들의 경험, 직원들의 생산성 향상에 AI의 활용 등이 있다(김기진, 2023년 9월). 인적자원관리와 관련하여 AI 기반 서류평가, AI의 머신러닝(기계학습)을 통해 개인별 맞춤 직무추천 및 최적화된 인사관리 진행, 평가 · 보상, 승진직원 예측, 부서이동 추천, 데이터 기반의 부서배치, 프로젝트 수행을 통한 종적 분석을 통해 평가보상에의 적용, 퇴사자를 1분기 선행하여 예측, AI 학습개발로 기업구성원의 역량강화 교육방법에 적용 가능하다(홍주영, 2024년 1월). 또한 머신러닝, 딥러닝 등의 인공지능(AI) 및 컴퓨팅 기술발달로 인적자원관리 분야에 AI · Big Data를 적용하는 것에 대한 관심이 매우 높은 상황이다(김원태, 2023년 9월). 한편 조직에 새로 들어오는 구성원의 정착에 도움을 줄 수 있는 온보딩과 플랫폼 기반 프로그램이 관심을 끌고 있다(김연정, 2023년 9월).

한편 자연재해 전염병인 코로나가 초래한 재택근무의 확산으로 직장과 재택근무를 병행하는 하이브리드 근무방식이 확산되고 있다. 이에 따라 새로운 인사관리가 필요하고 리더와 직원들이 SNS를 통해 서로 빈번하게 상호작용하고 방향을 설정해 주는 것이 필요하다(손성길, 2024년 2월). ESG경영과 관련하여 인적자원관리는 다양성과 포용을 높이기 위한 프로그램이 필요하다. 그리고 지역사회 인력개발과 확보를 통한 사회적 책임, 친환경 사업전환에 대한 인력 · 조직지원, 공급사와 함께 지속가능성 추구, 이를 가능하게 해주는 인적자원에 대한 다양한 변화가 요구된다(천성현, 2024년 2월). 그리고 직접 고용이 아닌 계약을 통해 임시적으로 업무를 수행하는 경제활동을 의미하는 긱 이코노미(Gig Economy)가 확산되고 있다. 최근 내부 인력 재배치나 육성에 비해 외부 인력을 활용하는 방식은 상대적으로 느리게 발전되고 있다. 반면에 불확실성이 높은 환경과 디지털 전환의 본격화로 기업이 필요로 하는 기술은 급속도로 변하고 있다. 따라서 새로운 기술을 갖춘 정규직 근로자를 채용하는 방식은 효율성이 떨어지고 있는 상황으로 볼 수 있다. 이러한 상황에 적합한 유연한 인적자원리가 요구된다(한국경제, 2023.12.27.). 또한 긱 이코노미는 디지털 기술이 발전함에 따라 디지털 온라인 플랫폼을 통해 거래가 이루어지고 있다(김상준, 2023년 11월).

성과평가와 관련하여 환경변화 및 가치관의 변화로 성과관리의 철학이나 방향성이 경쟁보다 협력과 개발에 초점을 맞추고 있는 상황이다. 이를 반영하여 상대평가에서 절대평가로, 연 1회 평가 및 평가등급 통보 위한 피드백에서 제도 간소화 및 수시평가, 결과보다 과정관리를 중시하는 피드백, 하향평가에서 다면평가 및 협업지표 도입, 리뷰세션, 평가결과와 보상 · 승진의 직접적인 결합에서 평가결과와 보상의 느슨한 연결(개인화된 보상), HR주도 평가 및 보상결정에서 조직장 및 리더 주도의 운영 및 재량권 확대로 변화가 일어나고 있다(최윤정, 2023년 9월). 한편 사람인 · HR매거진(2020.3.30.)이 20~39세 남녀 2,708명을 대상으로 가장 입사하기 싫은 기업 유형을 조사한 결과 야근, 주말 출근 등 초과근무가 많은 기업(31.5%)이 1위에 올랐다.

이는 일과 삶의 균형, 개인의 삶, 여가를 중시하는 MZ세대의 특성이 반영된 것으로 이해할 수 있다(사람인, 2020.3.30.).

한국 사회의 빠른 고령화와 MZ세대의 새로운 가치관은 연공급에 의한 보상방식에서 성과연봉제로의 전환을 확산시킬 것으로 보인다. 2022년 10월 20 · 30대 직장인 1,200명 대상의 동아일보 설문조사에서 71.9%(863명)가 연차에 따른 호봉제에서 직무급 또는 성과급으로의 변화에 찬성하는 것으로 나타났다(유성진, 2024. 9월). 이외에도 외국인력활용, 고령화노동정책, 퇴직준비교육, 인력확보의 어려움을 상쇄하기 위한 생산성 향상이 필요한 상황이다(김광석, 2024년 2월). 인재선점과 유지전략(이상훈, 2024년 2월), 다양성 · 형평성 및 포용성과 직원복지 강화, 다양한 형태의 채용기준 및 프로세스 확대(윤동열, 2024년 2월), 데이터 기반의 채용(엄명섭, 2024년 2월), 대화형 채용공고, 오픈채팅방 · SNS · 유튜브, 권위주의 타파를 위한 MZ면접관 확대, 지원자가 주도권 행사로서 지원자가 면접관에게 질문하는 방식 확대가 나타나고 있다(엄명섭, 2023년 11월).

사례 2: 일본의 기린

기린(Kirin)의 사례를 통해서 조직문화의 가치와 인적자원관리제도와의 관계를 확인할 수 있다(Kono & Clegg, 1998). 일본 유수의 맥주회사인 기린은 아사히(Asahi)가 개발한 슈퍼드라이로 인해 1990년대 자사의 시장점유율 하락과 함께 내부 분석과정에서 문화적으로 개선이 필요한 사항을 발견하였다. 기린은 새롭게 구성한 기업문화 신조(creed)를 창안하여 강조하였다. 기린은 음식료사업을 포함한 5개 사업부로

다각화하여 도전적인 문화, 외부 활동에의 적극성, 창의성 중시, 고객 지향의 문화적 가치를 강화하였다(Kono & Clegg, 1998).

기린은 문화적 가치의 강화를 위해 이와 관련된 인적자원관리를 설계하여 실행하였다. 이들 인적자원관리제도를 통해서 기린은 조직문화와 인적자원관리시스템과의 상호 적합을 이룰 수 있었고, 전략에 적합한 조직문화의 가치를 강화시켰다. 먼저 기린은 직원들에게 직접적인 직무활동 이외의 자유시간을 허용하였다. 이를 위해서 기린은 출퇴근에 소요되는 시간을 줄이고 직장에서의 여유시간을 늘리기 위한 다양한 제도를 마련하였다. 이에는 직원들의 고속열차 이용에 대한 보조금 지급, 유연작업시간제도 확충과 재충전 휴가제도를 시행하였다. 또한 기린은 외부 활동의 적극성과 도전의식 강화를 위해 보유 기술 평가를 통한 보상제도인 기술급제도, 전문성 개발의 장려 프로그램을 실행하였다. 또한 기린은 직원들의 도전의식과 창업자적 정신을 높이기 위해 상실자 회복시스템을 도입하였다. 이는 직원들의 혁신활동에 초점을 두는 제도로서 직원들이 새로운 시도를 하면서 가시적인 성과가 창출되지 않아 발생한 진급누락을 회복할 수 있도록 나중에 고속승진을 가능하게 한 제도이다. 또한 기린은 직원들의 혁신적인 행동을 유도하기 위해서 성과급제의 기본점수를 조정하였다(Kono & Clegg, 1998).

조직문화는 경영자들이 인적자원관리제도의 도입과 운영에 필요한 조직맥락적 요인이다. 경영자들은 다른 기업의 인적자원관리제도의 모방보다는 자신들의 조직문화를 파악하여 이에 적합한 형태로 인적자원관리제도를 적용하여 운영하는 것이 중요하다.

2. 조직문화의 가치

조직문화의 인공물은 조직문화의 가치를 도출하는 데 있어 핵심적인 역할을 한다. 조직구성원들은 인공물을 통해서 가치를 인식하고 확인할 수 있다. 그리고 조직문화의 가치는 양적연구에 사용되는 조직문화 연구모형을 통해서 확인할 수 있다. 대표적인 조직문화 모형은 경쟁가치모형, 데니슨(Denison) 모형, 위너(Yoash Wiener) 모형, 딜(Deal)과 케네디(Kennedy) 모형, 조직문화 목록모형: The Organizational Culture Inventory(OCI), 조직문화 프로필모형: The Organizational Culture Profile(OCP)이 있다(Chatman & O'Reilly, 2016).

1) 경쟁가치모형

경쟁가치모형(competing values framework)은 2개의 차원을 통해서 4가지 유형으로 조직문화를 구분한다. 이를 측정하기 위한 측정방법은 OCAI(Organizational Culture Assessment Instrument)라고 한다. 첫 번째 차원의 한쪽은 안정성, 질서 및 통제를 강조하고 다른 쪽은 유연성, 자율재량 및 역동성을 중시하여 상호 차별화한다. 즉, 일부 조직문화는 변화가 가능하고 적응력이 뛰어나며 유기적인 경우 효과적이라고 간주된다. 예를 들어 마이크로소프트(Microsoft)나 나이키(Nike) 같은 회사에서는 제품 구성이나 조직형태가 오래 유지되지는 않는다. 다른 조직은 안정적이고 예측 가능하며 기계론적인 운영이 효과적이라고 간주된다. 보잉이나 대부분의 대학, 정부기관 및 대기업은 다양한 영역에서 지속력을 특징으로 한다. 두 번째 차원은 외부지향, 차별화 및 경쟁을 강조하는 기준과 내부지향, 통합 및 화합을 강조하는 기준을 차별화한다. 즉, 일부 조직은 아이비엠(IBM)과 휴렛패커드(Hewlett-Packard)가 전통적으로 일관된 IBM방식 또는 H-P방식으로 인정되는 것처럼 내부적으로 조화로운 특성을 효과적인 형태로 본다. 다른 조직에서는 외부의 사람들과 상호작용하거나 경쟁하는 데 집중한다면 효과적이라고 인식한다(Cameron & Quinn, 1999).

이 4가지 핵심 가치는 상반되는 의미 혹은 효과적인 경쟁에 대한 가정을 나타낸다. 연속성은 유연성 대 통제(안정성), 내부 대 외부를 강조한다. Cameron & Quinn(1999)은 조직문화를 유연성과 안정성에 초점을 맞춘 한 차원으로 설징하고, 내부와 외부를 또 다른 차원으로 설정했다. 유연성을 강조하고 내부를 지향하는 문화는 씨족형문화(clan culture), 유연성을 강조하고 외부를 지향하는 문화는 가변형문화(adhocracy culture), 안정성을 강조하고 내부를 지향하는 문화는 위계형문화(hierarchy culture), 안정성을 강조하고 외부를 지향하는 문화는 시장형문화(market culture)이다. 내부와 외부에 초점을 맞춘 유연성 문화는 혁신, 새로운 아이디어, 구성원 간의 신뢰와 협력을 강조한다. 내부와 외부에 초점을 맞춘 안정성 문화는 경쟁, 목표달성, 안정적인 조직운영, 규칙을 강조한다(Cameron & Quinn, 1999).

최고경영자는 조직이 유연하기를 원하지만 동시에 안정되기를 원한다. 유연하고 안정적인 문화적 특성은 구성원에게 허용되는 행동영역에 대한 일관된 패턴을 반영한다. 강력하고 균형 잡힌 문화를 가진 조직은 환경에 대응하는 데 많은 이점이 있다. 이러한 조직은 환경의 요구사항을 충족하는 데 유익하고, 높은 수준의 효과성을 달성할 수 있다(Chatman & Cha, 2003; Gregory et al., 2009).

〈그림 2〉 경쟁가치모형

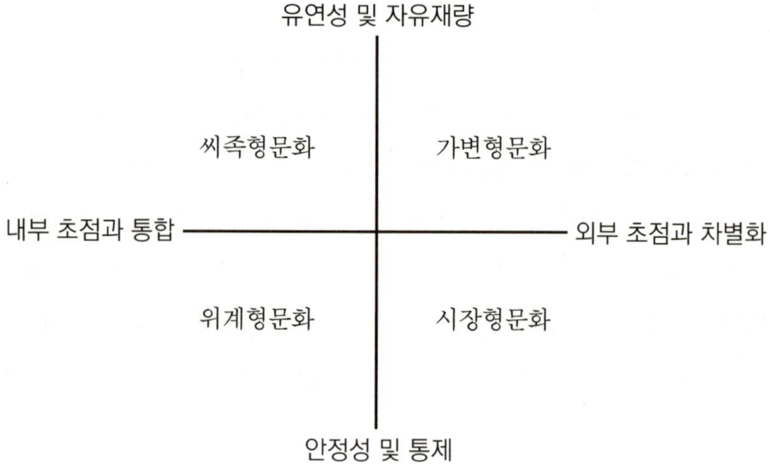

(1) 시장형문화(Market Culture)

시장형문화는 내부가 아닌 외부를 지향한다. 규칙, 전문화 및 집권화에 의해 내부통제가 유지되는 위계형문화(hierarchy culture)와 달리 시장형문화(market culture)는 주로 시장메커니즘이 더욱 강조된다. 시장의 주요 초점은 경쟁우위를 창출하기 위해 시장에서 거래를 수행하는 것이다. 수익성, 틈새시장 확보, 도전적 목표 및 안정적인 고객기반은 조직의 주요 목표이다. 시장형문화의 기본 가정은 외부 환경이 호의적이지는 않고 적대적이며 소비자는 선택의 폭이 크며 가치에 관심이 많고 조직은 경쟁우위를 점하는 사업에 종사하며 관리의 주요 임무는 조직을 생산성, 결과 및 이익. 분명한 목적과 공격적인 전략이 생산성과 수익성을 이끌 것으로 가정한다. 이 조직문화의 핵심 가치는 경쟁력과 생산성이다. 예를 들어 필립스 전자(Philips Electronics)

는 1991년이 유럽에서 시장점유율 하락과 손실을 기록한 첫해가 되었다. 이를 회복하고 경쟁우위를 높이기 위해 필립스는 기업차원에서 센튜리온(Centurion)이라고 부른 프로세스를 주도적으로 시도하였다. 필립스는 이 프로세스를 통해 상대적으로 오만한 위계형문화에서 고객중심, 자산의 프리미엄 수익 및 기업 경쟁력 향상문화로 전환하기 위해 노력하였다. 시장형문화인 성과를 평가하고 새로운 도전적인 목표를 수립하기 위해 연 3회 연례 회의가 개최되었다. OCAI를 사용한 평가결과는 필립스가 1990년대 초반부터 1990년대 중반까지 시장형문화로의 상당한 변화가 있었음을 보여주었다.

시장형문화의 유사한 예는 필립스와 경쟁했던 제너럴 일렉트릭(General Electric)이다. 제너럴 일렉트릭의 잭 웰치(Jack Welch) CEO는 1980년대 후반에 GE 사업이 시장에서 1위 또는 2위가 아니라면, 그러한 사업들은 팔릴 것으로 보았다. 잭 웰치는 GE CEO로 21년간 재직하면서 300개 이상의 사업체를 사고팔았다. 웰치의 GE 문화는 경쟁이 치열한 조직문화로 알려져 있다. OCAI에서 평가된 바와 같이 시장형문화는 결과 지향적인 작업장이다(Cameron & Quinn, 1999).

(2) 씨족형문화(Clan Culture)

씨족형문화는 친인척 조직과의 유사성 때문에 씨족형이라고 불린다. 미국에서 연구자들이 1960년대 후반과 1970년대 초반 일본 기업을 연구한 후, 미국의 시장형 및 위계형 문화와 일본의 씨족형문화 사이의 차이점을 관찰했다. 씨족형문화의 기본 가정은 팀워크와 직원 개발을 통해 환경을 관리하고 고객은 파트너로 생각하고 조직은 인간적인 작업환경을 개발하는 것이다. 씨족형문화는 직원의 역량을 강화하고 참여, 헌신 및 충성도를 향상시키는 데 초점을 둔다. 급변하는 환경에서는 경영진이 사전적으로 계획을 세우는 것이 어렵고 의사결정의 불확실성이 높다. 이러한 경우 조직활동을 조정하는 효과적인 방법은 모든 직원이 동일한 가치, 신념, 그리고 목표를 공유하는지 확인하는 것이다. 미국의 씨족형문화 사례는 피플익스프레스 항공사(PeopleExpress Airlines)였었다. 설립자인 돈 버(Don Burr)는 1980년 텍사스 에어(Texas Air)를 떠난 후에 수익성 있는 항공사가 아닌 이상적인 조직이 어떻게 기능해야 하는지에 대한 모델을 꿈꾸었다. 최소의 계층으로 버(Burr)와 비행갑판 직원들 사이에는 3단계 계층만 있었다. 그리고 조직의 중점은 구성원들의 자기관리의 강조였다. 또한 모든 직원이 회사 주식을 소유하고 평생 직업 보장을 받았다. 그리고 전체 인력은 3명 또는 4명으로 구성된 팀으로 조직되었으며 대부분 자기 스스로 선택하도록 하였다. 최소한 4개의 별도 관리위원회가 회사의 의사결정을 도왔다. 또한 직원들은 정기적으로 일자리를 전환하여 조종사도 예외가 없었고, 수하물 처리자와 예약 호스트도 동일하였다. 씨족형문화는 OCAI에서 평가한 바와 같이 구성원들이 많은 것을 공유하고 있고 일하기 좋은 친숙한 장소로 대표된다. 그것은 대가족과 유사하게 기능을 한다(Cameron & Quinn, 1999).

(3) 가변형문화(Adhocracy Culture)

가변형문화는 21세기의 조직 세계를 점점 더 구체화시키는 끊임없는 가속 조건이 되고 있다. 이러한 가정은 조직의 혁신적이고 선구적인 주도성이 성공으로 이끄는 것으로 해석된다. 조직은 주로 새로운 제품과 서비스를 개발하고 미래를 준비하는 사업에 종사하며 경영의 주요 임무는 기업가 정신, 창의력 및 적극적 활동을 육성하는 것이다. 가변형문화는 최첨단에의 적응과 혁신이 새로운 자원과 수익성으로 이어질 것이라는 가정하에 미래의 비전, 조직적인 무정부 상태, 상상력을 창출하는 데 역점을 두었다. 가변(adhocracy)이라는 단어의 뿌리는 일시적이며 특수화되고 역동적인 것을 의미한다. 조직은 새로운 상황이 발생하면 빠르게 재구성된다. 가변형문화의 주요 목표는 불확실성, 모호성 및 정보 과부하 상황에서 전형적인 적응성, 유연성 및 창의성을 육성하는 것이다. 가변형조직은 항공우주, 소프트웨어 개발, 컨설팅, 영화 제작과 같은 산업에서 자주 볼 수 있다. 이러한 조직의 중요한 과제는 혁신적인 제품과 서비스를 생산하고 새로운 기회에 신속하게 적응하는 것이다. 시장형이나 위계형문화와 달리 가변형문화에는 중앙집중식 권력이나 권한이 없다. 권력은 어떤 시점에서 해결된 문제에 따라 개인에서 개인 또는 작업팀에서 작업팀으로 이동한다. 가변형문화인 컨설팅 회사의 각기 다른 고객 수요는 독립적인 프로젝트로 취급되며, 임시조직 구성이 작업을 수행하기 위해 설정된다. 프로젝트가 끝나면 임시조직은 분해된다.

가변형문화에는 조직도가 없는 경우가 많다. 조직구조가 빈번하고 신속하게 변경되기 때문에 조직도를 그리는 것이 어렵다. 그리고 이곳은 임시 물리적 공간을 사용한다. 감독은 사무실이 없으며 그가 필요하다고 생각할 때마다 작업을 위한 임시 사무실을 만든다. 또한 가변형문화에는 구성원들에게 임시 역할을 부여하여 업무를 진행한다. 그리고 이곳은 창의성과 혁신을 중시하며 직원들은 문제에 대한 혁신적인 해결책을 수립하고 고객에게 새로운 서비스를 제공할 수 있는 방법을 창안하도록 장려된다. 요약하면 가변형문화는 역동적이고 기업가이며 창조적인 특징이 강하다. 사람들은 위험한 상황에서도 이를 감수한다. 효과적인 리더십은 비전을 제시하고 혁신적이며 위험을 지향한다. 조직을 함께 묶는 접착제는 실험과 혁신에 대한 헌신과 몰입이다. 그리고 이 조직은 새로운 지식, 제품 및 서비스의 최첨단에 중점을 둔다. 조직이 장기적으로 중점을 두는 것은 급속한 성장과 새로운 자원 확보에 있다. 이 조직에서 성공이란 독특하고 독창적인 제품과 서비스를 생산한다는 의미가 강하다(Cameron & Quinn, 1999).

(4) 위계형문화(Hierarchy Culture)

위계형문화는 안정성과 내부를 지향한다. 위계문화는 의사결정 권한이 집권화되어 있고, 표준화된 규칙 및 절차, 통제 및 책임성 등의 메커니즘은 조직성공의 열쇠로 평가된다. 이 조직문화는 공식화되고 체계화되어 있는 작업공간이 특징이다. 그리고 이러한 조직은 절차가 사람들의 행동을 통제한다고 믿는다. 또한 효과적인 지도자는 훌륭한 조정자와 조직자이며 원활한 조직운영 유지를 중시한다. 조직의 장기적인 관심은 안정성, 예측 가능성 및 효율성이다. 위계형문화에서 공식적인 규칙과 정책은 조직을 하나로 묶어주는 기능을 한다. 위계형문화는 전형적인 미국 패스트푸드 레스토랑(예로 맥도날드)에서 주요 대기업(포드 자동차 회사) 및 정부기관(예로 법무부)에 이르기까지 다양한 조직에서 관찰할 수 있다. 이들 조직은 다수의 표준화된 절차, 많은 계층(Ford는 17단계의 계층), 규칙강화에 의해 일반적으로 지배된다. 그러나 McDonald의 매장과 같은 소규모 조직에서도 위계형문화가 지배적으로 나타날 수 있다. 예를 들어, 이러한 매장의 전형적인 직원 중 상당수는 이전에 훈련경험이나 직장경험이 없는 젊은 사람들이다. 모든 매장에서 서비스는 통일되어 있다. 핵심 가치는 효율적이고 안정적이며, 빠르며 매끄러운 생산을 유지하는 데 있다. 신입사원은 특정한 일(예로 감자튀김 요리)로부터 시작된다. 조리되기 전 감자튀김은 표준 패키지의 중앙 공급 업체에서 공급되고 기름의 온도는 사전에 결정되며 부저는 감자튀김을 언제 꺼내야 하는지 종업원에게 알려주기 때문에 직원의 재량은 거의 없다. 이 규칙은 버저(소리)가 울리면 기름에서 튀김을 꺼내야 할 때까지 일정 시간만 경과할 수 있다고 규정한다. 이곳에서는 모든 직원이 연구하고 테스트한 규칙 매뉴얼은 350페이지가 넘으며 규정은 직원 복장 및 작업 관련 행동의 대부분을 다루고 있다. 홍보를 위한 요구사항 중 하나는 이러한 규칙 및 정책에 대한 지시이다. 매장 내에서의 승진은 일련의 특정 단계를 따르며 매장에서 여러 번 승격될 수 있다. 예를 들어, 이곳에서는 튀김 요리에서 햄버거 요리에 이르기까지 직원을 직원(crew) 수석, 부 매니저 등의 직책을 가질 수 있다(Cameron & Quinn, 1999).

2) 데니슨(Denison) 모형

Denison의 조직문화 모델은 적응성(adaptability), 몰입(involvement), 일관성(consistency) 및 사명(mission)의 4가지 문화유형으로 구성된다. 한 차원은 내부 통합과 외부 지향, 다른 하나의 차원은 변화와 유연성, 안정성과 방향성이다. 적응성문화는 유연성과 외부 지향을 강조하는 반면, 몰입문화는 유연성과 내부 통합을 강조한다. 적응성문화는 혁신과 변화에 초점을 두고, 몰입문화는 구성원들에 대한 권한부여와 팀워크 촉진, 지속적인 역량개발에 초점을 둔다. 반면 일관성문화는 안정성과 내부 통합을 중시하고, 사명문화는 안정성과 외부 지향을 중시한다. 일관성문화는 구성원 간의 응집력, 통제, 가치 및 규범준수 정도를 나타내며, 사명문화는 조직의 명확한 방향과 목표, 미래의 비전을 강조한다. 따라서 유연성문화는 적응성과 몰입문화를 포함하고, 안정성문화는 일관성과 사명문화를 포함한다(Denison, 1990; Denison & Mishra, 1995; Denison, Nieminen, & Kotrba, 2014; Fey & Denison, 2003; Kotrba et al., 2012). 사명은 조직이 전략적 방향과 목표, 이에 대한 진행상황 측정지표를 얼마나 명확하게 표현했는지를 의미한다. 몰입은 조직이 직원에게 권한을 부여하고, 교육하며 협력적인 팀으로 작업을 구조화하여 의사결정을 내리는 데 얼마나 의존하는지를 반영한다. 일관성은 조직이 일관적으로 고수하는 가치 집합을 지지했는지 여부에 따라 결정되며 부서 간 조정이 포함된다. 마지막으로 적응성은 조직이 경쟁자와 고객으로부터 학습하는 데 어느 정도 집중하느냐와 이를 통해 변화할 수 있는 가능성을 의미한다(Chatman & O'Reilly, 2016).

몰입은 조직에 대한 직원의 헌신과 심리적 소유감, 직원에게 영향을 미치는 결정에 대한 참여, 팀 지향성에 초점을 맞춘다. 효과적인 조직은 직원에게 권한을 부여하고, 팀워크를 활용하며, 직원의 역량을 지속적으로 개발한다. 일관성은 시간이 지남에 따라 실질적인 정렬과 효율성을 촉진하는 조직시스템과 프로세스의 존재를 의미한다. 공통된 관리원칙, 일을 하는 올바른 방법과 잘못된 방법에 대한 합의, 조직 전체의 조정 및 통합에 초점을 둔다. 기본적 입장은 내재화된 가치에 기반을 둔 암묵적 통제시스템이 명시적인 규칙과 규정에 의존하는 외부 통제시스템보다 조정을 달성하는 데 더 효과적인 수단이다. 조직은 일관성 있고 잘 통합되어 있을 때 더욱 효과적이다. 효과적인 조직은 몰입과 일관성을 지속적인 순환으로 결합하여 몰입을 통해 잠재적인 아이디어와 해결책을 생성한 다음 이를 더 정확한 일련의 원칙으로 정제한다. 적응성은 외부 조건에 대응하여 내부적으로 변화할 수 있는 조직의 역량이다. 내부적으로 집중적이고 통합된 회사는 외부 시장 수요 적응에 어려움을 겪을 수 있다. 따라서 변화를 창출하고, 고객을 이해하고, 고객의 요구를 충족하고, 조직적으로 계속해서 학습할 수 있는 역량을 확보하는 것이 중요하다. 마지막으로 사명은 조직이 존재하는 이유와 향하는 방향을 명확히 하는 정도이다. 효과적인 조직은 직원에게 경제적, 비경제적 목표를 포함하는 의미와 방향을 제공하는 사명을 추구한다. 더 구체적으로, 이러한 조직은 명확한 목적과 방향, 목표와 목적, 그리고 미래에 대한 비전을 지니고 있다(Denison & Mishra, 1995; Denison, Nieminen, & Kotrba, 2014; Gillespie et al., 2008).

〈그림 3〉 데니슨 모형

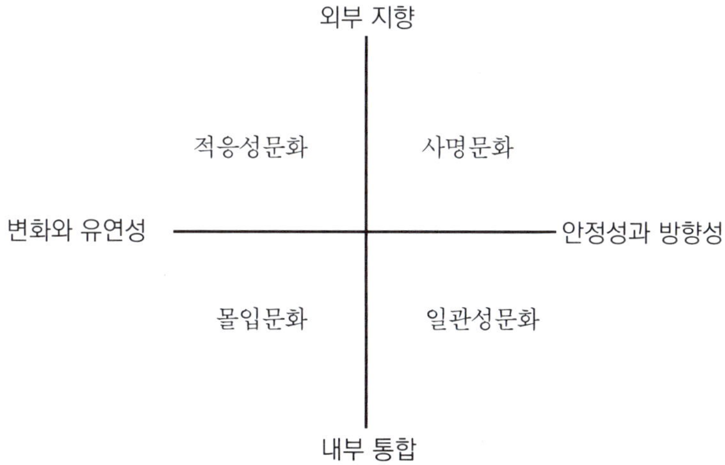

사례 3: 프록터 앤드 갬블(The Procter & Gamble, P&G) 등 5개사

몰입과 조직성과와의 관계를 살펴보면 높은 몰입-높은 성과 조직(메드트로닉, Medtronic), 중간 몰입-보통 성과 조직(피플익스프레스, PeopleExpress), 낮은 몰입-낮은 성과 조직(디트로이트 에디슨, Detroit Edison)이며, 프록터 앤 갬블(Procter & Gamble)은 높은 몰입-중간 성과가 나타났고, 텍사스 상업은행 지주사(Texas Commerce Bancshares)는 낮은 몰입-높은 성과를 낸 회사였다(Denison & Mishra, 1995).

P&G는 150년 역사를 지닌 소비재 산업의 거대 기업이다. 이 회사는 브랜드 관리, 이익 공유, 광고 및 홍보, 작업 디자인 분야에서 혁신적인 기업으로 잘 알려져 있다. P&G은 먼저 비누에 집중한 다음 수십 년 동안 '모든 가정에서 찾을 수 있는 고품질 소비재'에 집중하였다. 강력하고 체계적인 문화는 높은 성장성을 달성하는 데 기여하였다. P&G 문화의 핵심은 매우 합리적이고 객관적인 세계관을 갖고 있다는 것이다. 시장과 제품에 대한 연구는 모든 의사결정의 핵심이다. 제안을 하거나 논의할 때는 항상 숫자에 기반을 두어야 한다. 핵심 목표는 항상 미각 테스트에서 승리할 수 있는 기술적으로 우수한 제품을 개발하는 것이다. P&G는 사회화에 많은 관심을 기울인다. 예를 들어 브랜드 관리 조직의 신입 직원은 집단관리에 의해 사회화되고, 많은 사람이 이러한 동료 간의 경쟁과 협력을 신입 직원의 학습과 동기부여의 진정한 원천으로 본다. 일반적으로 구조화된 교육이 포함된 새로운 업무는 6~24개월의 짧은 주기로 정기적으로 번갈아 가며 수행된다. P&G 경력은 일반적으로 구성원이 계속해서 승진하거나 퇴사하는 토너먼트와 같다. 많은 신입 직원들은 P&G이 요구한 성과나 P&G방

식 요구로 인해 몇 년 후면 조직을 떠난다. P&G은 서면 커뮤니케이션도 크게 강조하는데 P&G 양식으로 짜여진 적절한 메모 방식은 신입사원의 사회화에 매우 중요하다. 이 시스템은 공통적인 언어로 효율적인 커뮤니케이션을 실현하고, 모든 중요한 이벤트를 서면으로 기록한다. 이는 P&G의 업무는 어떤 한 개인의 것이 아니라 조직의 산물임을 강조하는 것이다. P&G는 고몰입 조직문화의 특성을 갖고 있다. 고몰입이 발생하는 맥락은 메드트로닉(Medtronic)과 피플익스프레스(People Express)보다 훨씬 구조화되어 있다. 이와 같은 고몰입은 조직이 만든 구조화된 경쟁 내에서 높은 수준의 규범적 통합, 헌신, 그리고 공통 언어와 상징 체계가 있는 맥락에서 이루어진다(Denison & Mishra, 1995).

메드트로닉(Medtronic)은 1960년대 초에 설립된 이래 의료기기인 심장 박동 조절기 산업에서 최고의 회사였다. 메드트로닉은 명확한 인본주의적 비전에 의해 주도되었다. 메드트로닉 문화는 인간의 생명을 보존히는 데 진념하는 '과학 기술 클럽'으로 설명되었다. 메드트로닉은 발명가이자 CEO인 얼 바켄(Earl Bakken)이 이끄는 수술실에서 끊임없이 접촉하고 위험을 공유함으로써 유지되었다. 그는 또한 회사의 가장 매력적인 영업사원이기도 했다. 바켄은 또한 기업 사명을 전달하기 위해 개별 신입 직원과 함께 점심을 먹는 관행을 만들었다. 이 가치 기반 시스템은 경쟁이 거의 없고 꾸준히 예측 가능한 성장이 지속된 산업에서 10~15년 동안 매우 잘 작동했다. 메드트로닉 사례는 몰입이 효과성과 관련된 문화적 특성이라는 아이디어를 뒷받침한다. 자발성, 헌신, 그리고 인도주의적 사명에 대한 동일시를 지닌 조직구성원은 조직의 기능에 긍정적인 영향을 미쳤다. 조직의 수명주기 중 성공과 함께 몰입이 외부 적응보다는 내부 과정에 대한 집착으로 이어졌다는 것도 분명하다. 한 직원은 "우리는 대부분의 시간을 회의와 식사에 보냈다." 라고 하였다. 몰입이 고립화로 빠져들어 효과성에 제한적이거나 심지어 부정적인 영향을 미칠 수도 있음을 보여준다(Denison & Mishra, 1995).

피플익스프레스 항공사(PeopleExpress Airlines)는 업계 규제완화 직후인 1981년에 설립된 혁신적인 저가 항공사이다. 1986년 매출이 거의 10억 달러로 성장한 후 붕괴되어 1987년 텍사스 에어 항공사(Texas Air Corporation)에 인수되었다. 아이러니하게도 이 항공사는 도널드 버(Donald Burr)가 이끈 전 텍사스 에어의 임원 및 관리자 그룹이 설립했다. 피플익스프레스에 대한 조직문화의 이야기는 잘 알려져 있다. 이 회사의 설립 시 계획은 매우 평등한 조직문화를 만들고 많은 혁신적인 인적자원 관행을 적용하는 것이었다. 조직의 새로운 구성원은 팀에서 훈련을 받고 사회화되었으며, 작업은 팀에서 수행하도록 설계되었다. '교차활용', 즉 팀과 개인이 정기적으로 다른 직무를 순환하는 것은 반복적인 직업이 많은 산업에서 다양성과 도전을 만들어냈다. 이 시스템은 또한 '자기 관리', 즉 각 직원이 회사 자원의 관리자로서 책임 있는 자율성을 기반으로 했다. 모든 직원은 관리자라는 직함을 가지고 주식을 소유하고 이익을 공유했다. 1985년 이후 직원들은 자신의 감독자와 팀 리더를 스스로 선출하기 시작했다. 피플익스프레스는 또한 경제의 영역을 훨씬 넘어선 사명에 기반을 두었다. 이 조직은 "개인의 힘을 발휘하게 하기 위해 속박에서 풀어주고" '운전보다 저렴한 여행'을 만들어 대중에게 그 어느 때보다 항공 여행을 보다 폭넓게 제공하려는 시도를 하였다. 이 항공사의 격언에는 피플익스프레스가 산업과 세계의 롤모델이 되어야 한다는 생각이 포함되었다. 피플익스프레스 시스템은 3~4년 동안은 잘 작동했다. 항공사는 이러한 이념과 문화에 따라 1985년까지 직원 2,500명, 연간 매출 5억 달러 규모로 성장했다. 그러나 1985년 이후, 이 시스템은 긴장의 징후가 나타났고, 경쟁이 심화되면서 시간이나 조직적 여유에 한계가 발생했다. 예를 들어, 모든 관리자가 내부에서 승진했기 때문에 내부 노동 시장은 필요한 속도로 숙련된 관리자를 배출하지 못하였다. 결정적 타격은 유나이티드나 아메리칸과 같은 주요 항공사가 변동요금 항공 예약 시스템을 도입했을 때 발생했다. 이 시스템을 통해 일부 좌석에 대해 저가 항공사인 피플익스프레스의 저렴한 가격과 동일한 수준의 가격과 함께 같은 항공편의 다른 좌석은 훨씬 더 높은 가격으로 판매하여 수익을 극대화할 수 있었다. 피플익스프레스는 초기에 광범위한 사회화를 통해 전달된 공유가치에 기반한 강력한 문화를 만들었다. 조직문화는 미래에 대한 강력한 비전을 가지고 있었다. 몰입과 권한 부여는 신생 기업에 매우 중요했다. 그러나 몰입에 대한 기대는 매우 높았지만 피플익스프레스는 혁신에 실패했고 몰입에 필요한 조직구성원들의 기대를 충족시켜 주지 못했다(Denison & Mishra, 1995).

텍사스 상업은행 지주사(Texas Commerce Bancshares)는 20세기 초 휴스턴 면화 무역의 자금 조달에서 시작되었다. 텍사스 상업은행 지주사는 대공황을 겪으며 휴스턴 지역의 두 개의 은행이 합병하여 형성되었다. 이 은행은 1960년대에 마케팅과 수치중심의 관리에 대한 강조로 해당 지역의 중위권 시장에서 활동하는 엘리트주의를 강조하는 공격적이면서 보수적인 은행이 되었다. 텍사스 상업은행 지주사는 호황과 불황을 거치며 텍사스 최고의 은행 중 하나가 되어 뉴욕의 상업은행과 합병한 최초의 텍사스 은행 중 하나가 되었다. 이 은행은 지난 25년 동안 카리스마 있고 엄격한 CEO인 벤 러브(Ben Love)가 이끌었다. 그는 내부통제 방식을 고안하고, 관리자와 임원들에게 동기를 부여하고, 판매와 마케팅에 능숙했다. 러브는 수치를 최우선으로 생각했다. 그리고 그는 통계적 목표를 추구하여 인적자원을 조직하는 것이 자신의 경영철학에서 가장 중요하다는 점을 강조하였다. 러브의 부드럽지만 강한 리더십 스타일은 직원들 동기부여의 주요 원천이었으며 대출위원회 회의와 임원 회의와 같은 공개적인 장소에서 이 같은 특성이 자주 드러났다. 텍사스 상업은행 지주사의 하향식 스타일, 관행의 균일성, 그리고 엄격한 재무적 통제와 목표는 모두 높은 수준의 규범적 통합과 일관성을 보여준다. 조직문화는 조직 전체에 확산되어 있으며, 조직의 모든 구성원이 'TCB 방식'을 배우고 이를 준수하도록 한다. 동시에 은행은 개인의 성취와 객관적인 목표달성을 지향한다. 지주사가 새로 인수한 은행 자회사에 문화적 강점을 전달할 수 있는 능력은 조직의 성공에 중요하였다(Denison & Mishra, 1995).

디트로이트 에디슨(Detroit Edison 회사명은 1996년까지 사용되었고 그 뒤 DTE Energy로 바뀜)은 1886년 창업되었다. 1900년대 초에 유틸리티 산업(수도, 전기, 가스 등의 공익산업)이 통합되면서 시작된 에디슨의 역사는 50년간 꾸준하게 성장하였다. 이 회사는 지역 경제와 함께 빠르게 성장했으며 미국을 대표하는 유틸리티 회사 중 하나가 되었다. 이 긴 성장 기간 동안 회사는 공공 서비스업의 사명을 '더 크고 더 나은 발전소'를 지속적으로 건설하는 것으로 삼았다. 또한 이 기간 동안 회사는 엔지니어에 의해 대부분 통제되었다. 이 조직은 매우 안정적인 인력을 보유한 '가족'과 같은 성격을 지니고 있었다. 디트로이트 에디슨은 잘 정의된 권한을 가진 조직이었다. 조직의 여러 구성원이 말했듯이, "이 조직에서는 모든 사람이 누구에게 보고해야 하는지 그리고 자신의 업무가 무엇인지 알고 있었다." 이 조직은 종종 '기계처럼' 기능한다고 묘사되었으며, 거의 모든 경우 조직 내부에서 승진한 매우 안정적인 직원으로 구성되었다. 또한 이 조직은 역사적으로 매우 남성적이었고, 1960년대 초까지 결혼한 여성 직원은 직장을 그만두어야 한다는 규정이 존재하였다. 이 회사의 몰입수준은 전반적으로 낮은 수준이었다. 1970년대의 변화는 조직 내부에 혼란을 야기했다. 에너지 위기는 매출 감소를 야기했고, 그들이 서비스를 제공한 지역의 성장도 감소했다. 디트로이트 에디슨은 이러한 모든 변화에 큰 타격을 입었고, 다양한 결과를 초래하였다. 회사의 사명은 '더 크고 더 나은 발전소 건설'에서 점차적으로 '소비자를 위한 안전하고 효율적인 방안 창출'로 바뀌었다. 조직 내의 많은 직원들은 변화에 저항했고 대신 더 단순한 시대로 돌아가는 것을 선호했다(Denison & Mishra, 1995).

3) 위너(Yoash Wiener) 모형

위너는 구성원들이 공유하고 있는 가치를 중심으로 가치의 초점과 가치의 원천으로 구분하여 조직문화를 설명하였다. 대부분의 조직에서 이러한 가치체계는 존재한다. 가치의 초점은 엘리트주의 가치와 기능적 가치로 나누었다. 엘리트주의는 다른 조직 및 사회 전체와 비교해서 조직, 제품 및 구성원의 지위, 우월성 및 중요성과 관련된 가치를 의미한다. 따라서 엘리트주의 가치는 본질적으로 우리는 1위이고, 우리는 최고라는 비교에 초점을 둔 일종의 기업적 민족주의를 반영한다. 한편 기능적 가치는 건설적인 의미가 강하다. 이는 구성원들의 행동에 대한 명확한 지침으로 구성되며 목표달성 수단을 강하게 강조하면서 합리적인 행동을 이끌어낼 가능성이 높다. 반면 엘리트주의 가치는 조직에 대한 자부심과 같은 강한 감정을 유발할 가능성이 높고 조직의 우선권과 우월성을 강조하면서 목적이 수단을 정당화하는 행동을 유발할 수 있으며, 장기적으로는 조직의 진실성이 훼손될 수 있다. 가치는 전통적 리더십과 카리스마적 리더십이 원천이 될 수 있다. 가치가 전통에 뿌리를 두고 있을 때 동일하거나 혹은 유사한 가치가 조직구성원들 사이에서 세대 간으로 전달된다. 이러한 가치는 개인이나 상황의 영향과는 비교적 독립적으로 존재한다. 이러한 가치의 기원은 창업자로부터 나올 수 있지만 시간이 흐르면서 지속적으로 유지된다면 그것은 전통적인 성격으로 인식된다. 전통에 뿌리를 둔 가치는 시간적으로 검증되며 조직의 기능에 안정성과 예측 가능성을 더해준다. 한편 가치가 카리스마적 리더십에 뿌리를 두고 있다면 구성원에 의한 이러한 가치의 내면화는 대부분 구성원의 리더에 대한 개인적 동일시에 의해 결정된다. 그러한 가치는 잠재적으로 전통적인 가치보다 안정성이 떨어지고 일시적이다. 그러한 가치는 리더의 개인적 매력에 크게 의존하기 때문에 수명이 짧을 수 있다(Wiener, 1988).

조직문화는 기능적-전통적, 기능적-카리스마적, 엘리트주의-전통적, 엘리트주의-카리스마적 가치시스템의 4가지 유형으로 구분할 수 있다. 기능적-전통적인 가치시스템은 의례적이고 하향식 접근방식보다 일상적인 사업활동에 내재되어 있으며, 화려하거나 유행하는 전략적 도약보다는 인내심 있고, 모방하기 어려운, 단계별 변화와 개선을 추구한다. 일본 기업에 이러한 유형의 가치체계가 널리 퍼져 있으며 일본 기업의 성공에 중요한 요인이 되었었다. 미국 기업들 중에서는 링컨전기(Lincoln Electric), 3M, 월트디즈니(Walt Disney), IBM과 같은 회사에서 이러한 특성이 많이 나타난다. 기능적-카리스마적 시스템은 과도기적 단계가 될 가능성이 높고 궁극적으로 기능적 전통적 단계로 진화할 것이다. 월트디즈니는 기능적-카리스마적 유형에서 기능적-전통적 유형으로 성공적으로 이동한 사례이다. 맥도날드는 현재(1980년대 중후반) 그러한 전환의 과정에 놓여 있다. 엘리트주의-카리스마적 가치시스템은 장기적인 관점에서 조직의 성공으로 이어질 가능성이 가장 낮은 가치체계이다. 또한 이 두 차원의 결합된 효과는 자신들은 불사신이라고 생각하고 독선적이며, 고정관념의 환상과 함께 집단사고에 매우 취약한 조직역학을 생성할 가능성이 높다. 이러한 회사 중 다수는 매우 똑똑하고 창의적이며 카리스마가 있는 비교적 젊은 기업가에 의해 시작된다. 짧은 시간에 극적인 성공은 엘리트주의적 성향을

〈그림 4〉 위너 모형

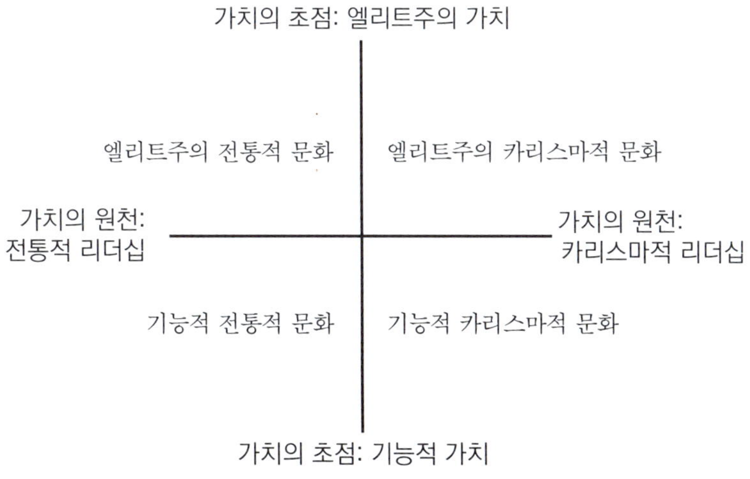

조장하고 리더가 외부 환경의 객관적인 요구에 효과적으로 대응하지 못하게 할 수 있다. 엘리트주의-전통적인 가치체계를 갖춘 조직은 안정적이고 장기적으로 엘리트주의적 차원을 유지한다. 이는 월가의 대형 로펌, 명성을 지닌 경영 컨설팅 회사 또는 매우 엄격한 유명 사립대학과 같은 지식 산업에서 일반적으로 존재한다(Wiener, 1988).

4) 딜(Deal)과 케네디(Kennedy) 모형

딜과 케네디는 조직문화를 위험부담 정도와 경영활동 결과에 대한 속도를 2개의 축으로 강한 남성적 문화, 열심히 일하고 잘 노는 문화, 승부를 거는 문화, 과정중시 문화의 4개 유형으로 구분하였다. 이에는 조직문화의 가치와 의례와 의식, 영웅담 등의 인공물 특성이 모두 반영되었지만 특히 조직문화의 가치가 핵심 요소이다. 강한 남성적 문화는 위험부담이 크고 결과에 대한 속도가 빠르다. 그리고 열심히

〈그림 5〉 딜과 케네디 모형

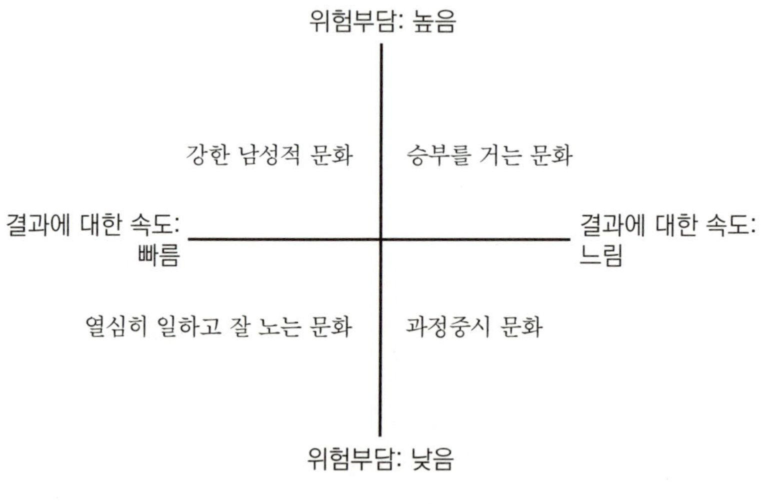

일하고 잘 노는 문화는 위험부담이 낮고 속도가 빠르다. 승부를 거는 문화는 높은 위험부담과 함께 속도는 느리다. 또한 과정중시 문화는 낮은 위험부담과 느린 속도가 특징이다. 강한 남성적 문화는 광고, 영화산업, 출판, 스포츠 관련 산업이 이에 해당되는 경우가 많다. 이러한 문화는 젊고, 최선을 추구하고, 가장 뛰어난 대상을 찾는 가치가 강하며 좋은 기회를 갖는 것을 강조한다. 또한 이와 같은 문화는 장기적으로 준비한 결과보다 단기적인 결과를 선호하는 특성이 강하여 장기적인 관점에서 문제가 드러날 수 있다. 열심히 일하고 잘 노는 문화는 컴퓨터 사업, 소매업, 자동차 판매, 방문판매기업 등이 포함된다. 이 문화는 고객의 가치를 매우 중요하게 생각하며 고객을 상대하는 직원들의 빠른 대응을 우선시한다. 이 문화의 영웅은 고성과를 달성한 판매원들이며 직원들을 위한 각종 의례와 의식 및 세레모니가 많다. 다만 질적 측면보다는 양적인 측면을 강조하여 이에 따른 약점이 발생할 가능성이 높다. 승부를 거는 문화는 석유회사, 항공기 제조사, 큰 자본을 투자한 기업, 투자은행, 광업회사 등이 포함된다. 이러한 문화는 장기적인 의사결정을 가장 중요하게 생각한다. 따라서 승부를 거는 문화는 회의 관련 의례와 의식을 중시한다. 이 문화는 미숙함을 꺼려하고 권위와 능력을 중요하게 여기며 상사에 대한 존중이 강하다. 과정중시 문화는 은행, 보험회사, 관공서, 공기업 등이 포함된다. 피드백이 부족한 이 문화의 구성원들은 어떤 일을 하느냐 보다는 어떻게 일을 하느냐를 중요하게 생각하며 과정이 옳은지 그른지가 일하는 데 관건이 된다. 구성원들은 정치적 영향을 많이 받으며 이러한 과정에서 살아남은 사람을 영웅으로 생각한다. 그리고 의례와 의식은 작업절차나 관행들과 관련된 것들이 많고 승진이 매우 중시된다(Deal & Kennedy, 1982).

5) 조직문화 목록(The Organizational Culture Inventory: OCI) 모형

조직맥락에서 모든 문화는 평가와 관련된 두 가지 주요 특징, 즉 방향과 강도를 갖는다. 방향은 문화의 실제 내용 또는 실체를 말하며, 강조하는 가치, 행동규범 및 사고 스타일을 통해 예시된다. 방향이 다른 문화는 다른 행동규범과 사고 스타일을 지원한다. 강도가 다른 문화는 조직구성원에게 미치는 영향의 정도가 다르다. 조직문화 목록(OCI)은 사람들이 조직이나 하위단위에서 적응하고 기대에 부응하는 데 암묵적으로 또는 명시적으로 필요한 사고 및 행동 스타일을 설명하는 12가지의 서로 다르지만 상호 관련된 행동규범 및 기대 집합을 측정한다. OCI에서 측정한 행동규범은 두 가지 기본 차원으로 정의된다. 그중 첫 번째 차원은 사람에 대한 관심이고, 두 번째 차원은 업무에 대한 관심이다. 두 번째 차원은 상위의 만족에 필요한 요구사항을 충족하는 데 사용되는 행동에 대한 기대와 하위의 보안에 필요한 요구사항을 보호하고 유지하는 데 사용되는 기대를 구분한다. 이러한 차원을 기반으로 OCI에서 측정한 12가지 규범세트는 건설적, 수동적/방어적, 공격적/방어적이라는 세 가지 일반적인 군집 또는 조직문화 스타일로 분류된다(Balthazard, Cooke, & Potter, 2006). OCI에서 12가지 스타일에는 인본주의적, 도움이 되는, 친밀한, 승인하는, 관습적, 의존적인, 회피적인, 반대적, 권력적, 경쟁적, 완벽주의적인, 자아실현 등이다. 이는 주로 사람들의 행동경향을 반영하도록 설계되었지만, 이러한 스타일은 행동규범의 방향과 강도를 반영하는 것으로도 활용할 수 있다. 예를 들어, 자아실현에 대한 응답자의 높은 점수는 양보다 창의성과 질을 중시하는 조직문화를 반영한다고 추정할 수 있다. 반대 문화는 비판에 대해 보상이 이루어지는 갈등수준이 높은 문화이다(Chatman & O'Reilly, 2016; Cooke & Rousseau, 1988).

조직문화 목록은 12가지 행동규범(규범 당 10개 항목)을 평가하는 120개 항목으로 구성되어 있으며, 이는 '스타일'이라고 하며, 다른 사람의 기대에 부응하는 데 필요한 사고 및 행동적 접근방식과 관련이 있다. OCI에서 측정한 12가지 규범은 두 가지 근본적인 기본 차원, 즉 사람에의 관심과 업무에 대한 강조를 반영하며, 건설적, 수동적/방어적, 공격적/방어적의 세 가지 유형 또는 군집의 조직문화와 관련이 있다. 이 3개 군집은 각각 4가지 유형의 규범으로 정의된다. 예를 들어, 공격적/방어적 문화는 반대적, 권력적, 경쟁적, 완벽주의적 규범을 특징으로 한다. 3개 문화 클러스터는 개인 및 조직적 결과(예: 만족, 이직률, 품질, 서비스)에 영향을 미치는 것으로 제안된다. 또한, 12가지 규범은 상위만족 요구사항 또는 하위보안 요구사항을 충족하는 능력에 따라 차별화된다(Chatman & O'Reilly, 2016; Cooke & Rousseau, 1988).

6) 조직문화 프로필(The Organizational Culture Profile: OCP) 모형

조직문화 프로필은 데니슨 조직문화 설문(Denison Organizational Culture Survey: DOCS) 및 경쟁가치모형의 측정방법인 OCAI와 달리 조직문화를 평가하기 위한 목적으로 처음부터 설계되었다. OCP의 이론과 방법은 함께 개발되었으며, 규범에 기반을 두고 조직문화의 독특한 특성을 측정하고, 포괄적인 속성 목록을 제공하며, 속성이 서로에 대한 상대적 중요성 측면에서 구성되어야 하며, 조직구성원에게 자신의 태도와 선호도가 아닌 구성원이 공유하는 신념과 기대패턴을 기록하여 조직문화의 정보제공자 역할을 하도록 요구된다. 이전에 설명한 3가지 도구와 달리 OCP는 사전체계에 의존하지 않고 모든 조직의 규범과 가치를 특징지을 수 있는 110개의 설명자 전체를 식별하는 것으로 시작한다. 원래의 항목 전체는 특정 기준을 포함한 반복적 프로세스를 통해 54개의 설명자 집합으로 선별되었다. 여기에는 최종 항목 집합이 포괄적이고 일반화될 수 있어야 하며(규모, 산업, 연령 등에 관계없이 조직을 설명할 수 있어야 함), 읽기 쉽고, 중복성이 낮으며, 모든 조직에서 동일한 범주에 속하는 항목이 없어 차별적이어야 한다(Chatman & O'Reilly, 2016).

조직의 가치를 나타내는 54개의 항목인 OCP(Organizational Culture Profile)를 이용한 Q-sort profile(조직의 가치와 개인적 가치 선택)을 통해서 분석하여 OCP를 통해서 조직문화를 확인할 수 있다. 조직문화는 혁신, 세세한 것에 대한 관심, 결과지향, 공격성, 안정성, 사람에 대한 관심, 팀지향 등의 7개 요인으로 나눌 수 있었다. 이를 통해 개인의 가치와 조직문화의 적합이 성과에 미치는 영향을 분석하였다. 둘 사이의 적합관계는 1년 후의 직무만족이나 조직몰입과 2년 후의 실제 이직을 예측할 수 있었다. 아울러 조직문화는 비교적 동질적인 산업이나 규모, 구조, 기술적 성숙수준, 인적자원구성 등에 따라서 유사하게 나타났다(O'Reilly, Chatman, & Caldwell, 1991).

조직문화의 가치는 혁신, 안정성, 사람에 대한 지향, 결과지향, 무사안일 강조, 세세함에 대한 강조, 협력 혹은 팀지향으로 구분하였다. 조직문화는 산업 내보다 산업 간에 보다 큰 차이가 나타났다. 집약형 기술과 성장성이 높은 산업은 중개형 기술과 중간 정도의 성장과 장치형 기술과 낮은 성장성을 지닌 산업보다 혁신과 팀지향을 강조하는 조직문화의 가치가 두드러지게 나타났다. 장치형 기술과 낮은 성장성의 산업은 기타의 산업보다 조직문화의 가치 중 안정성이 높게 나타났다. 연구는 4개의 산업을 대표하는 15개 기업을 선정하였는데 이 중 회계 법인 284명, 컨설팅 기업 65명, 운송회사 88명, 우체국 720명을 대상으로 하였다. 본 연구는 Q-Sort Profile를 이용한 OCP를 통해서 조직문화를 측정하였고, 산업 간 차이는 ANOVA를 통해서 분석하였다 (Chatman & Jehn, 1994).

3. 조직문화 구성요소들 사이의 역동성

조직연구자들은 Schein(1985)의 아이디어를 적용하였다. 하지만 일부는 그의 접근방법에 도전하였다. 예를 들면, 하위문화연구자들은 조직문화는 단일하다는 Schein(1985)의 주장을 반박하였다. 또한 상징적 해석주의자는 Schein(1985)이 주목하지 않은 관점을 추구하였다. 상징적 해석주의자는 조직에서 상징이나 상징적인 행동에 관심을 집중하고 다양한 방법으로 이러한 현상을 해석하였다. 조직문화를 이해하고자 하는 많은 접근방법에도 불구하고, Schein(1985, 2004)의 모형화는 널리 수용되는 개념적인 모형 중의 하나로 남아있다. 복잡한 현상을 과도하게 단순화하였다는 점에서 조직문화에 대한 개념적인 모형에 반대하는 논의가 있었다. 그러나 그러한 조직문화 모형들은 조직문화에 관한 실증적인 연구를 이끌었다. 이들은 이론을 만드는 데 있어 중요한 역할을 하였다(Hatch, 1993).

본 연구는 조직문화의 가치, 인공물, 상징, 가정 사이의 관계에 대한 4개의 과정을 고찰하였다. 4개의 과정은 명시화(manifestation), 현실화(realization), 상징화(symbolization), 해석화(interpretation)이다.

이러한 과정들은 문화역동이라고 불리는 새로운 모델하에서 제시되고 정의될 수 있다. 이러한 과정 중 2개는 기존의 조직이론에서 널리 인식되어 나타났었던 이론이다. 즉 현실화(realization)는 와익(Weick)의 실행(enactment) 이론의 일부분이다. 그리고 해석화(interpretation)는 상징적 해석주의자 연구의 주요 관심사이다. 이러한 과정을 고찰하고 도입함으로써 조직문화연구의 발전에 기여할 수 있을 것이다(Hatch, 1993).

Schein(1985)에 의하면 조직문화는 3개의 단계에서 동시에 존재한다. 가장 표면에 인공물(artifacts)이 있고, 인공물 아래에는 가치(values)가 있으며, 가장 핵심에는 가정(assumptions)이 있다. 가정은 어떤 실체와 인간본성에 대한 당연시되는 믿음을 나타낸다. 가치는 내재적인 중요성을 가지고 있다고 여겨지는 기준, 목표, 철학, 사회적인 원리들이다. 인공물은 관찰할 수 있고, 실체를 지니며, 보고 들을 수 있는 가치와 가정에 기초를 둔 활동의 결과물이다. 특별히 샤인(Schein) 모형의 유용성은 문화의 인공물과 가치, 가정들 사이의 관계를 확인하는 데 있다. 비록 샤인(Schein)은 그의 개념에서 문화적 역동성에 대해

〈그림 6〉 문화역동 모델

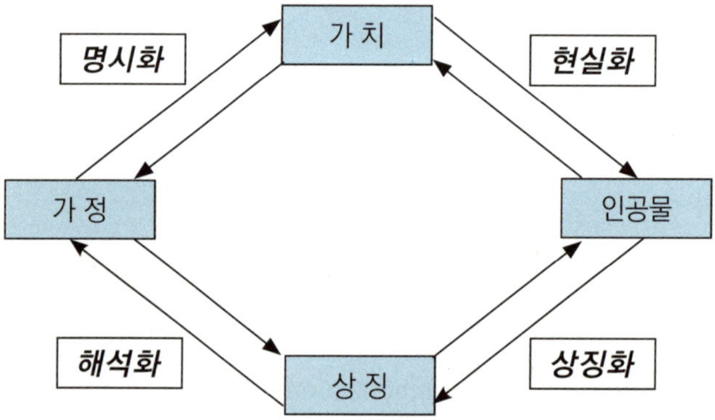

서 언급하지 않았을지라도, 창업자의 믿음과 가치들이 새로운 구성원들에게 학습되고 조직의 성공에 의해서 검증된다면, 가정을 통해서 인지적인 변환을 하게 된다고 하였다(Hatch, 1993).

조직의 문화적 역동성의 관점을 개발하는 데 있어서, Schein의 모형에 대한 근본적인 변화 2가지에 대해서 논의한다. 첫 번째 상징이 새로운 요소로서 도입된다. 상징의 도입은 샤인(Schein)의 이론과 상징적 해석관점의 영향력에 대한 편의를 도모하게 할 수 있다. 두 번째, 문화의 요소(인공물, 가치, 가정)들 사이의 연결에 대해서 관심을 집중하기 때문에, 문화의 요소들 자체는 덜 중심적이 되었다. 이러한 변화는 정적에서 동적으로의 변화를 촉진시켰다. 그래서 본 연구는 문화적 요소 사이의 관계를 과정으로서 기술하는 것에 의해서 역동성의 관점에서 샤인(Schein)의 이론을 재구성하였다. 조직문화 이론의 역동적인 변형의 이점은 그것에게 제시되는 새로운 질문에 있다. 샤인(Schein)의 관점은 기본적인 가정에 대해서 어떠한 인공물과 가치가 나타나는가에 관심을 집중하였다. 반면에 역동적인 관점은 문화는 가정, 가치, 인공물, 그리고 그것을 연결하는 과정들이 어떻게 구성되어 있느냐에 대한 질문을 하고 있다. 그리고 샤인(Schein)은 문화가 어떻게 변화하고 변화될 수 있느냐를 탐구하지만, 역동적인 관점은 동일한 과정의 결과로서 변화와 안정을 인식하고 있다. 문화적 역동성은 샤인(Schein)의 관심을 손상시키지 않고 조직문화에 대한 보다 복잡한 과정에 기초한 이해를 위해서, 샤인(Schein)의 한계를 넘어서는 것이다. 새로운 조직문화의 역동성 모델에 따르면 문화는 명시화(manifestation), 현실화(realization), 상징화(symbolization), 해석화(interpretation)의 과정으로 구성된다(Hatch, 1993).

1) 명시화(manifestation) 과정: 가정과 가치와의 관계

샤인(Schein)은 문화적 가정을 문화의 본질로 규정하고 가정이 가치의 근간이라고 제안했으며, 인간은 알려진 가치에서 가정을 추론한다고 주장했다. 그러나 그는 문화를 구성하고 재구성하는 데 있어서 가정의 적극적인 역할에 대해서는 언급하지 않았다. 문화적 역동성의 관점에서, 명시화는 문화적 가정이 조직구성원의 지각과 감정에서 드러날 수 있도록 허용한다. 즉, 명시화는 무형의 가정을 인식 가능한 가치로 전환하여 조직문화의 구성에 기여한다.

문화적 역동성 모형에 의하면 명시화는 두 가지 방식으로 나타난다. 하나는 가정이 가치에 적극적으로 영향을 미치는 과정을 통해, 그리고 또 다른 하나는 가치인식의 소급 효과가 가정에 미치는 영향을 통해 발생한다. 전자는 선제적 명시화(proactive manifestation)이고 후자는 역행적 명시화(retroactive manifestation)이다. 선제적 명시화는 가정이 세상과 조직에 대한 인식, 생각, 감정에 미치는 영향을 기대하게 한다. 이러한 인식, 생각, 감정은 세상과 조직에 반영하는 것으로 경험된다. 구성원은 기본 가정을 의식하지 않고도 자신이 좋아하고 싫어하는 측면을 인식한다. 인간은 게으르다는 가정을 생각해 볼 수 있다. 문화적 역동성 관점에 따르면, 이 가정은 게으름에 대한 기대를 만들어내고, 이는 게으른 행동에 대한 인식으로 이어진다. 이러한 인식은 다른 명백한 가정과 결합하여 이러한 행동에 대한 생각과 감정에 영향을 미친다. 예를 들어, 성공이 지속적인 노력에 달려 있다고 가정하는 조직에서 게으름은 부정적인 행동으로 여겨질 가능성이 높고, 게으름에 대한 인식과 그에 대한 부정적인 생각과 감정은 게으름을 통제하기 위한 가치로 쉽게 발전할 수 있다. 한편, 게으름 가정은 인간은 게으르기 때문에 이런 식으로 행동할 것이라고 생각한다. 이는 근면한 행동에 대한 기대를 억제하는 데 작용한다. 그리고 이러한 행동에 대한 지각, 생각, 감정이 제약을 받게 된다. 게으른 사람들에게 자율성을 부여하면 거의 확실하게 노력하지 않을 것이기 때문에 이러한 억제는 자율성에 대한 가치를 억제한다. 이는 가치 집합에서 잠재적으로 경쟁하는 가치를 제거함으로써 통제에 대한 가치를 더욱 뒷받침하게 한다. 즉, 자율성은 조직의 성공이 노력에 달려 있다는 가정과 양립할 수 있지만, 게으름의 가정은 노력/자율성 가치 집합을 방해하고 노력/통제 가치 집합을 뒷받침한다. 예를 들어, 특정 가정과 가치 사이에 일대일 대응관계가 없고, 오히려 가정은 전체론적인 방식으로 영향을 미친다. 문화적 가정은 상황에 대한 반응을 제공하는 일반적인 기대로 경험되며, 이러한 반응은 문화적 가치를 반영하고 구체화된다(Hatch, 1993).

역행적 명시화는 가정에 대한 가치의 기여를 다루고 있다. 가치는 기존 가정을 소급적으로 유지하거나 변경할 수 있다. 가정과 가치의 정렬은 조직구성원이 문화에 대한 가정을 확인함에 따라 기본 가정을 재확인한다. 가정의 소급적 변경과 관련하여 샤인(Schein)은 가정이 새로운 가치를 도입하고 이에 기인한 성공 경험을 통해 변경될 수 있다고 주장했다. 샤인(Schein)은 새로운 가치가 성공적인 결과를 제공하고 시간이 지남에 따라 유지 관리하면 당연하게 여겨지고, 그때 문화의 핵심 가정의 일부가 된다고 주장하였다. 이러한 현상이 일어나기 위해서는 새로운 가치가 도입될 때 기존 가정과 상충되어야 한다. 그렇지 않으면 아무런 변화도 일어나지 않을 것이고, 소급적 적용을 통해 기존 가정을 재확인하게 될 것이다. 문화역동성 관점에서, 일단 가치가 기본 가정에 출현하면, 그것은 출현한 가정을 재확인하고 뒷받침하는 소급적 효과가 있다. 물론, 가치가 다른 문화에서 수입되어 문화 영역에 진입하면, 문화는 일반적으로 기존 가정을 재확인하는 것과 동일한 소급적 과정을 통해 새로운 가치를 흡수할 수 있다. 가정은 구성원이 일반적으로 의식하는 현상이 아니기 때문에, 조직구성원은 일단 문화기반 가치와 다른 가치를 문화의 가치로 인식하면 구별하기 어렵거나 불가능하다고 생각할 것이다. 새로운 가치의 통합은 마치 재확인되는 것처럼 진행되지만, 대신 오래된 가치 사이에 새로운 가치가 존재하면 기본 가정을 재정렬하는 데 도움이 될 것이다. 그러나 새로운 가치가 문화의 일부로 소급적으로 받아들여지지 않으면, 명시화 과정은 이를 무시할 것이다. 가치는 문화적 가정의 명시화이기 때문에 문화에 기반을 두지 않은 가치는 다른 문화와의 접촉이나 조직문화와 무관한 어떤 힘, 예를 들어 무작위적 변화나 혁신을 만들어내는 사회화되지 않은 개인과의 접촉으로부터 시작될 수 있다. 이 경우 접촉 지점은 가치가 아니라 다른 사람이 실현한 사물, 아이디어 또는 행동으로 인공물일 가능성이 높다(Hatch, 1993).

2) 현실화(realization) 과정: 가치와 인공물 사이의 관계

에드가 샤인(Edgar Schein)은 인공물이 문화의 가장 구체적인 요소라는 점을 지적하였다. 문화적 역동성 이론은 현실화가 이러한 실체성을 가져온다고 주장한다. 일반적으로 무언가를 현실화한다는 것은 그것을 현실로 만들고 존재하도록 하는 것을 의미한다. 문화적 역동성 모형에서 선제적 현실화(proactive realization)는 가치를 의례, 의식, 조직 이야기, 유머 및 다양한 물리적 대상인 인공물로 변환하는 것을 의미하고 역행적 현실화(retroactive realization)는 인공물을 통해 가치를 선제적 현실화 이전과 다르게 만들어서 변형될 수 있는 잠재력이 있다. 따라서 문화적 현실화는 기대를 사회적 또는 물질적 현실로 변환하고 인공물을 생산하여 기존 가치를 유지하거나 변경하여 가치를 실현하는 과정으로 정의된다.

선제적 현실화에서 현실화는 기대와 그에 연관된 가치가 구체적인 결과를 가져오는 활동으로 이어지는 경우이다. 많은 다른 활동이 기대의 현실화에 기여할 수 있다. 여기에는 회사 제품, 공식 보고서, 내부 뉴스레터, 건물 등의 인공물, 회의, 회사 피크닉, 시상 연회, 사무실 파티 등의 조직행사, 공식 연설, 비공식 대화, 농담 등의 담론 참여, 이외에 문화적 사물이나 다른 문화권 구성원의 모방이나 물리적 운송을 통한 사물, 사건 및 언어적 인공물 유입이 있다. 공개적인 행동은 문화 이외에 지역적 상황과 즉각적인 사건의 영향을 받는다. 따라서 조직에서 일어나는 모든 일을 문화로 설명할 수는 없다. 문화 이외의 요인이 문화적 영향에 개방되어 있어 동일한 활동에 기여할 수 있기 때문이다. 따라서 선제적 현실화는 문화적 영향을 받은 활동이 인공물을 생산하여 주어진 가치나 기대가 어느 정도 구체적인 형태로 현실화되는 과정으로 정의된다. 인공물에서 기대의 표현은 조직 내 행동에 대한 비문화적 영향(예: 유전적, 특이적)의 결과로 나타날 수 있기 때문에 논리적으로 충분하게 설명할 수는 없다(Hatch, 1993).

앞서 언급한 인간은 게으르다는 가정, 예를 들어 조직이 낙오자로 가득 차 있다는 가정은 특정 사회적 및 물질적 형태가 나타날 가능성을 높이는 통제에 대한 가치에 기여한다. 예를 들어, 시간기록계, 일일 생산성 보고서, 성과 회의, 시각적으로 접근 가능한 사무실은 게으름을 통제하는 것을 중시하는 문화에서 허용되는 사고방식이다. 선제적 현실화는 명백한 기대가 인공물로 구체화되는 과정이다. 이 관점에서 인공물은 문화적으로 영향을 받은 활동의 결과물로 남게 된다. 따라서 시간기록계를 설치하고, 일일활동 보고서를 요청하여 제출하고, 성과를 평가하고, 시각적으로 접근 가능한 사무실을 구축하는 것은 모두 낙오자로 가득 차 있다고 가정되는 조직에서 기대를 실현하는 부분적 수단이다.

역행적 현실화의 예로서 아방가르드 예술과 같이 새로운 가치에 도전하는 새로운 형식의 예술작품은 예술계에서 자리를 차지하지 못하거나 거부당하지만, 시간이 지나면서 수용된다. 역행적 현실화는 이를 새로운 인공물과 가치의 재조정 과정으로 설명한다. 인공물은 기존 가치에 도전함으로써 적어도 일부 가치에 변화를 촉진하고, 관객들의 감상은 작품이 더 많은 청중에게 수용될 때까지 확산된다. 기업조직 내에서도 급진적인 혁신, 대담한 전략계획, 비전 재편의 도입을 둘러싼 유사한 효과를 관찰할 수 있다. 아방가르드 예술과 마찬가지로 이러한 새로운 인공물은 기존 가치가 새로운 문화를 수용할 수 있을 만큼의 능력에 따라 유지 혹은 사라진다. 가치 재조정에 필수적인 것은 새로운 인공물에 대한 감상의 임계 질량이 구축되어 이러한 확산이 역행적 현실화 과정 내에 자리 잡는 것이다. 물론 이러한 예와 같은 대규모 가치 재조정은 드물다(Hatch, 1993).

3) 상징화(symbolization) 과정: 인공물과 상징 사이의 관계

상징화는 인공물이 상징을 창조하는 순행적 상징화(prospective symbolization)와 상징이 인공물에 영향을 미치는 후행적 상징화

(retrospective symbolization)로 구분된다. 상징화는 문자의 영역을 뛰어넘는 의식의 확장을 의미한다. 상징연구자들은 상징을 보다 넓고, 추상적인 개념 혹은 무의식적인 의미나 혹은 의식적인 연상을 나타내는 것으로 정의한다. 기업의 로고, 슬로건, 이야기, 행동, 시각적 이미지, 은유 등은 조직 상징의 대표적인 대상들이다. 상징과 인공물은 구별할 수 없는 것으로 이해되기도 한다. 그럼에도 불구하고 문화적 역동성 관점에서 보면 차이가 뚜렷해진다. 예를 들어 장미 다발은 단지 꽃다발로서 뿐만 아니라 감상의 표현으로서 주어진다. 상징의 객관적인 형태는 냄새, 색깔, 조직, 배열 등과 같은 요소와 관련된 문자의 의미를 가지고 있다. 이러한 객관적인 형태와 문자 의미를 넘어서, 의미에 더하는 주관적인 연상이 존재한다. 이것들은 과거 장미 관련 선물의 경험과 개인적인 장미의 감상이나 그것과 관련된 역사, 장미와 관련된 중요한 친구, 연극으로부터 기억되는 장면이나 장미를 꽂아둔 화병의 선 등을 포함한다(Hatch, 1993).

한번 실현된 인공물은 문자의 의미를 지닌 객관적인 형체를 지니고 있다. 상징화는 인공물이 그것 주변이나 영역을 넘어서는 의미를 가지도록 다양한 의미로 합쳐진다. 상징화는 인공물의 객관적인 형태와 문자영역을 넘어서 존재하는 경험과 연결시키는 예정된 반응이다. 문화적 역동성 모형에서 인공물이 처음 나타나고, 조직구성원은 추가적인 문화적 과정을 통해서 인공물을 상징적인 형태로 인식할 것이다. 한번 인공물이 현실화되면 그것들은 상징화 과정을 통해서 지적인 이해를 위한 대상이 된다. 실재를 이해하는 능력은 상징적인 형태에 대한 개인의 인식에 의해서 제한된다. 문화적 역동성 관점에서 본다면 인공물이 문화적으로 중요한 대상, 사건, 담화와 같은 것으로 이해될 수 있다면 상징으로 변환될 수 있을 것이다(Hatch, 1993).

후행적 상징화는 인공물에 대한 의미의 지각을 높여준다. 문화적 역동성 관점으로부터 중요한 점은 모든 인공물은 상징영역 내에서 동일하게 인식되지 않는다. 후행적 상징화 과정에 의해서 어떤 인공물은 주어진 상황과 특정한 장소에서 다른 인공물보다 보다 많은 조직구성원들에게 보다 중요한 연상작용을 획득하게 된다. 인공물은 그 자체로서는 잠재적인 상징의 재료 영역으로서 남아있다. 기업의 지위 상징은 상징화 과정에 대한 예들을 설명해 준다. 커다란 책상 자체는 조직문화 내의 단순한 가구의 일종이다. 조직구성원들이 그러한 인공물에 의해서 제시된 상징적인 의미에 반응하지 않을 때, 책상 그 자체는 작업하는 표면, 종이와 필요한 물품을 보관하는 장소, 무릎에 타박상을 입히는 어떤 것 등의 문자적인 영역으로 남아있게 된다. 이것은 구성원들이 자신들의 상관과 부하, 동료의 책상과 비교해서 그들 자신의 책상에 대한 반응에 의해서 관찰될 수 있다. 이러한 상황에서 가구로서의 책상에 대한 구성원들의 경험은 그러한 인공물과 관련된 잉여의 의미가 지각과 기억 내에서 새겨지게 될 것이다. 그러한 인공물은 상징을 구성하게 되고, 그리고 이것은 높아진 상징적인 중요성에 의해서 다른 인공물들과 구별되는 소급된 상징화 과정을 불러일으킨다(Hatch, 1993).

4) 해석화(Interpretation) 과정: 상징과 가정 사이의 관계

해석화는 상징이 문화적 가정에 영향을 미치는 순행적 해석화(prospective interpretation)와 문화적 가정이 상징에 영향을 미치는 역행적 해석화(retrospective interpretation)로 구분된다. 상징은 해석을 허용하고 그것을 접한 사람들에 의해서 해석적인 여지를 제공한다. 다른 말로 하면, 해석이 수립한 의미는 순행적 상징화 과정에 의해서 합쳐진 문어적이고 잉여의 의미를 포함한다. 해석화는 상징화의 2번째 단계로서 경험을 포함한다. 다른 말로 하면 해석화에 의해서 만들어진 의미는 순행적 상징화 과정으로서 정의된 문자나 잉여 의미의 직접적인 연상의 부산물이다. 그럼에도 불구하고 두 번째 단계의 경험은 첫 번째 단계의 단순한 반복은 아니다. 현재의 상징은 이해가 발생하는 상징적인 네트워크와 관련되어 있다. 가정이 조직화되고 부분적으로 지식이 구조화되면, 지식을 구성하는 스크립트(script, 대본)와 스키마(schema, 개인의 인지구조)의 내용은 문화적인 가정을 나타나게 된다. 따라서 문화적인 관점에서 보면 가정들은 해석화 과정에서 이미 알려진 것들을 제공하게 된다.

후행적 해석화는 문화의 기본적 가정에 대해 이미 알려진 것으로부터 현재의 상징으로 이동을 포함한다. 각각의 새로운 이해의 단계는 사회현상의 해석에 대한 계속적인 수정을 포함한다. 후행적 해석화를 통한 상징적 의미의 변화된 해석과 순행적 해석화를 통한 문화적 가정의 수정이다. 문화적 역동성 관점에서는 해석화는 상징을 재구성하고, 현재의 경험과 미리 설정된 문화적 가정의 관점에서 기본 가정을 수정한다. 문화적 역동성 이론은 해석화를 통한 의미구축의 준거점으로서의 광범위한 문화적 체계를 불러일으킨다. 이는 현재의 상징화 경험을 문화적 맥락으로 만든다. 문화적 가정은 해석과정 중에 순간순간 노출이 되고 새로운 상징의 영향력에 노출이 된다. 이러한 과정에서 해석화를 통해 새로이 상징화된 내용을 문화의 핵심부로 끌어들이는 것을 가능하게 만든다(Hatch, 1993).

4. 조직문화의 통합적 접근

1) 인공물, 가정 및 가치의 통합

문화를 관리하는 가장 효과적인 방법 중 하나는 문화적 인공물을 활용하는 것이다. 문화적 인공물은 조직문화를 정의하는 데 도움이 되는 중요한 사람들 사이의 관계와 관련된 활동, 물리적 대상 및 물리적 공간의 사용이다(Higgins, Mcallaster, Certo, & Gilbert, 2006). 모든 문화적 의미는 인공물의 상징으로 창조될 수 있다. 말, 표정, 의복 등이 모두 상징이 될 수 있다. 상징은 어떤 것을 언급하는 대상 혹은 사건이다. 모든 상징은 3가지 요소를 포함하고 있다. 상징 자체, 지시대상(referent), 상징과 지시대상 사이의 관계 등 3가지 요소를 포함하고 있다. 이러한 3자 관계는 모든 상징적 의미의 기초가 된다. 상징 자체는 우리가 지각하고 경험하는 어떤 것으로 구성되어 있다. 우리는 색, 소리, 대상, 행동, 집단행동, 복잡한 사회적 상황을 경험할 수 있기 때문에 그것들은 상징이 될 수 있다. 모든 사회는 상징을 창조하는 많은 원천을 지니고 있다. 상징과 지시대상 사이의 관계는 의미에 있어서 3번째 요소이다. 지시 대상이 상징 속에서 부호화된다는 점에서 임의적인 관계이다. 이러한 부호화는 상징 자체에의 생각을 멈추고 그것이 언급하는 것에 관심이 집중될 때 발생한다. 한번 학습이 되면 우리는 상징적 기호를 당연하게 생각하며, 어떤 대상을 상징이 언급하는 것과 동일하게 간주한다. 의미는 상징과 지시대상을 포함한다. 우리는 이것을 지시적 의미(referential meaning)라고 부른다. 하나의 상징은 수많은 의미를 가지고 있을 수 있다. 관념론자들은 문화란 것은 사회성원들이나 연구자들의 머리 안에 존재하는 관념일 뿐이라고 주장한다. 관념론자들은 문화를 개개인이 갖고 있는 관념들의 집합체로 보기 때문에 문화란 것은 구체적으로 관찰된 행위유형이 아니라 그러한 행위를 규제하는 규칙의 체계라고 설명한다. 따라서 문화란 사람들의 경험을 해석하고 행동을 유도, 규제하는 의미와 상징의 체계로 정의한다(Geertz, 1973).

Van Maanen & Kunder(1989)의 연구는 조직생활에서 조직에 대한 조직구성원들의 감정을 어떻게 유지, 향상, 만들게 되는가를 상세하게 보여주고자 하였다. 첨단기업과 디즈니의 2개 조직에서 문화의 형성에는 첫째, 가치와 신념의 규정화가 중요하다. 둘째, 직원 사이의 밀접한 상호작용과 관계가 중요한 역할을 하였다. 셋째, 새로운 구성원에 대한 관심이 필요하였다. 넷째, 가치나 관행, 규범이 실현되는지에 대한 주의와 노력이 요구되었다. 한편 2개 조직의 조직문화는 구성원에 대한 통제장치 역할을 하였다. Disneyland의 문화는 첫째, 선택적, 단계적, 집합적인 사회화, 둘째, 종업원에 대한 감시, 셋째, 직원들의 감정관리, 넷째, 종업원의 작업강도가 강하다는 특징이 있었다. 첨단기업의 문화는 첫째, 자기 의식적이고, 둘째, 복잡성이 높으며, 셋째, 계층 간 불신이 존재하며, 넷째, 조직생활이 풍요롭고, 갈등, 도전적이었다. 조직문화를 디즈니와 첨단기업에 대한 기업의 의식(ritual), 이야기(story), 과업, 신화(myth), 의상, 용어를 통한 민족지(ethnography)로 분석하였다는 점에서 의미가 있다(Van Maanen & Kunder, 1989).

모든 조직은 조직운영의 의미를 제공하는 역사를 지니고 있다. 기업이 만들어지는 방식과 창업자의 개성, 기업 역사에서 어떤 위기 상황이나 어려움 극복에 대한 전설 등은 집단적으로 축적된 역사적 경험의 예들이다. 여기에서 사용되는 용어(부분적으로 기호학으로부터 차용)에서 이러한 요소들은 첫째는 통시적(diachronic)-통합적(syntagmatic) 차원으로 언급될 수 있다. 둘째는 공시적(synchronic)-전형적(paradigmatic) 차원이다(Berg, 1985).

2) 통시적(diachronic)-통합적(syntagmatic) 차원

통시적(diachronic)-통합적(syntagmatic) 차원에서 모든 조직은 발전과 진화의 역사와 전통을 지니고 있다. 이것은 조직 삶의 통시적 측면으로서 언급된다. 조직은 인간의 언어처럼 상징영역에서도 부분들로 의미 있는 전체를 이루는 통합논리를 가지고 있다. 창업이나 성장과정에서 형성된 조직의 무용담은 조직구성원들에게 상징적인 의미를 부여해 준다. 기업 역사에 대한 이러한 상징적인 재조직화는 복잡한 시스템의 하나의 차원으로 기능한다. 통시적-통합적 차원은 조직이 상징적인 세계에서 준거점을 창출하여 그들의 경험을 고착화시키려는 시도로서 설명한다. 어떤 행동들은 다른 행동들보다 시간이 흐름에 따라 보다 많은 흔적을 남겨 놓고 결과적으로 조직의 역사에서 준거점이 된다. 이러한 과정을 반복함으로써 인간 경험의 핵심을 형성하는 행동들은 실재로부터 추론할 수 있을 정도로 고착화된다. 무용담은 조직의 객관적인 역사와 동일하지 않다는 점을 주목하는 것이 중요하다. 무용담은 역사적 사건의 의미 해석과 재해석 후 구성하게 된다. 조직에서 역사적인 사건과 사실적인 자료가 있어도, 이러한 준거점에 부여되는 의미들은 매우 다를 수 있다. 강력한 힘을 지닌 행동들은 사건이 발생하고 난 후에도 오랫동안 문화활성화에 기여할 수 있다. 따라서 고착화된 사건들은 조직 내의 상징적 세계에서 준거점이 될 수 있고, 준거점은 현재의 해석을 유도하고 구성원들의 행동을 통제하는 데 활용될 수 있다. 또한 상징적인 형태로 저장된 이전의 경험들은 조직에서 학습을 나타낸다. 조직은 나중에 조직행동을 유도하는 데 필요한 집단적인 경험을 저장해서 영역으로 구분하고 해석하는 시스템을 보유하고 있다. 매일의 일상에서 나타나는 언어 속에 이러한 표현들의 집합은 조직행동에 강력한 영향력을 행사하는 전통이나 습관으로 언급될 수 있다. 상징적인 준거점은 조직의 삶에 있어서 대상, 개념, 이미지, 행동 또는 사람들로 구성된다(Berg, 1985).

3) 공시적(synchronic)-전형적(paradigmatic) 차원

공시적-전형적 차원에서 조직의 실재는 역사적으로 쉽게 추적할 수 없는 가치나 규범, 가정에 의해서 크게 영향을 받는다. 기업과 환경에 대한 이러한 가정들은 조직이 운영되는 방식에 대한 패러다임을 형성한다. 이러한 패러다임이나 가정의 패턴은 조직의 구조나 운영을 지배한다. 통시적-통합적 차원은 준거대상의 관점에서 상징적인 영역을 제공하고, 공시적-전형적 차원은 이러한 준거점 해석에 필요한 체계를 조직에 제공해 준다. 상징적인 관점에서 이러한 전형적 차원에 대해서 접근하는 많은 시도들이 있었다. 이들 중 하나는 조직은 신화에 의해서 지배된다는 논의이다. 또 다른 하나는 조직은 구성원들에게 제공되는 실재를 해석하는 준거시스템인 근본은유(root metaphor)에 의해서 지배되는 것이다. 2가지의 경우에 있어서 주요 논쟁은 세계를 바라보는 특정 방식인 공통적으로 공유되는 준거체계(frame of reference)나 근본 관점(underlying perspective)의 존재와 연관된다. 언어적인 코드처럼, 이러한 시스템은 시간과 공간의 범위 밖에 존재하고 실재하는 기업의 논리를 제공해 준다. 그것은 상징적인 세계에서 고착화되는 행동을 해석하기 위해서 사용되는 시스템 혹은 구조이다. 공시적 차원을 특징화하는 것은 의미가 하나의 실재로부터 다른 실재로 이동하는 은유이다. 은유는 기본적으로 인지-심미적인 차원에서 운영되고 반면에 지배적인 신화는 윤리-정서적인 차원에서 작동한다. 은유적 표현의 장점은 2개가 동일하다는 것은 아니고 유사하다는 것이다. 지배적인 신화로서 공시적-전형적 차원을 특징화하는 것은 조직구성원들에게 방향과 목적을 제공하는 보다 넓은 윤리적 세계와의 연결이다. 신화는 많은 역사적인 준거점의 원천이고, 신화는 조직가치의 기본적인 창조자이다(Berg, 1985).

4) 상징 변환으로서의 조직변화

조직의 변화는 잠재된 상징영역의 변환으로 볼 수 있다. 따라서 그것은 인간행동의 준거점의 변환이다. 조직의 변화는 구조나 전략적 현시보다는 정신-상징 패턴의 변환과 보다 많은 관련성이 있다. 상징적인 영역에서의 변화는 경험의 2가지 차원에서의 변화를 의미한다.

통시적-통합적 차원은 상징적인 표현(무용담, 전설 등)에서의 변화를 의미하고, 공시적-전형적 차원에서는 근본은유 혹은 지배적인 신화의 변화를 의미한다. 조직의 통시적-통합적 차원은 현재 조직의 해석에 필요한 내용들이 역사적으로 기호화되어 축적되고, 저장된 경험을 나타낸다. 따라서 조직의 근본을 재정의한다는 것은 현재 처리되고 저장되는 방식과 이전의 기업경험에 대해서 의문을 제시하는 것을 의미한다. 경험에 대한 상징적인 표현을 바꾸는 것은 과거의 준거점에 대한 재정의와 새로운 경험들에 대한 집단적인 창조나 해석을 통해서 가능하다. 이에는 기념일의 연설 등에 나타날 수 있는 기업의 무용담에 대한 평가, 기업활동에서 새로운 시대를 기념하기 위한 새로운 공장의 오픈, 새로운 사무실 건설, 회사명이나 로고의 변경, 최고경영자의 교체, 기업에 관한 기사에서 과거의 이야기 발간, 퇴사한 최고경영자의 신성시(혹은 그를 속죄양으로 만드는 것), 또는 역사적 영웅의 재창조(기술 혹은 경영과 관련)에 의해서 기업의 역사에 대한 재정의, 프로젝트의 출범, 혹은 특정한 행동에 대한 보상과 같은 특정 활동이나 사건의 기록 등이다. 이러한 예들은 과거의 상징을 강조하거나 혹은 새로운 상징을 창조함으로써 기업 자신의 정체성에 대한 변화 시도를 의미한다. 이는 무용담에 있는 어떤 특성을 보다 가시화하는 것에 의해서도 가능하다(Berg, 1985).

조직문화 변화에서 조직 근본은유의 변경은 문화변화의 중요한 토대가 될 수 있다. 근본은유(root metaphor)의 변화에서 은유는 기본적으로 언어적인 개념이며 하나의 대상을 다른 것과 비교하여 실재를 획징하는 의미를 갖는다. 환유와 비교해서 은유는 여러 단계에서 하나의 현상에 대해서 많은 함축을 가능하게 한다. 은유적 해석을 하는 사람은 은유의 특정적인 함축에 익숙하고 문화적 본질을 전달하는 이미지나 연상을 보다 쉽게 이해한다. 따라서 은유적인 사고는 전통적인 선형적 혹은 논리적인 사고와 비교해서 해석자의 마음속에 전체적인 이미지를 만들어낸다. 은유를 보다 특징화하는 것은 그것이 역설적인 요소를 포함하고 있다는 것이다. 하나의 사물을 비유하는 것에 의해서 하나의 현상은 다른 맥락과 유사한 상황에 의해서 최초 현상의 어떤 특성들이 부각될 수 있다. 은유적인 작업에서 가장 활동적인 요소들 중의 하나는 이렇게 맥락을 바꾸는 것이다(Berg, 1985).

공시적-전형적 차원의 기본적인 특성을 전달하는 2가지 방법이 이용될 수 있다. 하나는 이론구축에 있어서 주요 요소인 다양한 조직이나 혹은 환경에서 발생하는 현상의 본질에 대한 압축된 이미지를 얻는 의식적인 시도가 있다. 은유개념이 이용되는 2번째 방식은 근본은유이다. 은유가 이끌어지는 세상에 대한 기본적인 이미지이다. 이러한 관점에서 은유는 공시적인 순서장치이고, 이에 따라서 조직의 경험들은 기호화되고 분류된다. 근본은유를 바꾸는 것은 상징영역에서 매우 심오한 차이를 만들 수 있고, 이것은 조직구성원들의 전반적인 준거체계뿐만 아니라 조직의 무용담에 대한 내용과 형태까지 영향을 미칠 수 있다. 이에는 정책선언과 같이 직접적으로 표현된 것과 혹은 기업의 아이디어, 사업개념, 서비스 스타일 등과 같이 기업활동과 연관된 규범이나 가치를 통한 간접적인 표현이 있다. 간접적인 표현은 조직의 전반적인 기업정책의 변화, 기업의 로고나 슬로건 혹은 선언된 기본가치 등의 새로운 이미지, 조직이 존재하는 맥락의 재정의를 통한 기업의 사명이나 비전 등에 대한 완전히 새로운 재정의 등이 있다. 이러한 예들은 기업의 상징구조나 형태를 변화시키는 것을 나타내고, 이를 통해 조직의 실재를 다르게 해석한다(Berg, 1985).

지배적인 신화의 변화와 관련하여 신화는 고풍의-상징적(archaic-symbolic) 패턴을 나타낸다. 이러한 패턴들은 신화 속에서 메시지가 부호화되고 해석되는 그것들 자신만의 문법을 지니고 있다. 똑같은 의미로 상징적인 영역은 영웅 혹은 악당 등의 상징적인 활동가들, 전투나 충돌 등의 사건들, 특정한 방식으로 질서화된 행동들로서 신화적 성격의 구조적인 특성을 지니고 있다. 조직에서 신화를 보는 방법에 관한 합의가 거의 이루어지지 않고 있지만, 일반적인 가정은 신화는 문화적 가치를 표현한다는 것이다. 이런 형태로 본다면 신화는 무용담의 고고학적인 차원에 반대되는 의미로서 목적론적인 차원의 특징을 지니고 있고 조직이 미래로 향하는 데 필요한 방향감각을 제공해준다. 신화는 변화가 쉽지 않다. 그것들은 가치가 강하게 실린 관점에서 기호를 통해 조직의 가치-논리를 표현한다. 신화를 통한 가치시스템은 조직과 조직구성원들에게 무의식적으로 잠재된 깊은 목적을 표현한다(Berg, 1985).

기업은 자신들의 신화를 만들기 위한 많은 시도를 한다. 신화 만들기는 조직변화에 있어서 적극적인 수단이 될 수 있다. 신화들은 고풍의 상징적인 패턴에 깊은 뿌리를 두고 있다. 그리고 그것들은 접근이 용이하지 않다. 이는 재정의되는 개념들, 내상들, 영역들, 역사적인 사람들에 부여된 의미에 있어서의 변화를 의미한다. 이러한 변화는 기존의 전반적인 상징영역을 변화시키지 않은 채 새로운 상징의 도입을 의미하기도 한다. 재구성(reframing)은 개념이나 정서 상황에 있어서의 변화와 하나의 상황에서 경험되는 관점의 변화 등을 의미한다. 재구성되는 맥락의 전이 혹은 근본은유, 조직의 지배적인 신화의 변화는 상징영역에서의 전반적인 구조의 변화이다. 전략적 변화의 문제는 다른 맥락을 창조하는 재구성화의 이슈이다. 맥락에의 의존은 조직의 사명이나 비전과 같은 조직의 관점과 함께 그것이 무엇을 나타내는지, 조직의 특성과 성격을 나타내는 조직의 정체성을 의미한다. 조직은 자신들의 환경을 재창조하고 새롭게 인식한다. 그것은 조직에 대한 재정의(redefinition)를 통해서 이루어진다. 어떤 조직은 환경에서의 변화를 심각한 위협으로 간주하지만 다른 기업은 그것을 기회로서 인식한다. 맥락으로서 환경을 다루는 것은 상징적인 실재로서 정의의 문제가 포함된다. 구조가 상징적인 접근방법으로 적용되기 위해서는 조직구성원들의 마음속에 존재하는 집단적인 의미와 정신적인 구조에 집중하여야 한다. 전략은 잠재되어 있는 기업신화에 대한 의식적인 형성을 의미한다. 전략은 계획으로서 구성원들에게 보여지는 것이 아니라 집단적인 이미지로서 보여진다. 구조는 정체성으로서, 전략은 정신적인 지침을 의식적으로 발전시킨 프로파일로서 언급될 것이다(Berg, 1985).

사례 4: 웅진그룹

웅진그룹은 1971년부터 10년간 브리태니커 영업사원을 경험한 창업자 윤석금에 의해 1980년부터 출판 사업을 시작하였다. 윤석금 창업자는 입사 후 1년 만에 전 세계 브리태니커 영업사원 중 실적이 가장 많았을 정도로 영업에 대해서는 일가견을 지니고 있었다(장용선 · 부기철, 2018). 높은 성장률을 유지하던 2000년 웅진출판의 판매조직은 3개 본부 2만 3,000명으로 구성되어 있었다(웅진, 2010; 웅진닷컴, 2000). 웅진그룹은 1980년 창업되어 빠른 성장을 이룩하였고 2011년에는 재계순위가 31위가 되었다. 웅진그룹의 성장과 발전은 방문판매 조직에 의해서 주도되었다. 방문판매 조직에서 형성된 경영철학, 기업문화, 판매기법은 뒤이어 만들어진 사업조직들에 확산되어 웅진이 발전하는 데 핵심 가치가 되었다. 웅진의 판매조직이 높은 성과를 달성하고 다른 기업이 모방하기 어려운 조직역량을 갖추게 된 배경에는 조직에서의 활발한 상징적 활동이 중요한 역할을 하였다(웅진닷컴, 2000; 장용선 · 부기철, 2018).

웅진에는 해당 구성원들이 주로 사용하는 고유한 용어들이 많이 있다. 예를 들어 웅진에서는 조직구성원들 모두를 '웅진식구'라는 용어를 사용해서 불렀다. 이는 구성원들 사이에서 친밀감과 가족의식을 높이는 기능을 하였다. 웅진에서는 학습지 교사보다는 '교육전문가'라는 말을 주로 사용하였다. 웅진의 판매인은 '교육컨설턴트'라고 부른다. 또한 웅진의 판매조직에서는 '신명'이라는 말을 자주 사용하는데 이는 구성원들을 지속적으로 재창조시키는 것을 의미한다. 또한 웅진의 구성원들은 새로운 판매원을 영입하는 것을 의미하는 '하이어링(hiring)'이라는 말을 자주 사용한다. 웅진은 혁신을 일상화하고 친근한 활동으로 만들기 위해 '신기통통'(독서모임), '상상오션'(제안제도), '마술피리'(개선 프로그램), '이노페스티벌'(혁신발표회), '이노홀릭'(창조연구활동), '지우잡 및 행가래'(업무습관 혁신), 신기혁신 자랑대회, '이노밸리'(사내벤처 육성), '브리보'(글로벌 체험제도) 등 혁신과 관련된 다양한 용어를 사용하였다. 또한 씽크빅 교사들에게 가장 민감한 용어는 회원의 이탈을 의미하는 '휴회'이다(장용선 · 부기철, 2018).

그리고 웅진의 사무실은 인화와 봉사 정신이 구성원들 사이에 자연스럽게 확산되게 하기 위해 밝은 색을 많이 사용하였다. 파주 사옥은 건물 전체가 유리벽으로 되어 있어 투명성을 강조하고 내부는 순환구조 형태이다. 1층 로비에는 국내 최대 규모의 출판전문 도서관이 있다. 이는 출판사의 정체성과 개방성, 의사소통을 강조한다. 조직의 슬로건은 '필요한 사람에게 필요한 자료를 판매하기 위해 방문판매를 실시한다.' 이외에 다른 슬로건은 '성공에는 인내가 필요하다.', '나는 나 자신을 믿는다.', '웅진에서 역사를 만드는 사업처가 되자.', '매일 데이트하러 나가는 기분으로 출근하자.', '웅진 방문판매사업본부에 새로운 비전의 상징이 되자.'라는 슬로건 등이 있다. 웅진의 향상의식에는 다양한 시상제도, 능력별 승진제도 등이 있다. 그리고 다양한 교육과 훈련을 중심으로 개선의식이 수시로 행해지고 있었다. 웅진 구성원들은 다양한 통과의식을 통해 전문판매인으로 성장하였다. 통합의식을 통해 조직을 이해하고 조직에 대한 몰입을 높였다(장용선 · 부기철, 2018). 웅진은 상징적 용어, 물리적 상징, 각종 의식 등을 통해 '사람중심의 방문판매 조직'이라는 공유가치를 강화하였다.

5. 조직문화와 리더십

조직은 다양한 상황에서 어려운 문제에 직면할 가능성이 높은데 리더십의 중요한 기능은 이러한 문제를 해결하는 것이다. 조직의 상징을 관리하는 문화적 리더십은 이러한 역할을 할 수 있다. 조직은 경영자들에게 상징관리의 중요성을 강조함으로써 조직문화의 중심으로서 경영자를 이해하는 데 많은 도움을 줄 것이다(Alvesson, 1995). 조직문화의 가치를 구체화하고 이를 통해 조직의 역량을 키우는 리더는 영웅(hero)이라는 상징적인 의미로 표현할 수 있다(Deal & Kennedy, 1982). 조직문화를 관리하는 방법에 익숙한 영웅으로서의 리더들은 문화적 현상을 정확하게 인식한다. 한국의 삼성그룹과 현대그룹, 미국의 GE, P&G, IBM 등의 창업자들은 현재 생존해 있지 않다. 하지만 과거부터 현재까지 해당 조직의 구성원들에게 신화와 전설로서 창업가치가 이어져 오고 있다. 비전제시의 리더는 타고난 영웅이며, 상황을 극복한 리더는 상황에 의해서 형성된 영웅이다. 강한 기업문화를 이끄는 경영자들은 문화의 형성과 지원을 유도하고, 문화적 가치의 갈등과 관리가 주된 직무이다. 무용담은 변화에 대응하는 리더십을 통해 시작된다. 무용담의 시작 단계에서는 리더의 카리스마를 통해 아이디어의 확산과 구성원들의 몰입이 필요하다. 그리고 실현 단계에서는 프로그램, 사회적 기초, 하위문화, 무용담의 이미지 등이 중요한 요소이다(Clark, 1972). 조직문화에서 리더십과 영웅, 무용담, 신화, 의식(rites), 이야기(story) 등의 상징과의 관계를 깊이 이해함으로써 문화적 리더십을 실행하는 데 도움이 될 수 있을 것이다.

문화적 리더십의 요소는 경영자의 자질, 상황 인식, 비전과 사명감, 부하의 귀인, 리더십 행동, 성과, 관리행동, 이념이나 가치의 사용, 새로운 혹은 기존의 전통 형태로 구성된다. 이 9개의 요소를 통하여 혁신이나 유지의 문화결과에 대한 차이를 설명할 수 있다(Trice & Beyer, 1991). 조직이 창업 단계, 형성 단계, 성장 단계로 넘어가는 과정에서 조직에는 새로운 가치가 형성된다(Siehl, 1985). 조직의 창업기, 중년기, 성숙기 및 쇠퇴기에 적합한 리더십이 있다. 창업기의 리더에게는 비전제시, 명확하고 일관적인 메시지 전달, 인내력 및 지속성이 필요하다. 중년기의 리더들은 문화와 전략, 구조, 절차 등과의 관계를 파악할 줄 알아야 한다. 이와 아울러 이 시기 리더들에게는 조직문화의 영향력, 조직문화 변화를 위한 진단기술, 조직문화의 역기능적인 측면의 이해도 요구된다. 성숙기나 쇠퇴기의 리더들에게는 조직문화의 변화 역량을 갖추는 것이 요구된다. 리더의 조직문화 관리는 형성을 설명하는 1차적 메커니즘과 강화를 설명하는 2차적 메커니즘이 있다. 문화형성 메커니즘에는 평가에 대한 리더의 관심, 주요 사건이나 위기상황에서 리더의 대응, 자원배분 기준, 역할모형, 교육, 코치, 보상과 지위 할당 기준, 모집, 선발, 승진, 은퇴, 파면 기준 등이 있다. 먼저 2차적 메커니즘은 1차적 메커니즘과 일관성을 이뤄야 한다는 단서가 있다. 2차적 메커니즘에는 조직설계와 구조, 조직시스템과 절차, 조직의 의식과 의례, 물리적 공간과 외관, 구조물의 설계, 중요한 사건과 사람들에 대한 이야기, 조직의 철학, 신조, 설립강령 등의 공식적 언명이 있다. 1차와 2차적 메커니즘의 일관성은 조직의 이념형성에 긍정적인 역할을 하고 비공식적인 사항들을 공식화로 진행하게 한다(Schein, 2004).

사례 5: 오이솔루션

오이솔루션은 글로벌 광통신 부품기업으로 2003년에 설립되었고 코스닥에 등록되어 있다. 창립멤버는 미국의 벨과 루슨트 연구소에서 오랜 시간 동안 경력을 쌓은 박용관 대표와 삼성 출신 연구인력 등 총 8명이다. 박용관 대표는 삼성 출신 연구원들을 포함해 8명이 투자해서 시작한 오이솔루션의 출발이 어려웠다고 밝히고 있다. 오이솔루션의 발전 단계는 2003년 12월부터 2006년 설립기, 2006년 중순부터 2014년 코스닥 상장까지를 성장기, 2014년 이후는 도약기이다. 오이솔루션의 매출액은 2004년 4억원, 2005년 8억원, 2006년에는 80억원으로 급격하게 증가하였다(장용선, 2017b).

오이솔루션의 조직문화는 한국과 미국 기업의 특성 조합을 바탕으로 글로벌 지향, 수평적 분권화, 개방성의 문화적 가치가 두드러지게 나타났다. 한국과 미국 기업의 특성 결합은 글로벌 지향에 적합하였다. 그리고 글로벌 지향의 가치는 조직의 목표이자 수단으로 전략과 관계가 깊다. 수평적 분권화와 개방성은 조직 내부의 관리와 통합에 필요한 문화적 가치이다. 오이솔루션 공동 CEO 2명은 각각 미국과 한국의 광통신 분야에 수십 년 동안 종사하였다. CEO 중 박용관 대표는

1년 중 반을 해외에 체류하면서 국내 및 해외 영업을 총괄하였다. 또 다른 한명은 제조와 공장운영 분야를 담당하였다. 공동 CEO 2명은 같은 분야를 연구하여 창업 이전부터 서로 교류가 있었다. 미국에서 많은 경험을 쌓은 박용관 대표는 미국 스탠포드 대학교 물리학 박사학위 출신이고 2003년 창업 당시 54세였다. 그는 미국 벨연구소의 수석 연구 엔지니어였으며, 루슨트연구소에서는 논문집필과 특허개발 활동을 주로 하였다. 창업자가 오래 근무한 벨연구소는 출신국가를 구분하지 않고 다양한 국가에서 온 사람이 모여 구성된다. 벨연구소는 4차 산업혁명의 핵심 기술인 반도체(트랜지스터)가 최초로 개발된 조직이다(장용선, 2017b).

박용관 대표는 조직구성원들의 다양성과 창의성을 강조하였다. 이러한 가치중시는 미국 조직에서의 경험에서 주로 나온 것으로 볼 수 있다. 그는 오이솔루션이 성장할 수 있었던 배경으로 외국계 기업이 지니고 있는 치밀함과 한국계 기업의 빠른 업무속도의 결합을 꼽았다. 이를 통해 일반적인 한국 기업이 지니지 못한 기업문화를 갖추고 미국 고객에게는 미국 기업이 지니지 못한 속도감을 보여주었다는 점을 강조하였다. 박용관 대표는 "한국인들이 몰두하는 모습을 외국 클라이언트들은 이를 긍정적이면서 열정적이라고 봅니다. 그리고 한국 기업 특유의 융통성과 집중력으로 사업진행을 합니다. 미국과 한국의 장점을 최대한 조화롭게 활용하고 있습니다."라고 하였다. 오이솔루션의 나머지 창립멤버 6명은 삼성전자 출신이었다. 따라서 삼성전자의 조직문화는 오이솔루션 조직문화 형성에 일정 부분 영향을 미쳤을 것으로 볼 수 있다. 삼성전자의 기업문화는 목표지향성이 강하며 업계 제일주의 문화를 유지해왔다. 한국과 미국 조직의 조화는 직원평가에서도 이를 엿볼 수 있다. 오이솔루션은 경쟁 강조의 성과평가시스템을 시행하지만 저성과자에 대해서는 불이익보다는 개선을 강조한다. 따라서 오이솔루션의 가치는 성과주의와 한국적 온정주의가 반영되어 있다. 또한 이 회사는 새로운 시도를 장려하고 실패를 인정하는 문화이다. 또한 오이솔루션은 전문경영자 중심의 미국식 지배구조를 지향하였다. 오이솔루션은 한국 기업의 장점인 속도와 강한 추진력도 겸비하였다. 그리고 창립 멤버들은 오이솔루션의 글로벌화와 혁신을 강조하였다. 이는 오이솔루션의 첫 고객이 미국 기업이었다는 사실을 통해서 확인할 수 있다. 그리고 매출액 비중도 국내보다 해외시장이 컸다. 박용관 CEO는 창립 초기부터 해외시장을 목표로 사업활동을 전개하였다. 또한 오이솔루션은 영업회의를 영어를 사용하여 매주 글로벌로 진행하였다. 오이솔루션의 조직문화는 단순한 관리과정, 원활한 의사소통과 유연함, 그리고 강한 분권화가 특성이다. 오이솔루션은 사업 초기 단계부터 분권화를 지향하였다. 구성원들과 기업과의 일체감과 분권화논 오이솔루션의 혁신능력을 향상시켰다. 명확한 조직의 비전과 가치 및 분권화는 조직운영의 지속성, 일관성, 장기적인 방향유지, 낮은 이직률, 구성원들의 높은 조직몰입과 밀접한 관계가 있었다(장용선, 2017b).

오이솔루션은 벤처기업으로서 개방성을 지향하였다. 예로 금요일 점심시간을 이용해 열리는 간담회에서 조직구성원들은 개방적 분위기에서 새로운 아이디어 혹은 업무에 대해 자신들의 의견을 밝힌다. 그리고 사원대표단과의 간담회와 매달 실시하는 직원 만족도 조사는 직원들의 만족도를 높이기 위한 의견조사의 기능을 한다. 오이솔루션은 재무상태와 현금 현황을 상세하게 공개하였다. 오이솔루션에는 임원주차장이 별도로 없으며 CEO 집무실도 처음에 정정해진 장소는 회의

실로 사용되고 있고 그 뒤에 정한 장소는 소규모이고 개방되어 있다. 오이솔루션은 19개 팀을 팀당 평균 15명으로 구성하여 팀 중심으로 조직을 운영하고 있으며 인사고과와 급여에 관한 의사결정권을 대부분 팀장에게 위임하였다(장용선, 2017b).

사례 6: 미국의 메이요 병원(전 세계 종합병원 중 최상위 병원 중 하나)

메이요 병원의 창업자인 윌리엄 메이요와 찰스 메이요 형제의 아버지인 의사 윌리엄 워럴 메이요(William Worrall Mayo, 1819~1911)는 영국에서 미국으로 이민해 미네소타주 로체스터에 정착하였으며 1864년에 개인 병원을 개원하였다. 윌리엄은 프란치스코 수녀회와 손을 잡고 종합병원인 세인트 메리 병원을 1883년에 개원했는데 이 병원이 메이요 병원의 전신이다(https://namu.wiki/w/메이요%20클리닉). 병원의 역사를 살펴보면 창업자들의 가치와 이념이 메이요 병원의 경영에 강하게 반영되었고 이러한 전통이 현재도 유지되고 있다.

형제인 윌리엄 메이요와 찰스 메이요는 아버지의 이념을 이어받아 1910년에 메이요 병원(Mayo Clinic)을 설립하였다. 창업자 형제에 따르면, "환자를 위한 최선의 이익만이 고려되어야 한다." 그리고 "의학을 협동 과학으로 개발하는 것이 필요해졌다."는 점을 강조하였다. 메이요 병원의 사명 선언문은 1910년 이래 핵심 가치를 유지하고 있다. 은퇴한 메이요 병원 의사인 로버트 워커(Robert Walker)에 따르면, "메이요 병원의 리더와 직원은 창업자가 정한 핵심 가치를 유지하고 그 이외에는 모든 것을 바꾸었다."라고 하였다. 병원의 핵심 가치와 사명이 회의 참석자들의 이야기를 통해 자주 회상되었다. 미네소타주 로체스터에 있는 메이요 병원을 방문하면, 환자의 관심을 최우선으로 하는 인용문이 곳곳에서 볼 수 있다. 메이요 병원 의사는 환자와 치료에 대해 상의하여야 하는 가치를 강조하기 위해 컨설턴트로 불린다. 보상 시스템도 병원의 가치와 선언된 사명을 강화하는 형태로 설계되었다. 모든 메이요 직원은 정기 급여를 받으며, 진찰한 환자 수나 수행한 시술 수에 대한 인센티브는 지급되지 않는다. 메이요 병원의 채용절차는 사명 선언문과 직접 관련이 있다. "환자를 위한 최선의 이익만이 고려되어야 한다."라는 사명 선언문은 진료에 대한 다양한 분야의 통합된 접근방식의 실천을 요구한다. 환자는 의사가 모든 것을 알고 있으며 실수를 하지 않기를 기대한다. 메이요 병원은 복잡하면서 어려운 의학적 문제가 있는 환자를 유치한다는 점을 감안할 때 이는 비합리적인 가정으로 여겼다. 따라서 메이요는 의사가 팀 플레이어가 되기를 요구한다. 메이요 병원에서 환자는 전문가 팀에 의해서 진료를 경험한다. 환자는 자신의 의학적 상태를 의사들의 통합과 조정에 의해 구성된 팀에 의해 효과적인 진료를 받을 수 있다고 인식한다(Jarnagin & Slocum, 2007).

스토리텔링은 메이요 병원의 사명과 가치가 직원들의 일상적인 의사결정에 어떻게 스며드는지를 보여준다. 전해 내려오는 한 가지 이야기는 중증 환자인 새 신부의 어머니에 대한 것이다. 새 신부는 의사들에게 자신의 어머니가 딸의 결혼식에 참석하기를 얼마나 강렬히 원하는지에 대해 말했다. 의사들은 새 신부의 소원을 중환자 치료 담당 관리자에게 전달하였다. 의사들로 구성된 통합 팀은 어머니의 상태를 통제할 수 있었다. 몇 시간 만에 병원 아트리움은 꽃, 풍선, 색종이로 장식된 결혼식 서비스를 위해 준비되었다. 또한 직원들은 케이크를 제공했고 간호사는 환자의 머리와 화장을 준비하고 옷을 입히고 침대를 아트리움으로 옮겼다. 그리고 자원봉사자가 피아노를 연주했고 사제가 예배를 진행했다. 모든 층에서 병원 직원과 방문 가족이 아트리움 발코니를 둘러싸고 있었다. 이 장면은 환자와 가족에 대한 병원에서의 보살핌의 증거를 제공했을 뿐만 아니라 직원들에게 환자의 요구가 우선이라는 것을 강하게 상기시켰다. 메이요의 사제는 병원의 중환자실에서 부부의 결혼식 주례를 맡았다. 이 이야기에서 알 수 있듯이, 메이요 병원에서 팀 구성원들 사이의 조직적이고 협력적인 행동은 동료와의 협력뿐 아니라 환자와 협력하는 것을 의미한다(Jarnagin & Slocum, 2007).

메이요 병원은 의사가 독립적으로 일하면서 대인관계 역량은 부족한 일반적인 병원의 전문적인 스타 시스템을 피하고 팀 활동과 협력을 중시한다. 메이요 병원 문화는 직원들이 도움을 요청하는 것이 자연스럽고 누구에게 도움을 요청하는 것이 번거롭거나 어리석다고 느끼지 않도록 해준다. 직원은 언제든지 동료에게 전화하여 환자에 대해 논의할 수 있으며 상대방에게서 배울 수 있다고 믿는다. 따라서 메이요 병원의 문화는 의료 전문 분야들이 팀으로 구성되어 기능할 때 의료활동이 가장 효과적이라는 가치를 중시한다. 메이요 병원은 사명과 문화에 가장 적합한 구성원들의 역량을 명확히 하였다. 고품질의 치료와 서비스에 전념하고, 낙관적인 근무 태도를 확산시키고, 열정적이고 수완이 있으며, 외적 보상에 얽매이지 않은 강력한 근무윤리를 유지하며, 의료활동과 문화적 다양성에 대한 통찰력을 보여주고, 협력적으로 일하기를 열망하는 사람을 찾는다(Jarnagin & Slocum, 2007).

메이요 병원의 창업자들처럼 리더는 직원들이 하는 이야기를 기록한 살아있는 책을 만들어야 한다. 살아있는 책은 회사의 사명 선언문과 가치에 생명을 불어넣기 위해 필요하다. 책에는 직원들이 조직의 가치를 실행하는 이야기가 담겨야 한다. 이는 조직의 사명과 가치를 반영하여 발전하는 신화의 모음이 되어 조직의 우수성을 정의하는 길잡이가 되어야 한다. 조직활동을 정리한 책은 관리자가 회의에서 자신들이 추구하는 영웅적 행동유형을 강화하기 위해 사용할 수 있다.

조직의 문화와 전통에 대해서는 구성원들 사이에서 구전되어 역사로 존재할 수 있지만, 조직이 커질수록 이러한 이야기를 조직에 합류하는 새로운 사람들에게 효과적으로 전달하는 것은 시간이 지날수록 어려워진다. 따라서 조직은 조직활동을 다룬 책을 제작하여 배포하는 일을 공식화하는 것이 바람직할 것이다(Jarnagin & Slocum, 2007).

사례 7: 일본 도요타 자동차(최근 5년 연속 전 세계 자동차 회사 중 매출 1위)

기이치로 도요타는 매일의 일상적인 개선, 현장을 중시하는 현물 강조, 고객 우선의 가치를 중시하였다. 기이치로의 손자인 아키오 토요다 회장도 "상대방의 시선으로 일해야 한다"는 가치를 강조하였다(연합뉴스, https://www.yna.co.kr/view/AKR20231030093800003).

대부분의 기준에 따르면 도요타 자동차(Toyota Motor Corp.)는 세계 최고의 자동차 제조기업이다. 도요타 자동차는 품질과 신뢰성으로 유명하며 이런 특징에 대해 수많은 인용을 받았으며 일반적으로 가장 높은 인정을 받고 있다. 도요타는 "우리는 더 높은 목적을 위해 사명을 수행하고 있다."라는 가치를 강조한다. 신화적 리더십이 있는 회사에서 제조업체의 사명과 가치의 효과는 생산하는 상품의 품질과 서비스 방식에 표현된다. 회사가 지니고 있는 신화는 사명과 가치에서 진화하여

이 과정을 지원한다. 도요타 웨이 원칙과 요소는 '사람에 대한 존중'에 정의되어 있다. 사람에 대한 존중에는. 이해관계자에 대한 존중, 상호 신뢰와 책임, 성실한 소통이 포함된다. 팀워크에는 교육과 개발에 대한 헌신, 개인 존중으로 팀의 힘을 깨닫다는 것이 담겨 있다(Jarnagin & Slocum, 2007).

도요타는 제2차 세계 대전 이후 일본의 암울한 경제 상황으로 인해 1950년 4월 해고 금지 정책을 철회하고 직원 1,600명을 해고해야만 했다. 그 뒤를 이은 노동 분쟁 동안, 창업자인 기이치로 도요타는 회사의 문제에 대해 전적인 책임을 지고 사임했다. 도요타 경영진은 앞으로 해고를 피하기 위해 모든 노력을 다할 것이라고 다짐했고, 직원들과의 상호 신뢰와 존중의 성신늘 개발하기 위해 노력했다. 그 이후로 회사 경영진들은 비슷한 상황을 피하기 위해 신중한 계획과 린 생산을 사용해 왔다. 도요타가 캘리포니아의 롱비치 제조 공장을 인수했을 때, 그는 도요타 생산시스템에 맞추어 시설을 업그레이드했다. 이러한 공장 재조정에 따라 원래 335명의 직원 중 공장운영에 300명만 필요했다. 그러나 도요타는 그들을 해고하는 대신 2년에 걸쳐 공장 안에서 다른 일자리를 찾아주었다. 수년에 걸친 이와 같은 조치는 회사 경영진과 직원 간의 신뢰 강화에 중요한 역할을 했다. 도요타는 내부적으로 '고객이 우선, 딜러가 두 번째, 제조업체가 마지막'이라는 말을 사용하였다. 초기에 렉서스는 자동차의 승차감을 개선하는 데 도움이 되는 부드러운 타이어 화합물을 지정했다. 이는 렉서스가 의도한 승차감을 제공했지만, 타이어의 수명이 짧아지는 원인이 되었다. 불만을 제기한 고객은 7%도 되지 않았지만, 렉서스는 타이어가 장착된 모든 고객에게 500달러 수표와 불편에 대한 사과를 보냈다. 이와 같이 도요타의 문화가 아무리 강력하더라도 회사는 2001년에 도요타 웨이(Way)를 공식적으로 문서화하여 회사 내에서 이를 강화하고 회사가 성장함에 따라 도요타 웨이가 약해지지 않도록 했다(Jarnagin & Slocum, 2007).

6. 조직문화 관점

조직문화의 관점에는 통합, 차별, 분할(fragmentation) 관점이 있다(Martin, 1992). 통합 관점은 조직 전체의 통일된 문화의 존재를 인정하는 관점이다. 일반적인 조직문화는 보통 이 관점을 의미한다. 이 관점은 부서와 같은 공식집단과 조직 내의 다양한 비공식집단의 존재에도 불구하고 조직에는 이를 통합할 수 있는 단일문화의 존재를 인정한다.

〈표 1〉 문화에 관한 3가지 관점

관 점	통 합	차 별	분 할
공유와 동의	조직전체	하위문화	공유와 동의 없음
문화 표현	강한 일관성	조직 내 비일관성	명확한 일관성 혹은 비일관성 부재
모호성	모호성 제외	하위문화들 사이에서 관찰	모호성 자체에의 집중

통합 관점과 관련하여 조직문화의 강도는 특정 조직문화를 분석한 점수에 의해 판단될 수 있다. 조직문화 점수가 높을수록 조직문화가 강하거나 지배적임을 의미한다. 연구 결과 강한 문화는 구성원들 사이에서 문화적 가치나 규범에 대한 동질성과 관련이 있다. 조직에서

구성원들의 단결과 집중이 필요한 상황에서 강한 조직문화를 형성하기 위해서는 조직의 노력, 명확성, 집중력, 일반적인 비전을 필요로 한다. 조직문화 연구는 산업 간, 조직 간 문화의 강도를 비교할 수 있다. 이는 시간의 흐름에 따른 추세를 반영할 수도 있다. 조직문화의 일치성(congruence)은 조직문화의 다양한 차원들이 서로 조화를 이루고 있는 정도를 의미한다. 예를 들어 일치성이 높은 문화에서 전략, 리더십 스타일, 보상시스템, 직원 관리방식 및 지배적인 특성 모두 동일한 문화적 가치를 강조한다. 일치성이 높은 문화는 낮은 문화보다 성과가 높은 조직에서 더 전형적이었다. 문화적 불일치는 조직이나 환경에 대한 시각, 목표, 전략의 차이 등으로 이어지기 쉽다. 이러한 요인들은 조직구성원들의 에너지와 집중력을 빼앗을 수 있다. 한편 일시적인 불일치는 조직의 문제를 확인하거나 조명할 수 있고, 문화의 변화를 이끈다는 점에서 기능적 일 수 있다. 그러나 문화적 불일치는 장기적으로 효율성 측면에서 조직의 능력을 저해한다(Cameron & Quinn, 1999).

차별 관섬은 조직 내의 다양한 집단에 따른 하위문화의 존재를 인식한다. 이 관점에 따르면 조직 내의 단일의 문화보다는 집단에 따라 집단 고유의 강한 하위문화들이 다수 존재한다. 조직문화의 차별 관점은 조직에서 하위문화와의 존재와 밀접한 관계가 있다. 하위문화는 사업단위, 기능조직, 조직계층, 직업군 단위들에 의해서 형성되고 유지된다. 그리고 하위문화 창출의 원동력은 외부의 신문화, 기술혁신, 새로운 이념 형성, 조직 내의 반문화운동, 구성원들 사이의 동질화가 있다. 분할 관점은 조직에서 조직문화의 존재를 명확하게 확인하기 어려운 것으로 이해한다. 이 관점은 조직구성원들 각자의 개성이 강해 조직에서 가치의 공유를 확인할 수 없는 모호성에 주목한다(Martin, 1992).

조직문화의 3가지 현상은 조직에서 동시에 나타날 수 있다. 따라서 경영자들은 3가지 관점을 동시에 고려하는 것이 필요하다. 조직에는 조직문화와 관련하여 다양한 상황이 발생하고 경영자들은 이를 해결하여야 한다. 조직문화의 3가지 접근법은 이러한 상황에서 적절한 해결책에 대한 방향을 제시해 줄 것이다.

사례 8: 미국 GM

제너럴 모터스(GM)는 1908년에 설립된 미국의 대표적인 자동차 회사이다. 기업의 재무적 통제와 장기 전략에 대한 권한과 책임이 본사에서 이루어진다는 점에서 강력한 중앙 집권화를 이루고 있었다. GM의 존 드로리안(John DeLorean: 1956~1972년까지 GM에서 근무한 경영자)은 GM의 사업부 중 하나를 수년간 이끌었다. GM의 지배문화는 권위에 대한 존중, 순응, 충성심을 포함한 핵심 가치를 중시하였다. 권위에 대한 존중은 최고 경영진에게 경의를 표하는 것을 의미한다. 경영진을 지칭하는 데 사용된 특별한 언어는 권위에 대한 존중의 가치를 반영하고 있다. 그리고 최고 경영진의 사무실은 거대한 GM 본사 건물의 14층 끝에 I자 모양으로 위치해 있었다. 회사에서는 이 영역을 '14층'이라고 하고 이 사무실을 '임원진 열'이라고 불렀다. 이러한 최고 경영진의 높은 지위는 또한 부하들을 경멸적인 용어로 지칭하는 데 사용되었다. 각각의 최고 경영진에게는 보조 및 비서 역할을 담당하는 주니어 임원이 지정되었다. 이 부하들은 '개 도둑'이라고 불렸는데, 이 용어는 원래 개똥을 치우는 바람직하지 않은 작업을 할당받은 대형 저택의 하인을 지칭하는 용어였다. 또 다른 유형의 문화적 유물은 공식적인 의례였다. GM은 권위에 대한 존중을 보여주는 많은 의례들이 있었다. 예를 들어 부하직원은 공항에서 상관을 만나 가방을 들고, 호텔과 식사비를 지불하고, 밤낮으로 그들을 수행하며 운전해야 했다. 상관의 지위가 높을수록 비행기에 동행하는 사람이 더 많고 공항에서 기다리는 수행원도 더 많았다. 사업부 총괄 관리자는 최소 한 명의 임원과 함께 여행하고 공항에서 지역 공장 관리자, 지역 영업 사무소 책임자, 지역 홍보 책임자와 만나곤 하였다. 이사회 의장이 현장 사무실을 방문한다면 수십 명의 사람들이 그를 동행하고 그를 만나기 위해 모일 것이다. 공항 예절을 지키는 것은 단순히 사교적인 예의가 아니었다. 드로리안(DeLorean)이 공항에서 상사를 접대하지 않았을 때 GM문화의 본성이 드러났다. 상사는 드로리안의 샤워실로 달려들어 샤워실 문의 경첩을 거의 뜯어낼 뻔했고 분노를 비정상적으로 표현하면서 "오늘 아침 공항에 나를 맞으러 온 사람이 왜 없었어? 내가 온다는 것을 알았지만 아무도 없었어. 젠장, 나는 과거 공항에서 나의 상사를 수행하느라고 많은 시간을 보냈어. 이제 당신들이 나를 대신해서 이걸 해주어야 할 거야". 공항 의례는 임원의 업무 중 가장 중요한 일이었다. 드로리안이 이러한 의례의 준수를 거부한 것은 GM의 지배적 문화의 핵심 가치에 대한 저항이었다. 이는 상사가 지니고 있는 그의 권위에 도전하는 명확한 메시지를 전달한 것이었다(Martin & Siehl, 1983).

GM에서 두 번째 핵심 가치는 조용히 활동하는 것이었다. 이상적인 GM 직원들은 주목을 끌지 않고도 잘 적응하는 눈에 띄지 않는 사람들이었다. 1960년대 GM의 복장 규범은 어두운 정장, 밝은 셔츠, 조용한 넥타이 착용을 요구했다. 모든 직원이 동일한 유니폼을 입으면 단 한 명의 직원도 눈에 띄지 않는다. 사무실 장식에 대한 규칙도 눈에 띄지 않는 가치를 드러낸다. 14층에서도 사무실 장식은 표준화되었다. 카페트는 눈에 띄지 않는 청록색이었고 참나무 패널은 퇴색된 베이지색이었다. 드로리안이 본사로 승진했을 때 그는 더 밝은 카페트, 내부를 다듬고 염색을 다시 하였고, 더 현대적이고 기능적인 가구를 요청하였다. 사무실 장식 담당자는 "우리는 사무실을 몇 년에 한 번만 장식합니다. 그리고 모두 똑같이 합니다. 가구도 마찬가지입니다."라고 하였다. GM에서 세 번째 지배적 가치는 경영진과 상사에 대한 충성심이었다. 충성심의 가치를 표현한 지배적 문화의 의식 중 하나는 임직원들의 은퇴 만찬이었다. 만찬에서는 다른 의식과 마찬가지로 말해야 할 내용과 행사의 순서가 미리 정해져 있었다. 전형적인 은퇴 만찬은 은퇴자의 초기 경력과 배경을 설명하는 것으로 시작되었다(Martin & Siehl, 1983).

드로리안은 GM의 지배적인 문화에 저항하는 하위문화인 대항문화를 주도하였다. 먼저 그는 권위에 대한 존중에 도전하고자 하는 의사를 표명하였다. 드로리안은 공항에서 상관을 접대하는 관행을 자제하기로 결정했다. 그는 맨해튼 미드타운에서 미국의 출판기업인 맥그로힐(McGraw-Hill) 편집자 및 임원들과의 오찬에서 연설할 예정이었다. 당시 드로리안은 공항에서 맥그로힐 사무실까지 스스로 차를 운전하였다. 그 시간에 부하들은 상급자인 드로리안을 수행하면서 업무시간을 허비하는 대신에 자신들의 업무에 집중하였다. GM에서는 이를 맥그로힐 사건이라고 불렀다. 드로리안에게는 권위에 대한 존중보다 업무수행이 중요하였다. 또한 드로리안은 GM의 팀 플레이와 순응을 중시하는 가치에 대항했다. 대신 그는 의사결정 과정이나 전통적인 관행에 대한 직원들의 비판적 입장표명과 자율성을 중시했다. 그는 자신의 가치를 실천으로 뒷받침했다. 예를 들어, 그는 부서의 성과평가시스템을 변경했다. 드로리안은 주관적 기준보다는 가능한 한 객관적인 기준에 따라 성과를 측정하였다. 그는 이러한 가치를 문화적 인공물과 관행으로 강화해갔으며, 어떤 객관적 결과가 자신의 주관적 의견과 다르게 나오더라도 객관적인 성과평가 기준을 존중하였다. 또한 드로리안은 쉐보레(Chevrolet) 사업부의 사장으로 승진했을 때 사무실의 내부 장식을 획기적으로 바꾸어 조직의 지배적 가치와는 다른 문화적 인공물을 선택하면서 본사로부터의 독립을 상징화했다. 쉐보레 부문의 로비와 임원 사무실은 밝은 카펫으로 바꾸었고, 장식을 다듬고 다시 염색했으며, 현대적인 가구들로 교체되었다. 드로리안의 본사로부터의 독립과 대항의 가치를 중시하여 임원들은 '합리적인 한도 내에서' 사무실 인테리어를 개인의 취향에 맞게 디자인할 수 있었다(Martin & Siehl, 1983).

그리고 일명 쉐보레 코베어(Corvair) 참사는 조직의 지배적 가치인 충성심에 도전하는 좋은 소재가 되었다. 처음에 코베어는 혁신적이고 매력적인 제품으로 여겨졌다. 코베어는 여러 측면에서 젊은이들에게 호응을 받도록 설계되어 경주용 자동차 이미지를 강하게 보여주었다. 그러나 GM 직원들 중 일부는 코베어의 특성이 제어를 어렵게 만들고 고속에서 뒤집힐 가능성이 있다는 사실을 지적하면서 문제점을 제시하였다. 그러나 GM 경영진은 코베어를 비판하는 사람들에게 비판을 멈추고 팀에 합류하거나 이직을 권유하였다. 그러나 결과적으로 신형 모델은 GM의 평판에 엄청난 부정적인 이미지와 큰 비용을 남겼다. 드로리안은 이를 집단사고라고 명명하였다(Martin & Siehl, 1983).

7. 조직문화의 형성 및 변화

조직문화의 변화는 조직문화의 구성요소인 문화적 가정, 가치, 인공물이 변화 순서 혹은 우선 순위가 중요하다. 조직문화는 새로운 문화적 인공물로 인한 인공물 변화가 먼저 일어나고 다음으로 문화적 가치가 변화할 수 있다. 또는 조직문화 변화에서 새로운 구성원들로 인해 문화적 가치가 변화한 뒤에 문화적 인공물이 변화하는 경우가 있다.

조직문화의 변화는 구성원들이 공유하고 있는 문화적 가치, 구성원들의 의사결정이나 행동방식 등의 변화를 의미한다(Kono & Clegg, 1998). 조직문화 변화의 핵심인 구성원들의 신념과 가치를 변화시키기 위한 가장 효과적인 방법은 이들의 행동을 먼저 변화시키는 것이다. 이 과정에서 경영자는 구성원들의 내적 보상에 초점을 둘 필요가 있다(Sathe, 1983).

조직문화 변화 단계는 의사결정, 변화를 위한 행동실행, 문화변화의 제도화로 구분할 수 있다. 조직문화 변화의 양적 및 질적 측면은 변화의 확산 정도, 변화의 강도, 변화의 혁신성 및 지속성의 4가지로 구분할 수 있다(Trice & Beyer, 1993). 특히 확산 관련 차원에는 조직 전체적으로 변화의 영향을 확인할 수 있어야 하며, 조직관리에서 위계적 통제보다는 구성원의 참여를 강조하는 규범이 개발되고, 환경변화의 모니터링이 포함되어야 한다(Weber & Manning, 1998).

그리고 조직문화를 효과적으로 변화시키기 위해서는 명확한 전략적 비전 제시, 조직문화 변화에 대한 최고경영자의 몰입, 경영자와 관리자의 상징적 리더십, 효과적인 조직구조와 인적자원관리시스템, 효율적인 정보 및 통제 시스템, 변화에 적합한 관리스타일이 필요하다

(Cummings & Worley, 1997). 조직문화 변화는 창업과 초기성장, 중년기, 조직의 성숙 및 쇠퇴기의 조직수명주기에서 각각 다르게 발생한다. 창업과 초기 성장 단계에서는 성장을 통한 점진적 변화, 창업자의 통찰력을 통한 변화, 조직 내로 이질적인 특성이 외부로부터 유입되어 문화변화가 이루어질 수 있다. 중년기에는 하위문화 형성으로 인한 체계적인 변화, 외부인이나 기술의 유입으로 인해 문화변화가 초래된다. 조직의 성숙 및 쇠퇴기에는 주요 사건들과 다양한 요인에 의한 신화의 폭발적 증가, 위기에서 벗어나 재도약의 반전, 인수합병, 파멸과 재탄생으로 인해 조직문화 변화가 나타난다(Schein, 2004).

경영자는 급격한 환경변화, 시장에서 치열한 경쟁, 기업의 관리적 혹은 재무적인 부정적 상황, 기업규모의 급격한 증가나 성장, 다각화 전략 실행, 전략수정, 특정 사업의 철수, 구성원들 혹은 팀들 사이의 심각한 갈등이 나타나는 시기에 조직문화의 변화를 심각하게 고려하여야 한다(Kono & Clegg, 1998; Wilkins, 1983). 한편 조직문화 변화가 구성원들 사이에서 수용되는 시기는 재무성과 하락, 실행 가능한 미래 비전 제시, 불확실하고 급진적인 환경변화가 일어나는 경우이다. 이와 반대로 문화변화에 대해 구성원들의 거부감이 높은 시기는 해당 기업이 시장에서 독점적인 위치에 있거나 기업이 장기적으로 어려움에 처할 가능성이 높으나 단기적인 시점에서 재무적 성과가 비교적 양호한 경우이다(Kono & Clegg, 1998).

조직문화 변화의 과정모형에는 경영자 주도의 하향식 모형, 조직 내의 단위부서나 집단에 의한 실험의 확산 모형, 보다 자발적이고 참여를 강조하는 개별 구성원 혹은 집단에 의한 평직원 운동 모형이 있다. 그리고 조직문화의 변화를 촉발시키는 요인에는 정보, 경험, 보상이나 제재시스템이 있다(Kono & Clegg, 1998).

사례 9: SK그룹

SK그룹(구 선경그룹)은 1953년 최종건 창업주에 의해 시작되었다. 1973년 창업주의 사망으로 동생인 최종현 회장이 취임하였다. 한편 SK그룹은 1980년에 국영석유회사인 대한석유공사(유공)를 인수하였다. 그리고 1994년에 SK는 또 다른 공기업인 한국이동통신을 인수했다. 또한 최태원 회장(최종현 회장의 사망으로 장남이 승계)이 1998년부터 SK그룹 회장이 되어 SK그룹을 이끌고 있다. SK그룹은 1979년 최종현 회장에 의해 SKMS(SunKyung Management System)를 제정하였고 1989년에 만들어진 SUPEX(Super Excellence)와 연계해서 새로운 조직문화를 형성하고 발전시켰다. 따라서 현재도 SK그룹의 조직문화는 주로 SKMS와 SUPEX로 대표된다. SKMS는 경영이념, 기업관점, 기업경영 목표, 경영원칙을 담고 있는 기본 관리원칙, 정적 요소 및 동적 요소의 세 부분으로 구성되어 있다. 그러나 SKMS는 제정 초기에 조직 내에 광범위하게 확산되지 않았다. SKMS의 조직문화는 최상의 목표를 설정하여 추구하는 조직관행인 SUPEX 제도를 1989년에 실시하면서 두 제도는 활성화되기 시작하였다(장용선, 2022).

자발적이고 도전적인 활동을 의미하는 SUPEX는 조직의 적극적 활동가들에 의해 확산되었다. SUPEX와 SKMS는 상호 보완적인 제도였다. SUPEX를 위해 구성원들은 Can Meeting(자유 토론회)을 포함한 많은 토론과 의사소통을 진행하였다. 구성원들은 SUPEX 활동과 관련하여 '수펙스 걸다'라는 말을 자주 사용하였다. Schein(2004)은 조직문화의 범주를 구성원 관계, 외부 활동, 의사결정, 구성원 특성 등으로 설정하였다. Schein(2004)의 내용을 기반으로 SKMS와 SUPEX와 관련하여 형성된 조직문화는 첫째, 구성원 관계와 관련하여 최상의 목표설정과 이의 달성을 강조하는 SUPEX 제도가 발전하면서 SK그룹 내에는 구성원들 사이의 활발한 수평적, 수직적 관계가 조성되었다. SUPEX가 성공적으로 운영되기 위해서는 구성원들 사이의 목표 공유가 중요하였고 이를 위해 많은 의견교환과 협의를 필요로 하였다. 둘째, 외부 활동과 관련하여 SK그룹 구성원들은 SUPEX를 추구하는 과정 속에서 보다 적극적이고 혁신적인 활동을 하게 되었다. 구성원들은 적극적인 목표달성, 조직의 어려움 적극적으로 극복, 조직의 경쟁력과 이윤의 극대화를 위한 경영관리 활동에 대한 노력을 중시하게 되었다. 셋째, 이번 문화적 범주는 의사결정과 관련이 있다. 의사결정 수준은 안정적인 유지에 두기보다 도전적이면서 새로운 목표에 초점을 두었다. 의사결정은 특정인이 주도하는 결정이 아니라 다수의 구성원이 참여해 결정하는 방식이었다. SK는 의사결정 과정에서 구성원들의 자발적 참여를 중시하였다. 이러한 과정에서 SK그룹 구성원들은 SUPEX를 적극적으로 활용하였다. 넷째, 이 범주는 조직구성원들의 기본 특성에 관한 내용이다. 이 범주는 구성원들의 잠재력을 극대화할 수 있는 기회를 제공하는 것과 관련이 있었다. 이는 구성원들에 대한 기대수준과도 관계가 깊다. SK에서는 SUPEX 추구를 통해 구성원들은 도전감과 성취감을 얻었다. 개인의 높은 성과는 조직성과를 낳고 개인의 보상으로 연결되었다(장용선, 2022).

SK그룹에서 SKMS와 SUPEX는 그룹 공통의 조직문화로 인식되고 있다. 예를 들어 현재도 SK그룹은 SUPEX협의회(계열사협의회)를 포함하여 SUPEX라는 용어를 자주 사용하고 있다. 이는 특히 M&A과정에서 두드러지게 나타났다. SK에서 SKMS와 SUPEX가 정착되기 전에 인수합병한 유공의 경우 피인수기업의 회사명 변경에 많은 시간이 소요되었다. 그리고 1994년 인수한 한국이동통신은 4년이 지난 후 상호에 SK 명칭이 들어갔다. 그러나 SK가 2012년에 인수한 반도체 회사 하이닉스는 인수 직후 SK 사명이 주입되었다. SK그룹에서 SKMS와 SUPEX에 의해 형성된 조직문화는 인수한 3개 기업의 조직문화 통합에 중요한 역할을 수행하였다(장용선, 2022).

사례 10: 미국의 3M

1902년에 설립된 3M은 100년 이상 오랜 역사를 지닌 그리 많지 않은 미국의 다국적 기업 중 하나이다. 창업 초기에 3M은 접착제 및 코팅과 관련된 수많은 제품을 제조하여 시장에서 확고하게 자리를 잡아나갔다. 이 회사는 그 이후로 지속적인 성장을 경험하며 다양한 시장으로 제품을 확장하였다. 3M은 현재 광범위한 산업과 시장에서 운영되고 있으며, 기술 혁신에 대한 집중적인 노력과 성공에 힘입어 차별화 전략을 추구하고 있다. 수십 년 동안 3M은 연구 및 개발에 평균 미국 기업보다 두 배나 많은 비용을 지속적으로 지출하였다. 3M은 또한 조직구성원들 사이의 자기 주도성, 자율성 및 협업을 장려하는 독특한 조직문화로 널리 알려져 있다. 1929년 회장을 지낸 윌리엄 맥나이트(William McKnight)는 1949년부터 1966년까지 이사회 의장을 지냈으며, 회사에 이러한 가치를 심어준 공로를 인정받았다. 그의 경영 원칙은 내부적으로 '맥나이트 원칙'으로 알려져 있다. 자기 주도성, 창의성, 협업, 새로운 시도에 대한 용인의 원칙은 과거의 전설적인 리더의 지속적인 유산으로 3M 구성원들이 가장 중요하고 독특한 가치로 여기면서 근간이 되는 핵심 가치를 명확히 보여준다. 자기 주도성과 실패에 대한 용인의 가치는 널리 반복되어 사용된 모토인 "허가를 구하는 것보다 용서를 구하는 것이 낫다."에서 분명하게 표현되었다. 자기 주도성은 또한 연구실이 누리는 충분한 자율성으로 인해 장려되었다. 소규모 관리가 기피되었고, 조직은 "사람들의 방해가 되지 않도록" 설계되었다. "사람들 주변에 울타리를 세우지 마라."라고 맥나이트는 말하곤 하였다. "울타리는 갇혀 지내는 양을 만든다." 그리고 자기 주도성은 유명한 20퍼센트 규칙에 의해 장려되었다. 이 규칙에 따르면 과학자와 엔지니어는 시간의 20퍼센트를 스컹크 작업(실험적인 기술이나 응용제품을 맡아서 개발하는 소수의 전문가 그룹) 프로젝트에 할애할 수 있었다. 이는 때때로 인기 있는 포스트잇과 같은 상업적 블록버스터로 이어졌다(Canato & Ravasi, 2015).

맥너니(McNerney)가 부임한 직후에 발행된 기업 전기에서는 "창의적이고 생산적인 사람들을 유치하고 유지하는 것"과 "사람들에게 방해가 되지 않는 조직을 설계하는 것"이 3M에서 혁신문화를 육성하는 핵심 요소라고 강조하였다. 자기 주도성과 실패에 대한 용인은 창의성과 혁신을 자극하는 데 필수적이라고 여겨졌다. 3M의 시간검증 진리(time tested truth)에는 "좋은 사람들에게 기회를 주고, 그들을 지원하고, 그들이 성공하는 것을 지켜보기 바랍니다."와 "혁신은 명령을 따르는 것이 아니라 개인에게서 나옵니다."가 포함되었다. 3M 직원들은 자신의 판단과 직감을 따르도록 격려를 받았고, 가끔씩 실패하는 것은 '게임의 일부'로 용인되었다. 이는 3M이 끊임없이 기술적 경계를 넓히려는 시도에서 파생되는 불가피한 부작용이었다. 조직구성원들은 자신들이 추구했던 아이디어의 실패로 자신의 고용안정성이 위협받아서는 안 된다. 그렇지 않으면 구성원들은 급진적인 혁신과 관련된 과감한 위험을 감수할 자신감을 잃을 것이다. 그리고 조직이 연구실, 사업부, 국가운영 조직과의 협업은 지식, 아이디어, 경험의 교환과 단위 간 혁신의 이전 및 복제에 필수적이라고 여겨졌다. 3M의 강력한 동료 의식과 평등주의 문화는 협업을 촉진했으며, 긍정적인 대인관계의 구축은 조직 발전에 중요한 역할을 하였다. 3M의 이러한 가치는 새로운 기술에 대한 끊임없는 탐험을 기반으로 하는 사업 모델을 지원했다. 이는 3M이 연구 개발에 대한 높은 투자를 충당하기 위해 높은 마진을 얻을 수 있는 새로운 시장을 개척하도록 하였다. 이 사업 모델을 기반으로 3M은 90년 이상 번창하였다(Canato & Ravasi, 2015).

그러나 1990년대 초반에 회사가 유지하던 전통적인 두 자릿수 성장이 둔화되기 시작했고, 1995년에 3M은 역사상 처음으로 목표를 달성하지 못했다. 이 시기 3M은 예상했던 10%의 주당 순이익 성장률이 아닌 8%의 성장률을 기록하였다. 비즈니스 분석가와 투자자들은 3M의 수익성이 다른 첨단 기업과 비교했을 때 낮은 데 대해 불만이 커지면서, 시장이 상승하는 상황에서도 3M 주가는 하락하였다. 이러한 상황에서 이사회는 3M 역사상 처음으로 외부인인 GE 부사장 출신의 제임스 맥너니를 CEO로 임명하였다. 몇 주 후, 맥너니 CEO는 광범위한 조직변화 프로그램을 발표했다. 이러한 변화의 핵심은 식스시그마(Six Sigma)였다. 식스시그마는 GE 잭웰치(Jack Welch)의 리더십을 통해 완성되었다. 식스시그마의 핵심은 관련 변수('Y'와 'X')를 식별하여 모든 관리 문제를 정량적으로 구조화하는 것이다. 이는 특정 그래프, 표 및 문서를 사용하여 위험, 불확실성 및 자원 낭비를 최소화하여 최적의 해결방안을 찾도록 한다. 3M의 새로운 관행은 조직의 전통적 문화와 충돌할 수 있는 가정과 가치를 담고 있었다. 새로운 CEO인 맥너니는 이러한 우려를 일축하였다. 그는 3M의 혁신 전통을 엄청나게 소중히 여긴다고 말했다. 그리고 자신의 아이디어가 3M의 혁신적 특성에 영향을 미친다면 자신이 실패한 경영자로 간주할 것이라고 하였다. 그러나 대부분의 사람들에게 식스시그마가 새로운 CEO가 3M에서 오랫동안 지속된 전통적 문화를 변화시키려고 하는 핵심 방법이라는 것은 분명했다. 맥너니는 부임한 직후 "저는 여러분의 DNA를 바꾸기 위해 여기에 있습니다!"라고 말함으로써 이러한 의도를 분명히 드러냈다. 맥너니의 빠르며 강력한 행동과 그의 개인적 카리스마는 그가 조직을 결집하고 구성원들이 새로운 도전에 대한 의욕을 갖추는 데 도움이 되었다. 이러한 노력으로 3M에서 초기에 재고수준 감소, 현금흐름 증가, 수익성 및 주가에 긍정적인 영향을 미쳐 조직에 활력을 불어넣었고 새로운 관행에 대한 확신을 강화하였다. 그러나 그 후 몇 년 동안 초기의 열의는 점차 환멸로 바뀌었고 2005년 맥너니가 갑자기 조직을 떠나 보잉(Boeing)의 CEO가 되었을 때 정교한 식스시그마 구조와 관행은 대부분 해체되었다. 맥너니의 식스시그마가 결국 장기적으로 3M의 조직문화를 바꾸었는지 물었을 때 3M 정보 제공자(인터뷰 대상자)들의 대답은 동시에 '예'와 '아니오'였다. 식스시그마 기술의 업무처리와 구성원들 사이의 관계는 3M의 전통적인 방식과 상당한 차이가 있었다. 새로운 관행은 조직의 목표, 사람과 사회적 관계의 본질, 불확실성의 본질, 올바른 의사결정의 기초에 대한 가정은 3M의 전통적 문화가 지니고 있는 근본적인 가정과 충돌하였다. 한 정보 제공자는 "기술기업인 우리 회사 경영진들은 기술, 혁신, 성장, 연구 및 개발에 대해 주로 이야기하고 우리는 그것을 듣는 것에 익숙하였습니다. 반면에 경영진들은 재무와 회계 문제에 대해서는 거의 언급하지 않았습니다."라고 하였다(Canato & Ravasi, 2015).

식스시그마는 품질 개선과 자원낭비의 감소에 뿌리를 두고 있다. 이는 최적의 자원 활용을 통해 효율성과 생산성을 높이는 것을 목표로 한다. 또한 식스시그마는 정확한 정량적 평가에 따라 의사결정을 하도록 권장하였다. 그리고 식스시그마는 점진적이고 시장 주도적인 혁신에의 노력을 강조하였다. 조직구성원들 중 일부는 위험 감소, 효율성, 책임에 중점을 둔 새로운 '데이터 문화'가 3M의 전통적인 혁신능력을 훼손할 가능성에 대해 우려하였다. 그러나 다른 구성원들은 식스시그마의 자원에 대한 모니터링 및 통제, 고성과자에 대한 보상 확대를 환영하였다. 제도 시행 초기의 우려에도 불구하고 재무적 결과는 긍정적이었다. 그러나 식스시그마의 위험에 대한 낮은 선호는 3M의 전통적인 실패에 대한 용인과 자기 주도성 장려와 대조를 이루었다. 그 결과 식스시그마의 엄격한 통제와 책임은 3M의 전통적인 자기 주도성을 억제했다. 한 정보 제공자는 "3M 구성원들은 위험을 감수하고 나중에 용서를 구하고 싶어하지 않았습니다. 왜냐하면 3M이 용서하는 분위기가 없어졌다고 느꼈기 때문입니다."라고 하였다. 식스시그마가 회사의 재무실적을 개선하였음에도 불구하고, 직원들은 식스시그마의 엄격한 시행이 창의성, 자기 주도성 및 협업의 기본적 가치를 위협하기 시작했다는 것을 깨달았다. 식스시그마는 점차 의례적인 것이 되었다. 결과적으로 3M에서의 식스시그마는 구성원들의 일부 행동 변화를 이루긴 하였지만 조직의 보다 근본적인 문화적 가치나 가정의 변화를 이끌어내지는 못하였다(Canato & Ravasi, 2015).

8. 조직문화와 전략의 정렬

문화적 가치 및 인공물은 기업의 전략수립과 전략실행에 영향을 미친다. 조직문화와 전략은 상호 연관성이 강하다. 전략을 변경하면 조직문화를 전략에 맞춰야 하며 그렇지 않으면 전략은 실패에 직면할 가능성이 크다. 이는 문화적 가치와 규범은 새로운 전략에 맞추어야 한다는 것을 의미한다. 다르게 표현하면 문화적 인공물은 새로운 전략에 적합하여야 함을 의미한다. 이처럼 문화적 인공물은 전략수립에 중요한 영향을 미치고, 전략수립 과정에서 문화는 고려되어야만 한다. 예를 들면 조직 내에서 떠도는 성공 이야기, 문화적 가치를 나타내는 조직선언 등은 전략이 수립되는 영역을 제한한다. 제품과 서비스 질에 초점을 둔 기업들은 유연성과 혁신을 갖추기 어렵고, 유연성과 혁신이 중요하면서 빠르게 변화하는 환경에서 그들의 운영을 제한한다. 문화적 인공물은 전략수립에 영향을 미칠 뿐만 아니라 전략수행에도 영향을 미친다. 전략과 문화적 인공물의 정렬은 기업 성공에서 매우 중요하다. 예를 들어 기업이 혁신을 원한다면 혁신을 지원할 수 있는 문화적 인공물을 갖추어야 한다. 기업이 전략을 변화시켰다면, 새로운 전략에 적합한 문화적 인공물을 이에 맞추어 변화시켜 주어야만 한다. 기업이 현재의 전략과 문화적 인공물을 정렬시키지 않는다면, 직원들은 기업이 원하는 것에 대한 혼란된 시그널을 받게 될 것이다. 직원들은 기업 역사에 근거한 인공물을 늘 따라간다. 변화에 대해서는 구성원들의 저항이 나타나기 쉽고, 구성원들은 예전의 경로를 따라가기 쉽다는 것과, 기업이 새로운 경로를 강조하지 않는다는 사실을 종합적으로 고려하면 문화와 문화적 인공물은 잘 변화하지 않는다. 기업이 심제 명확하게 가치를 두지 않는 것을 선택하려고 하겠는가?(Higgins & Mcallaster, 2004).

예를 들면, 이스트먼 코닥 CEO가 전략을 변화시키고 혁신을 높이려는 일련의 노력에도 불구하고, 상위직 관리자들을 포함한 많은 종업원들이 예전의 패러다임에 여전히 몰입되어 있었다. 문화적 인공물 예를 들면 보상이 혁신성과의 개선에 보다 잘 연계되어 있다면 보다 많은 혁신이 발생할 것이다. 경영자들이 추구한 성과를 달성하기 위한 중요한 열쇠 중의 하나는 공유된 가치의 관리라는 것이다. 대부분은 조직문화를 언급한다. 그리고 그것은 실제 문화적 인공물에 대한 관리를 의미한다. 문화관리의 실패는 대부분 문화적 인공물 관리에 대한 실패를 의미한다. 규범과 가치는 어떻게 일을 하고 중요한 것은 무엇인가를 결정한다. 그것들은 조직구성원들을 위한 방향, 의미, 에너지를 제공한다. 문화는 아마도 관리될 수 있다. 그러나 그것은 사람들 사이의 끊임없는 상호작용에 의해서 나타나기 때문에 문화는 지속적으로 변화한다. 조직문화와 전략은 상호 관련성이 높다. 전략이 변화한다면 조직문화는 전략에 정렬시켜야만 한다. 그렇지 않다면 전략적 실패를 경험하게 될 것이다. 문화는 관리가 어렵고 파악하는 데 어려움이 있다. 초기의 개척자와 제품들, 과거의 승리와 실패, 기업을 전환시킨 비전들과 같이 기업의 신화와 무용담은 조직에 관한 중요한 역사적 사건들을 드러나게 한다(Higgins & Mcallaster, 2004).

신화와 무용담은 조직의 공유된 가치와 규범을 확인하게 하고, 그것을 강화시킨다. 이야기는 고참 직원뿐만 아니라 신규 종업원들이 태도와 행동을 형성하는 것을 도와준다. 전략이 변화할 때, 조직은 새로운 전략에서 중요시되는 것을 강조할 수 있도록 과거 오래된 신화와 무용담을 변화시키거나 혹은 완전히 새로운 신화와 무용담을 창조하여야 한다. 사우스웨스트 항공사 창업자인 허브 켈러는 혁신적인 문화를 영속화시키는 수단으로서 스토리텔링을 관행화하였다. 혁신은 3M의 혁신가치들 중의 하나이다. 많은 기업들이 3M의 사례와 결부시켜 혁신의 중요성, 혁신 실천가, 혁신의 발견, 혁신의 달성에 대한 많은 이야기들을 언급한다. 관리자들과 종업원들이 반복적으로 특정 이야기를 하면, 다양하고 중요한 행동 규범들이 조직을 통해서 강화되며, 중요한 가치들이 지속적으로 유지된다. 규범이 변화하면 오래된 이야기들은 새로운 가치를 강조하기 위해서 새로운 형태의 이야기들로 교체될 것이다. 이야기하기는 다른 경영활동처럼 관리되어져야 한다. 모든 계층의 관리자들은 이야기하기에 관여하여야 한다. 기업의 전략을 변화시킬 수 있는 신화와 무용담은 최고경영자나 조직 내 의사소통 중심 부문에 의해서 창조되고 확산이 되어져야 한다. 여러 조직의 성공적인 이야기를 연구한 결과 혁신적인 리더는 현재의 요구사항에 맞게 오래된 이야기들을 재형성하며 미래의 시나리오를 떠오르게 한다. 변혁적인 리더는 새로운 이야기와 새로운 미래를 끊임없이 창조하고 구체화하며 바꾼다(Higgins & McAllaster, 2002).

조직에서 언어시스템과 은유는 가치를 나타낸다. 경쟁에 집중하는 몇몇 기업들은 "경쟁으로 죽이다" 혹은 "적과 전투하다" 등의 문구를 원한다. 다른 기업들은 자신들이 사용하는 기술적 차원에 초점을 둔다. 다른 기업들은 소비자의 만족에 초점을 둔다. 월트 디즈니의 모든 구성원은 배역을 맡는다(Higgins & Mcallaster, 2004). 또한 기업경영과 연관된 적절한 은유를 찾는 것은 기업의 혁신을 크게 향상시킬 것이다. 일본 요코가와(Yokogawa) 전기회사의 경영자 에이지 미카와(Eiji

Mikawa)는 원가절감을 주도하기 위해 탄환열차 사고방식을 사용하였다. 기업의 비용을 혁신적으로 줄이기 위해서 탄환열차 사고방식이라는 구문을 선택하여, 전략으로 명명하고 원가절감을 위한 기업의 새로운 전략을 달성하고자 하였다. 만약 당신이 기차를 기존 스피드의 최대 2배로 운영하고자 하면, 전통적인 기차시스템은 더 이상 유용하지 않기 때문에 완전히 새로운 개념과 기술을 추구하여야만 한다. 또한 당신은 넓은 트랙, 직선 트랙, 탄환 모양의 보다 강력한 엔진을 갖춘 새로운 기차를 필요로 할 것이다. 미카와(Mikawa)의 은유인 탄환열차 사고방식은 조직에서 새로운 관리관행을 창출하였고, 모든 생산라인에서 2년 동안 30%의 비용절감을 기록하였다. 그리고 일부 제조영역에서는 50%까지 비용을 절감하였다. 이러한 이야기들이 증명되면서, 전략에서 변화를 정의하고 기술하는 단어들의 신중한 선택이 전략의 성공에 있어 큰 도움이 되었다. 조직에서 은유는 그 말 자체를 뛰어넘어 풍부함을 더해준다(Higgins & McAllaster, 2002).

세레모니와 의식은 특정 조직에서 중요한 것을 드러나게 한다. 기업의 로고, 깃발, 슬로건은 어떤 생각이나 사건에서 주어지는 중요한 것을 전달한다. 세레모니도 그러한 역할을 한다. 성공적인 매출기업의 축하행사는 화려하다. 예를 들면, 메리케이 회사의 축하행사는 모든 것이 분홍색이다. 단순한 장식이 아닌, 자동차 상을 포함한 매출상을 의미한다. "품질이 최우선이다(Quality is job one)"라는 슬로건 혹은 모토는 포드 자동차가 품질을 가장 중시하는 일본 자동차회사와의 경쟁에서 이겼을 때 포드사 내부 운영의 질을 높이는 데 도움을 주었다. 종업원들이 혁신전략을 수용하기를 원한다면 성과관리시스템의 변화가 이루어져야 한다. 그리고 혁신달성에 대한 평가가 성과관리의 주요 의식이 될 수 있도록 통합하여야 한다. 또한 경영자는 새로운 전략적 목표를 달성한 구성원들을 위한 보상 세레모니를 실행하여야 한다. GE의 젝 웰치는 추구하는 행동이 성과평가기준의 일부가 되도록 하였다. 그는 그 행동의 중요성을 강화하기 위하여 세레모니를 활용하였다. 예를 들어 품질 개선이 필요할 때, 그는 식스시그마 성과수준을 찾았다. 그리고 그는 품질관리에서 '검은 띠(black belt)' 상을 만들어 이를 관리자들에게 강조하였다. 젝 웰치가 CEO였을 때 그가 GE에서 중요한 것으로 결정한 것에 대한 헌신의 증거로서 구성원들이 이러한 상징성을 얻지 못한다면 해당 구성원은 상위 직급의 관리자로 승진할 수 없었을 것이다. 검은 띠는 세레모니에서 주어지는 중요한 상징이자 은유였다(Higgins & McAllaster, 2002).

확인 가능한 가치시스템과 행동규범은 조직의 전략, 구조, 시스템, 과정, 리더십 스타일, 충원과 자원, 그리고 규칙, 정책, 절차에 반영되어 있다. 이에는 보상되는 것과 보상되지 않는 것 사이에서 보일 수도 있다. 조직의 가치와 규범들은 공식적인 의사소통 채널을 통하기보다 비공식적인 의사소통에 의해서 전달된다. 조직의 핵심 가치의 변화는 조직의 사명이나 비전의 변화를 강요하지 않으면 어렵다. 금융소프트웨어 기업인 퀴큰(Quicken)과 인튜윗(Intuit)은 첫 번째 웹에 기초한 제품인 퀴큰 모기지(Quicken Mortgage)을 출시하면서 기업의 사업모델에 급격한 변화가 일어났다. 이 회사는 핵심적인 10가지 가치를 여전히 유지하였다. 이 가치들은 소비자의 욕구, 자사 제품의 손쉬운 사용, 자사 직원의 중요성을 강조하였다. 당신이 태양의 서커스(Cirque du Soleil)를 관람할 때, 몬트리올, 라스베가스, 올랜도, 런던, 도쿄, 혹은 리오 어디이든지간에 당신은 상이한 종류의 서커스를 보고 있다는 것을 알게 될 것이다. 이 서커스에서 당신은 어떤 코끼리도 볼 수 없었다. 전통적인 서커스 복장은 없었고 예술적인 형태가 서커스 자체로서 중요하였다. 태양의 서커스의 설립자는 서커스를 시작하였을 때, 경쟁력을 갖추기 위해 기존 서커스와는 상이한 서커스를 창출하였다. 그래서 그들은 전통적인 서커스의 비전과 사명을 자신들에 맞게 변형시켰다. 이러한 결과로 태양의 서커스는 서커스 세계에서 독보적인 존재가 되었다. 이 서커스는 서커스와 연관된 외관이나 행동상의 혁신을 통해 혁혁한 성장을 경험하였다. 혁신적인 서커스를 성공적으로 변신하기 위해서 이 회사는 서커스와 연관된 의식, 상징, 세레모니 등 문화적 인공물의 대부분을 변화시켰다(Higgins & McAllaster, 2002).

사례 11: 펩시코(펩시콜라 모기업)에서 분사한 얌! 브랜즈(Yum! Brands. Inc.)

펩시코는 피자헛(Pizza Hut), 타코 벨(Taco Bell), KFC를 얌(Yum) Brands로 분사하였다. 이들 3개 브랜드는 오랫동안 펩시코 레스토랑 사업부에 소속되어 있었다. 펩시코는 성과에 기반을 둔 시장문화의 특성이 강한 조직문화였다. 매우 빠르고 개개인에 초점을 두는 소비재를 생산하는 기업인 펩시코는 얌 레스토랑이 지니고 있는 성숙기에 해당되는 사업이면서 느리며, 팀 지향적이고 빠른 고객 대응이 필요한 사업 특성과 적합하지 않았다. 이렇게 조직문화적으로 서로 다른 펩시코와 피자헛의 통합은 실패로 끝나 분사가 결정되었다. 펩시코의 단기적인 관점과 레스토랑의 장기적인 관점은 서로 이질적이어서 레스토랑 직원들은 모기업에 대해 갈등과 부조화를 경험하였다. 펩시코 경영자들은 현장 프로그램에 대해 지배권을 유지하면서 전문적인 관리시스템을 강조하였다. 그리고 보상시스템은 빠른 성과창출을 중시하는 단기성과에 기반을 두고 있었다(Mike & Slocum, 2003).

얌(Yum)의 경영진들은 분사한 기업의 성공을 위해 자신들은 펩시코와는 다른 기업문화가 필요함을 알았다. 얌은 펩시코와는 다른 고객관리가 필요하며 전문적인 관리시스템보다는 현장에서 이직률이 높은 수많은 시간제 근로자들의 활동이 중요한 의미를 지닌다. 얌은 레스토랑 사업에 적합한 새로운 조직문화를 만들기 위해 3개 브랜드에 공통된 공유가치 확인, 새로운 의미를 담을 수 있는 명칭 생성, 레스토랑 운영에 적합한 코칭시스템 강화, 문화적 행동에 적합한 인정문화(recognition culture) 개발, 문화적 가치에 적합한 보상시스템 개발 및 관리자 평가를 실행하였다(Mike & Slocum, 2003).

먼저 얌은 펩시코와의 차별화를 위해 9개의 선언문에서 얌의 나갈 방향을 제시하였다. 얌(Yum)은 사업활동의 중심을 본사가 아닌 현장에 두었고, 레스토랑 매니저들의 행동과 팀 구축 활동을 중시하였다. 조직 내의 명칭 중 기업수뇌부(corporate headquarters)는 레스토랑지원센터(restaurant support center)로 바꾸었다. 그리고 관리자 명칭을 코치로 변경하였다. 그리고 개인보다는 팀을 강조하면서 보상과 연계된 코칭을 강화하였다. 그리고 직원들 서로에 대한 인정을 유도하기 위해 조직활동이나 성과에 대한 다양한 인정 관련 상을 만들어 수여하였다. 인정문화의 확산은 불규칙적이고 느리게 진행되어 확산되었다. 그리고 얌은 가치에 기반을 두어 360도 평가를 확산시켰다. 또한 얌(Yum) 경영진은 문화적 가치에 적합한 문화적 관행을 실행하였다. 조직에서 토템(totems)은 경의와 자랑스러운 대상을 의미한다. 금기

(taboos)는 조직이 부정적인 이탈 행동을 통제하기 위해 사용한다. 조직구성원들은 이러한 행동을 용납하지 않는다. 전통(tradition)은 과거부터 내려오는 세대를 통해서 전수되는 관행들로 조직이 추구하는 가치를 유지하는 수단이다. 그리고 이동(transition)은 신규 직원들에게 조직문화를 주입하기 위해 사용하는 사회화를 위한 관행들이다(Mike & Slocum, 2003).

3장

※

조직정체성

1. 조직정체성 개념

조직정체성은 조직에 대한 조직구성원들의 포괄적 인식이다. 조직연구에서 조직정체성은 Albert & Whetten(1985)에 의해 본격적으로 연구가 시작된 것으로 알려져 있다. 그들의 연구 이래 많은 연구자들의 참여로 조직정체성의 연구가 진행되었고 조직 분야의 흥미 있는 주제로 자리매김하였다. 조직정체성은 조직을 구분 짓는 특성이다. 이는 조직의 중심이며, 다른 조직과 구분지으며, 일정 기간 동안 지속성을 지니고 있는 조직의 속성이다(Albert & Whetten, 1985). 우리가 어떤 특성을 지닌 조직이며, 조직이 수행하는 사업은 무엇이고, 앞으로 되고 싶은 조직의 특성은 무엇인가? 등은 조직정체성과 관련된다(Hatch & Schultz, 2004; Pratt & Foreman, 2000). 따라서 조직정체성은 조직에 대한 포괄적인 특성을 의미한다(Ashforth, Harrison, & Corley, 2008). 조직에 대한 자기 정의인 조직정체성 주장은 주로 경영자들에 의해서 제시된다. 이는 조직구성원들에게 행동의 지침으로 기능한다(Whetten & Mackey, 2002). 결과적으로 조직정체성은 특정 조직의 중심이 되며 다른 조직과 구별되는 특징이다. 조직구성원들은 조직정체성을 통해 조직의 지향점을 파악할 수 있다(Dukrich, Gloden, & Shotell, 2002). 조직정체성은 조직의 목적, 역할, 속성에 관한 구성원들의 인지로 나타난다. 그리고 조직정체성은 조직과 사회와의 상호 작용인 조직이미지를 반영한다(Albert & Whetten, 1985). 또한 조직구성원들은 조직 동일시를 통해 조직정체성을 깊이 수용하는 경향이 있다(Dutton, Dukerich, & Harquail, 1994).

한편 조직정체성은 사회적 범주로서의 의미가 있다. 이는 타 조직과의 관계나 비교의 의미를 지닌다(Tajfel & Tumer, 1985). 조직정체성은 조직에 속한 구성원들에게 조직관점에서 자신을 정의할 수 있게 해준다(Ashforth & Mael, 1989). 조직정체성은 선언된 정체성(professed identity), 투영된 정체성(projected identity), 경험을 통한 정체성(experienced identity), 표출된 정체성(manifested identity), 귀인화된 정체성(attributed identity)의 다양한 형태로 존재한다. 선언된 조직정체성은 미래지향적이며 전략적 비전을 담고 있다. 투영된 조직정체성은 특정 대상의 청중들에게 제시되는 정체성이다. 경험을 통한 정체성은 조직구성원들의 경험에 의해 인식된 조직정체성이다. 표현된 조직정체성은 일정 기간 동안 나타난 조직의 역사적 정체성으로 인식할 수 있다. 귀인화된 조직정체성은 다양한 대상의 청중들에 의해서 지각된 조직정체성이다. 이에는 기업의 이미지가 포함된다(Soenen & Moingeon, 2002).

2. 조직문화와 조직정체성과의 관계

조직문화와 조직정체성과의 관계는 조직정체성을 조직문화에 뿌리내리는 반영하기와 조직문화를 통해 조직정체성을 나타내는 표현하기가 있다. 조직정체성은 조직문화 및 조직이미지와 밀접한 관계가 있다. 개인정체성과 비교하면 조직문화는 'I'에 해당되면 조직이미지는 'me'에 해당된다(Hatch & Schultz, 2002). 이와 같이 조직문화와 조직정체성은 밀접하게 연결되어 있으며 조직정체성에 관한 초기 문헌에서는 두 가지가 어떻게 별도로 개념화될 수 있는지를 설명하는 데 종종 어려움을 겪었다. 예를 들어 Albert & Whetten(1985)은 다음과 같이 추론하였다. 조직정체성은 조직적으로 자기중심적이며 조직문화에 내재된 의미형성의 측면을 지니고 있다. Hatch & Schultz(2000)는 조직문화와 조직정체성에 부여된 중복되는 의미를 조사하면서 두 개념이 서로를 정의하는 데 너무 자주 사용된다는 사실로 인해 서로 불가분하게 상호 연관되어 있다고 밝혔다. 나는 개인의 정체성에 대한 것이며, 개인이 자신의 내부 및 외부 정의와 관련하여 자신의 정체성을 형성하는 것처럼 조직도 조직의 정체성을 형성한다. 그리고 조직은 조직정체성을 재검증하는 경우 문화적 요소들을 재해석한다. 이때 조직문화는 새로운 조직정체성 형성을 위한 의미부여의 플랫폼(platform)으로 기능한다(Ravasi & Schultz, 2006).

Dutton & Dukerich(1991)에 의하면 이미지는 종종 정체성을 불안정하게 만드는 힘으로 작용하여 구성원들이 조직의 자아감을 재검토하고 재구성하도록 요구하는 경우가 많다. 조직의 자기 정의의 문제는 조직문화의 문제이기도 하다. 조직의 이미지가 정체성에 반영되면 문화적 이해에 내재된 기존의 조직적 자기 정의와 관련하여 해석될 것이다. 이때 반영하기 과정에 의해 활성화되는 깊은 문화적 가치 및 가정과 관련하여 정체성을 반영하는 과정을 통해 정체성이 강화되거나 변화된다. 우리는 조직정체성에 대한 성찰이 구성원의 깊이 있는 가정과 가치를 촉발하거나 활용하여 정체성 및 다양한 표현(예: 기업의 로고, 이름, 정체성 설명)과 밀접하게 연관됨으로써 조직문화에 해당 정체성을 내재한다. 그리고 조직정체성은 조직문화에 대한 이해를 표현한다. 조직이 자신을 알리는 한 가지 방법은 조직에 대한 반영하기를 외부 담론에 통합하는 것이다. 즉, 위에 언급된 정체성 주장을 통해 조직구성원은 자신뿐만 아니라 다른 사람에게도 조직으로서의 자신에 대해 말할 수 있다. 정체성의 서술은 우리가 정의하는 문화적 자기 표현이라는 더 큰 범주의 한 사례이다. 일반적인 용어로 말하면, 문화적 자기 표현에는 집단적 정체성에 대한 모든 언급이 포함된다.

조직정체성을 전달하는 인공물의 힘에 대한 설명의 일부는 문화적 표현의 정서적, 미학적 기초에 있다. 이해관계자들이 조직정체성의 표현에 공감할 때, 그들의 공감은 정체성 주장의 흔적에 담긴 조직문화와 그들을 연결시킨다. 조직문화에 대한 공감과 연결은 집단적 정체성의 일부로 정의한 사회적으로 구성된 소속감에서 '우리'(우리는 이 '우리'를 조직의 '나'와 동일하다고 간주함)를 기반으로 한다. 표현된 정체성은 다른 사람에게 인상을 남긴다. 기업 평판에 관한 연구에서 Rindova & Fombrun(1998)은 조직이 이해관계자와 비즈니스 분석가, 언론인과 같은 기관 중개자에게 이미지를 투사할 것을 제안했다. 가장 의도적인 형태로 정체성은 기업광고 방송, 기자회견 개최, 비즈니스 분석가에게 정보 제공, 로고 생성 및 사용, 기업구축 등을 통해 다른 사람에게 투영된다. 전략적 투영 또는 다른 사람들이 인상관리라고 부르는 것은 조직정체성 역학의 구성요소인 반면, Rindova & Fombrun(1998)은 또한 조직정체성의 투영이 일상적인 행동, 몸짓, 외모, 태도를 통해 전달되는 것과 같이 의도하지 않을 수 있다고 지적하였다.

반영하기는 조직문화에 조직정체성을 심어준다. 조직구성원은 다른 사람들이 자신에 대해 말하는 것과 관련하여 정체성을 개발할 뿐만 아니라, 자신이 누구인지 인식하는 것과 관련하여 정체성을 개발한다. Dutton & Dukerich(1991)에 의하면 사례인 항만을 관리하는 조직은 다른 사람들이 지닌 자신의 이미지를 받아들이지 않고, 이러한 이미지를 바꾸려고 노력하였다. 다른 사람들이 가지고 있다고 믿는 이미지와 상당히 다른 자신에 대한 조직적 '나'를 위해 이를 수행했다. 우리의 관점에서, 거울에서 본 이미지와 다르다고 느끼는 이러한 자신을 유지한 것은 조직문화이다.

조직이미지가 정체성에 반영되면 문화적 이해에 내재된 기존 조직적 자기 정의와 관련하여 해석될 것이다. 깊은 문화적 가치 및 가정과 관련하여 정체성을 성찰하는 과정을 통해 조직문화는 강화되거나 변경된다. 의미가 담긴 조직문화의 인공물은 자기 정의와 정체성 형성 과정에 활용될 수 있다. 조직정체성은 문화적 자기 이해와 조직의 '타자'가 형성한 이미지 사이에서 지속적으로 순환하는 일련의 프로세스의 결과로 발생한다. 조직적 자아(조직적 'I' and 조직적 'me')의 다양한 순환을 통해 조직정체성은 형성된다. 조직정체성은 구성원들의 머릿속에 있는 조직에 대한 인식의 집합은 아니다. 반면에 조직정체성은 모든 조직 이해관계자가 제공하는 조직에 대한 내부적 정의와 외부적 정의 간의 상호작용을 통해 지속적이며 사회적으로 구성되는 역동적인 일련의 과정이라는 것을 알 수 있다.

조직정체성은 구성원들이 집합적으로 해석하는 공유된 해석체계로부터 나타난다. 따라서 조직정체성은 문화를 통해 해석되고, 문화를 통해 변화할 수 있다(Hatch & Schultz, 2002; Ravasi & Schultz, 2006). 조직의 가치, 신념, 의식, 인공물 등의 조직문화는 조직구성원들이 조직정체성을 구체화하도록 해준다. 따라서 조직문화는 조직구성원들에게 정체성을 인식하게 한다(Daft, 2020). 조직문화는 암묵적이고, 공유된 관행에 근거하지만, 조직정체성은 이해관계자들과의 관계적인 측면이 강하고, 의식적으로 자기 성찰적인 특성을 갖는다(Fiol, Hatch, & Golden-Biddle, 1998; Hatch & Schultz, 2000). 조직문화는 반영하기를 통해 정체성을 배태시키고 표현하기를 통해 정체성을 드러나게 한다. 구성원들은 조직문화를 통해 조직정체성을 인식한다.

조직문화에 내재된 고유함이나 독특성과 긴밀하게 연관된 상징적 대상들은 조직정체성을 표현한다(Hatch & Schultz, 2002). 조직문화는 문화적 관행, 인공물, 의식이나 의례, 담론, 무용담, 건물, 의상, 물리적 형태 등을 포함한다(Ravasi & Schultz, 2006). 조직문화 연구에서 Clark(1972)는 무용담, Pettigrew(1979)는 설립자의 감정, 행동, 신념, 이데올로기, 언어, 의식, 신화, Broms & Gahmberg(1983)는 구성원들의 자기 의사소통, Barley(1983)는 공유된 이해나 해석체계로서 상징, Martin, Feldman, Hatch, & Sitkin(1983)은 담화, Smith & Simmons(1983)는 구성원들이 그들의 경험을 기술하는 데 사용하는 상징, 이야기, 전설, 신화 등으로 조직문화를 분석하였다. 이와 같이 조직정체성은 문화적 언어와 의미로 구성된다(Gioia, Schultz, & Corley, 2000).

조직정체성이 정착되기 위해서는 조직정체성과 이들 문화요소들 사이의 역동적인 상호작용이 필요하다(Hatch, 1993). 조직은 미래의 이상적 이미지와 같은 새로운 정체성 주장을 문화적 전통에 배태시키면서 이를 강화시킬 수 있다(Nag, Corley, & Gioia, 2007; Ravasi & Schultz, 2006). 이를 위해서는 전략적 변화를 반영하여 조직의 목표와 비전을 명확하게 하고 이를 실현할 수 있도록 조직정체성 주장이 조직문화의 가치, 관행, 제도 속으로 정착되어야 한다. 조직은 정체성을 문화에 뿌리내리는 과정을 통해서 정체성을 강화 혹은 변화시킬 수 있다(Alvesson & Willmott, 2002).

3. 조직이미지와 조직정체성

조직정체성은 반사하기(mirroring)와 영향력 행사하기(impressing)를 통해 외부 이해관계자들의 이미지를 조직정체성에 반영한다. 반사하기는 외부 이해관계자들의 이미지를 조직이 해석해서 조직정체성에 반영하는 것을 의미한다. 영향력 행사하기 과정은 조직정체성이 외부 이해관계자들에게 투영되어 이들이 조직을 지각하는 데 영향력을 발휘한다. 조직이미지는 반사하기와 영향력 행사하기 과정을 통해 조직정체성에 적절하게 반영되어야 한다. 이를 위해서는 외부 이해관계자들의 의견이 조직 내부로 활발하게 유입될 수 있는 내부 가치와 관리 관행이 필요하다. 조직은 여론을 주기적으로 모니터링하고 서베이를 통해 조직이미지를 조사하고, 지역사회, 정부, 협력업체, 주주, 소비자, 환경단체가 조직에 대한 의견을 반영할 수 있는 이념적 가치 확립, 조직화 및 관리제도의 방안을 설계하여야 한다(Hatch & Schultz, 2002).

조직정체성은 해석된 조직이미지, 외부의 조직이미지, 조직 평판 혹은 브랜드 가치와 밀접한 상호의존 관계가 있다(Dutton, Dukerich & Harquail, 1994; Fiol, Hatch, & Golden-Biddle, 1998; Hatch & Schultz,

2002; Gioia, Schultz, & Corley, 2000; Ravasi & Phillips, 2011; Rindova & Fombrun, 1998; Whetten & Mackey, 2002).

조직구성원들은 외부 이해관계자들이 자신들의 조직을 어떻게 평가하는지를 지각하는데, 이러한 해석된 이미지가 구성원들이 자신들의 조직을 인식하는 데 영향을 준다. 외부 환경에 대한 구성원들의 적응과 반응은 해석된 혹은 바람직스러운 조직이미지에 의해서 영향을 받는다. 정체성은 타인과의 반복적인 상호작용을 통해 형성되는 의미구성체로 외부와의 상호작용이 중요하다. 조직이미지는 조직구성원들이 자신들의 조직을 재해석하게 하고 타인들의 관점에 민감하게 한다. 이는 바람직한 미래 이미지로 연결된다(Gioia, Schultz, & Corley, 2000).

조직에 대한 외부의 지각과 내부의 지각이 차이가 날 때 구성원들은 조직정체성에 대해 의문을 갖게 된다(Corley & Gioia, 2004). 조직이미지는 조직의 행동이나 성취에 대한 집합적 판단인 평판이며, 조직정체성의 불안정성을 일으키는 힘으로 조직정체성의 변화를 촉진한다. 조직구성원들은 조직이미지를 통해 조직에 대한 피드백을 얻는다(Gioia, Schultz, & Corley, 2000; Rindova & Fombrun, 1998). 조직정체성이 외부 이해관계자들에게 전달되고, 외부 이해관계자들이 이를 해석하여 다시 조직에 전달하여 문화화되는 일련의 과정을 통해 조직 내부와 외부는 상호작용을 한다. 조직정체성 관리는 조직정체성과 조직이미지 사이의 역동적인 관계를 중요시 하고 있다(Gioia, Schultz, & Corley, 2000). 한편 조직정체성에 대한 포스트모던이즘 관점은 조직정체성을 이미지의 반영으로 보았다. 이 관점은 조직정체성이 조직 실재로부터 기원하지 않고 외부의 이미지로부터 변환되는 것으로 보았다(Gioia, Schultz, & Corley, 2000; Gioia & Thomas, 1996).

조직이 직면한 위협은 외부 이해관계자들이 조직을 지각하도록 유도하는 인지적 전략을 사용하게 한다. 바람직한 미래 이미지는 조직 개혁을 위한 전략적 비전에 반영되어 정체성을 유인하는 기능을 한다. 조직은 정체성이 위협받는 상황에서 긍정적인 정체성을 유지할 수 있는 사회적 영역을 부각시키려고 한다(Elsbach & Kramer, 1996). 조직성과, 기업광고, 기자회견, 비즈니스 애널리스트에게 정보제공, 로고의 창조와 사용, 기업 시설물 건축, 기업 스타일, 의상 등은 조직정체성에 대한 이미지를 투영한다. 외부 이해관계자들은 기업과 상호작용하면서 조직의 전략적 목표뿐만 아니라 조직정체성과 관련된 이미지들을 전달한다. 그리고 수용된 이미지들은 내부 해석과정을 거쳐 조직에 반영된다(Hatch & Schultz, 2002).

조직이미지로서의 전략적 투영은 외부 기관의 조직에 대한 지각 형성의 중심이 된다. 조직에 의해 투영된 모든 이미지들은 조직이 중점을 두고 있는 전략적 투자와 일관성을 지녀야 한다. 그렇지 않다면 전략이 추구하는 잠재적인 가치창출은 어렵게 된다(Ravasi & Phillips, 2011).

4. 미래지향적인 조직정체성

선언된 미래지향 조직정체성은 경영자의 비전설정이나 전략적 선택에 의해 주로 결정된다. 따라서 조직의 역사를 통해 주요 사건들을 분석하면 조직정체성이 어떻게 진행해왔는지를 이해하게 해준다(Gioia, Schultz, & Corley, 2000). 경영자는 내부의 장점과 단점, 그리고 외부의 기회와 위협을 정확히 인식하여 정체성의 선언을 하여야 한다(Gioia, Schultz, & Corley, 2000). 정체성 선언을 하는 과정에서 발생하는 갈등은 목표고객, 핵심 기술, 구조, 사업과정, 자원배분 결정 등의 영역에서 흔히 나타날 수 있다(Corley & Gioia, 2004). 조직정체성은 조직이미지, 조직평판과 밀접한 상호 의존관계가 있다(Hatch & Schultz, 2002; Rindova & Fombrun, 1998; Whetten & Mackey, 2002). 조직이 설립된 초기에 조직정체성이 명확하지 않은 경우가 많다. 이 경우 조직문화가 강하게 형성되어 있지 못하고, 외부 이해관계자들의 이미지가 명확하지 않아 구성원들이 자신들의 조직정체성을 인식하기 어렵다. 조직정체성 미형성은 창업단계의 신생기업, 분사와 인수 · 합병 등의 전략실행, 급진적인 조직변화, 대규모의 사업 조정으로 정체성이 확립되어 있지 않은 상태에서 나타난다. 구성원들이 사업에 집중하기 위해 새로운 정체성이 확립되어야 한다(Corley & Gioia, 2004). 미래 조직이미지들은 조직의 방향인 전략적 투자와 일관성을 이루고 있는 것이 필요하다(Ravasi & Phillips, 2011). 조직은 전략 수립과 실행을 통해 정체성을 찾고 현실화할 수 있다(Ashford & Mael, 1996). 그러나 조직이 추구하는 미래 이미지와 현재의 조직문화와의 사이에서 간격이 크다면 조직은 많은 어려움을 경험할 것이다. 따라서 조직은 이 차이를 줄이려는 시도를 적극적으로 하여야 할 것이다. 또한 조직은 새로운 정체성 주장을 조직의 문화적 전통에 뿌리내리도록 힘써야 한다(Nag, Corley, & Gioia, 2007; Ravasi & Schultz, 2006). 이를 위해 선언된 조직정체성은 조직문화의 가치와 인공물 속으로 정착될 필요가 있다(Alvesson & Willmott, 2002). 조직문화는 조직정체성을 인식할 수 있는 주요 통로가 된다(Daft, 2020). 그리고 조직문화의 인공물인 상징적 대상들은 조직정체성을 나타내준다(Hatch & Schultz, 2002). 조직정체성은 조직활동에 대한 평판으로 작동하는 조직이미지와 깊은 관계가 있다(Dutton, Dukerich, & Harquail, 1994; Fiol, Hatch, & Golden-Biddle, 1998). 그리고 바람직한 미래 이미지는 조직정체성을 유도한다(Elsbach & Kramer, 1996). 구성원들은 외부로부터 조직이미지에 대한 정보를 얻고 이에 대한 해석을 통해 조직정체성에 대한 피드백을 받는다(Gioia, Schultz, & Corley, 2000; Rindova & Fombrun, 1998).

5. 다중조직정체성(Multiple Organizational Identities)

조직정체성은 조직 내의 수행사업이나 구성원들의 집단별로 다층적인 특징이 있다. 따라서 조직에는 다중조직정체성이 형성될 가능성이 높다(Pratt & Foreman, 2000). 다중조직정체성은 개별 단위들의 공통적인 정체성과 개별적인 집단 정체성으로 구성된다(Albert & Whetten, 1985). 다중정체성은 하나의 정체성에 비해 구성원들의 다양한 기대와 수요를 충족시켜 준다. 이는 조직의 창의성과 학습을 촉진하는 기초가 되어 조직에 긍정적인 결과를 낳기도 한다(Pratt & Foreman, 2000). 조직의 메타정체성은 개별적인 정체성을 매개적인 신화(myth)로서 연결시킨다(Pratt & Foreman, 2000). 다중조직정체성 이론에서 메타정체성인 내포적 정당성(nested identity)은 조직 전체의 정체성이다(Ashforth & Mael, 1989). 조직 전체의 내포적 정당성은 조직에서 일관적인 특징이 나타난다. 그리고 다중조직정체성 관리를 위해서는 조직 내의 집단 정체성들 사이에서 우선순위를 정하는 것이 요구된다. 정체성들 사이에서 정해진 우선순위는 정체성들 중 언제 어떤 상황에서 특정 정체성이 활성화되어야 하는지를 알려준다(Pratt & Foreman, 2000). 조직에서 환경변화가 초래되고 이에 대응하기 위해 정체성의 우선순위

변화가 발생할 수 있다. 이는 조직에서 다중조직정체성의 형태에 대한 변화를 촉발시킬 것이다. Laukia(2012)에 의하면 노키아가 제지사업으로 시작하여 통신사업으로 우선순위를 재설정한 것은 다중조직정체성의 변화를 보여주는 것이다. 다중조직정체성은 조직 내의 정체성 수와 정체성들 사이의 시너지 관계의 조합으로 형성된다(Pratt & Foreman, 2000). 다중정체성 유형에는 구분화(compartmentalization), 제거(deletion), 통합(integration), 집합(aggregation)이 있다. 이 중 집합은 조직에서 다수의 정체성을 유지하면서 정체성들 사이의 시너지 효과를 높이려는 것이다. 반면에 구분화는 정체성을 여러 개 유지하면서, 정체성들 사이의 시너지 필요성이 적을 때 활용할 수 있다. 제거는 정체성들 사이의 시너지를 얻는 데 관심이 없고 정체성 수를 줄이려는 경우에 조직이 정체성을 소수 유지하면서 정체성 시너지가 낮은 경우에 적용할 수 있다. 통합은 정체성을 소수 유지하면서 정체성 시너지가 높은 경우에 정체성 수를 줄여 시너지를 높일 수 있다. 다중조직정체성의 유지를 위해서는 정체성들 간에 균형을 유지하여야 한다(Pratt & Foreman, 2000). 또한 조직이 메타정체성을 유지하기 위해서는 하위정체성들 사이의 교류, 이들 사이의 긍정적 관계, 하위집단의 자율성(Berry, Poortinga, Segall, & Dasen, 2002)과 정체성 보호가 필요하다(Fiol, Hatch, & Golden-Biddle, 1998).

사례 12: 현대그룹

현대그룹 중 주력 기업인 현대건설, 현대자동차, 현대중공업을 대상으로 60여 년 동안의 다중조직정체성을 분석할 수 있다. 현대그룹의 발전은 4단계로 구분할 수 있다. 1948~1960년 사이(전후 복구 및 경제재건기), 1961~1979(경제개발 및 고도성장기), 1980~1997년(자율개방 및 시장경제 전환기), 1998년 이후(경제위기 극복 및 경제체질 개선기)로 구분하였다. 전쟁복구 및 경제재건기(1948~1960년)에 현대건설의 초기 사업방식은 성공적이었다. 이 시기 현대건설은 현대 주력 계열사의 메타정체성에 중요한 영향을 미쳤다. 당시의 경제 · 사회적 상황을 고려할 때 건설업은 현대그룹의 토대 구축에 적합한 사업이었다. 경제개발 및 고도성장기(1961~1979년)에 현대는 핵심 계열사인 현대자동차와 현대중공업을 설립하였다. 이 시기 정부의 경제정책은 중화학공업화를 통한 한국 경제의 성장에 역점을 두었다. 현대자동차와 현대중공업의 창립은 한국 경제가 중공업화로 진행하는 데 크게 기여하였다. 현대중공업은 주로 유조선의 수출을 통해 기업을 확장하였고, 현대건설은 중동 건설시장에서 큰 성과를 달성하였다(장용선, 2016).

자율개방 및 시장경제기(1980~1997년)에 정부의 경제정책은 안정을 기반으로 성장기반을 다지는 것으로 변화되었다. 그리고 전 시기에 비해 한국 경제는 민간주도 시장경제로의 특성이 보다 강하게 나타났다. 이 시기 현대그룹 3사(현대건설, 현대자동차, 현대중공업)의 경영은 전 시기에 비해 그룹의 의존도가 감소하고 각 사의 자율성이 확대되었다. 현대그룹 3사는 현대그룹의 공통적인 메타정체성을 유지하면서 자신들의 고유한 정체성을 고수하였다. 현대중공업은 1980년대에 이미 세계 최대 조선회사가 되었고, 현대건설도 해외시장과 사업영역을 다변화하였다. 경제위기 극복 및 경제체질 개선기(1998년 이후)에 한국 경제는 외환위기를 겪었고, 이를 벗어나기 위해 한국 대기업은 계열사의 대폭적인 조정과 함께 경영방식의 변환을 꾀하였다. 현대건설은 이 시기 유동성 위기로 위기상황에 직면했으나 이를 극복하였다. 한편 현대자동차는 국제화 및 자립화를 가속화하여 세계 5대 자동차 회사에 진입하여 삼성전자와 함께 한국의 대표적 기업이 되었다. 현대그룹은 이 시기 계열이 분리되어 현대자동차 그룹, 현대중공업 그룹 등으로 나뉘어졌다. 또한 현대건설은 현대자동차 그룹 계열사로 편입되었으며, 현대그룹 3사(현대건설, 현대자동차, 현대중공업)에 대해서 현대관계사라는 표현이 적합하다(장용선, 2016).

현대건설은 1947년에 창업된 현대그룹의 모기업으로 1967년 현대자동차, 1973년 현대중공업을 창립하는 데 주도적인 역할을 하였다. 현대그룹 주력 계열사들의 다중조직정체성은 집합(aggregation)에 가깝다. 집합은 단위를 구성하고 있는 정체성들 사이를 연결하고 유지하려는 시도를 하는 경우 나타나며 조직에서 다수의 정체성을 유지하면서 정체성 시너지와 상호 의존성이 높은 경우에 적용이 가능하다(Pratt & Foreman, 2000). 그룹 계열사들이 집합을 이루고 있는 경우 그룹은 계열사들 사이의 시너지 개발에 유리하다. 현대건설, 현대자동차, 현대중공업은 핵심 사업이 서로 달랐다. 이에 따라 3개 기업은 양립 가능성과 상호 의존성이 높고, 정체성의 확산 가능성이 높은 상황이었다. 현대계열사에서 공통적으로 나타나는 초월적 정체성인 현대그룹의 메타정체성은 대담한 목표설정과 강인한 추진력, 국제화, 자립화 및 역량강화이다. 메타정체성 형성에는 계열사 정체성들 사이를 연결해줄 수 있는 매개적 신화가 필요하다(Pratt & Foreman, 2000). 현대그룹의 핵심 기업 3개 회사는 정주영 창업자에 의해 창립되었고 매개적 신화는 정주영 창업자에 의해서 형성된 내용이 주였다(장용선, 2016).

6. 조직정체성과 전략경영

현대 지식정보사회는 글로벌화 및 네트워크화의 가속화, 다양성 증가, 치열한 경쟁, 인수 · 합병이 잦은 상황에 처해 있다. 불확실성이 강한 환경에서 조직이 지속가능한 성장을 유지하기 위해서는 긍정적이면서 강한 조직정체성을 형성하여야 한다. 그리고 조직이 새로운 전략적 선택을 하는 경우 자신들의 조직정체성을 깊이 인식할 필요가 있다(이상묵, 2015). 조직정체성과 전략은 상호 간에 일방적인 관계는 아니며 서로 영향을 주고받으며 전개된다. 따라서 조직정체성과 전략이 유기적인 결합을 이루면서 제도화시켜야 한다. 조직정체성은 전략을 통해 표현된다. 한편 조직성체성은 전략과 연관지어져서 확인되며 수정되는 경향이 있다. 조직정체성은 조직의 본질과 관계되어 있고, 전략은 조직정체성의 실현과 밀접한 관계가 깊다(Ashford & Mael, 1996). 긍정적이면서 강한 조직정체성은 자원기반 관점으로 해석하면 다기입에서 보방하기 어려운 무형자산으로서의 특성이 있다(Glynn & Watkiss, 2012). 따라서 긍정적인 조직정체성이 조직에 깊이 뿌리내려져 있고, 이를 효과적으로 활용하면 지속적인 경쟁력의 원천이 될 수 있다(Fiol, 2001; Jeyavelu, 2007). 또한 조직정체성은 전략 수립과 실행에서 여과기로서 기능할 수 있다(Oliver & Bürgi, 2005). 반면에 강한 조직정체성은 조직변화에서 장점 혹은 단점이 되기도 한다(Kreiner, Hollensbe, Sheep, Smith, & Kataria, 2015).

조직정체성은 경영전략과 밀접한 관계가 있으며 경영자들이 전략을 선택할 때 조직정체성을 고려하여야 한다. 결과적으로 조직정체성은 전략 수립과 실행의 토대가 될 수 있다(Hatch & Schultz, 2004). 따라서 조직정체성과 전략과의 관계를 통해 조직이 만들어져 발전하면서 조직정체성이 조직에 뿌리내리는 과정을 설명할 수 있다(Albert & Whetten, 1985; Glynn & Watkiss, 2012). 사업다각화, M&A, 사업제휴 및 철수 등의 전략경영 과정은 조직정체성의 변화를 수반한다(Corley & Gioia, 2004; Nag, Corley & Gioia, 2007). 따라서 경영자들은 조직정체성을 고려하여 전략적인 지향을 한다(Gioia, Schultz, & Corley, 2000; Rindova & Fombrun, 1998). 그리고 조직정체성 이슈는 조직에서 다양한 기능영역들과 개인, 집단, 조직의 다수준과 관련되어 있다(Chreim, 2002).

조직정체성과 전략은 서로 영향을 주고받으며 전개되면서 진행된다. 조직정체성은 조직의 본질에 대한 기본적 질문과 연관성이 높고 전략은 조직이 이를 어떻게 실현시킬 것인지에 대한 해법을 제공한다. 따라서 조직정체성은 다양한 전략에 의해서 실현될 수 있다(Ashford & Mael, 1996). 조직이 선택한 전략의 성공을 위해서는 사회적 가치를 반영한 조직정체성이 필요하다(Nag, Corley, & Gioia, 2007). 100여 년의 조직역사에서 브리티쉬 페트롤늄(British Petroleum)의 정체성 주장은 사회적 정서를 반영하고 있다(Glynn & Watkiss, 2012).

1) 전략 선택과 조직정체성 차이 조정

많은 기업들은 새로운 전략적 지향을 시도한다. 그러나 상당수의 기업들은 전략적 지향에 따른 새로운 가치가 구성원들 사이에 뿌리내리지 못하여 전략을 성공적으로 실행하지 못하는 것을 자주 볼 수 있다. 전략적 선택에 의해 조직이 추구하는 바람직한 미래 이미지가 현재의 조직문화와 거리감이 크다면 실현될 가능성은 낮아지게 된다. 따라서 조직은 전략적 선택에 따른 미래 이미지와 현재의 조직문화와의 차이를 줄이려는 노력을 적극적으로 시도하여야 한다.

경영자들은 전략적 변화과정에 동기를 부여하고 정당성을 부여하는 방식으로 바람직한 미래 이미지를 채택한다(Gioia, Schultz, & Corley, 2000). 따라서 바람직한 미래 이미지를 제시하는 사업다각화와 인수합병 등의 전략 선택은 현재의 조직정체성과 거리감이 있을 수 있다(Ravasi & Phillips, 2011). 이 경우 조직이 바람직한 조직이미지에 과도하게 의존할 수 있고, 구성원들은 현실과 미래 이미지 사이에서 갈등을 경험하게 된다. 정체성의 본질적 특성들이 조직문화로 정착되지 못하여 현실과 미래 이미지 사이의 격차는 크게 나타난다.

조직의 외부 환경요인은 제도적인 압력을 행사할 수 있다(Hatch, 1993). 새로운 산업에 대한 투자가 이해관계자들의 이미지에 초점을 둔 모방에 가깝다면, 조직 내부에 가치를 공유하고 확산시키지 못하는 경우가 많이 발생한다. 조직이미지 주도의 가치나 인공물은 문화적 가정과 괴리되어 안정적인 조직정체성 형성을 어렵게 한다(Hatch & Schultz, 2002).

구찌(Gucci), 버버리(Burberry), 입생로랑(Yves Saint Laurent) 등의 기업들은 외부 이미지를 의식한 시장점유율에 집중해서 한때 자신들의 조직역량인 문화적 유산을 상실하였다(Hatch & Schultz, 2002). 외부 중심의 조직정체성은 현재의 정체성과 미래의 바람직한 정체성 사이에서 구성원들이 정체성 차이를 경험할 수 있다(Corley & Gioia, 2004). 이러한 차이를 좁히지 못하면 새로운 전략에 대한 구성원들의 몰입은 약화가 된다. 정체성 재구성은 구성원들이 수용하는 조직의 새로운 개념화이고 급진적인 전략적 변화의 중심이다(Kjærgaard, Morsing,

& Ravasi, 2011). 조직정체성 주장은 내부에서 구성원들이 지각하는 조직정체성과 차이가 발생할 수 있다. 이 경우 정체성 차이 조정을 위한 노력이 필요하다. 정체성 차이는 조직이미지에 근거한 미래지향의 조직정체성 주장과 현재의 정체성 차이를 의미한다(Corley & Gioia, 2004; Dutton & Dukerich, 1991; Elsbach & Kramer, 1996; Gioia & Thomas, 1996). 조직은 조직문화의 의미형성 변화를 통해 구성원들이 비전을 수용하도록 유도하여야 한다(Reger, Gustafson, DeMarie, & Mullane, 1994). 정체성 차이 조정과정에는 정체성 재평가(reassessment), 재조명(refocus), 조율(tuning), 정체성 표류(drift) 등이 나타난다(Ravasi & Phillips, 2011). 조직이 환경변화를 고려하여 정체성 재평가 혹은 재조명하는 경우 새로운 정체성 주장이 조직으로 유입되어, 기존의 정체성과 괴리가 생긴다. 조직은 외부 상황이 반영된 정체성 주장을 조직 내부에 뿌리내리려는 노력이 필요하다. 정체성 표류는 전통적인 정체성 주장과 아직 인정받지 못한 새로운 신념과의 지속적인 부적합 상태를 의미한다. 정체성 표류는 조직이 급변하는 시기에 자주 나타난다(Ravasi & Phillips, 2011). 새로운 신념은 변화하는 정책, 구조, 관행들로부터 나타난다. 정체성 표류는 정체성 불일치를 생성하고, 이는 조직의 실체에 대한 과거와 현재의 지각된 차이를 유발한다. 이러한 현상은 구성원들 사이에서 신념의 합의를 얻지 못하기 때문에 나타나며, 조직은 정체성 조정을 시도한다(Ravasi & Phillips, 2011). 조직은 정체성 조정을 위해 조직 내부 · 외부의 의사소통과 영향력 관리가 필요하다. 정체성 조율은 일부 집단에 나타나는 정체성 차이를 줄여나가는 과정을 의미한다.

조직이 새로운 정체성을 주장하였지만, 현실의 조직은 과거와 유사한 형태로 유지된다면 정체성 차이는 크다. 따라서 리더의 정체성 주장 시도는 기존의 정체성을 고수하는 구성원들과 정체성 갈등을 불러일으킨다. 새로운 정체성 주장에 적합한 문화형태가 무엇인지를 고려하여 이러한 요소들이 변화되어야 한다. 구성원들은 문화적 관행, 규범, 상징, 제도 등의 의미형성 과정을 통해 정체성을 인식한다. 따라서 새로운 정체성 주장과 현실의 정체성이 일관성을 유지하기 위해서는 문화적 관행이 정체성 주장과 정렬되어야 한다(Ravasi & Phillips, 2011).

정체성 차이가 클수록 조직은 다양한 프로그램을 통해 정체성을 높이기 위한 활동(identity-enhancing behaviors)을 한다(Kim et al., 2010). 정체성 향상 활동에는 조직에 대한 광고나 기업의 사회적 책임과 같은 프로그램으로 외부 이해관계자들에게 조직을 알리는 방법과 조직문화의 인공물을 통해 외부의 가치가 조직에 배태되는 과정이 필요하다.

사례 13: 덴마크의 Bang & Olufsen

B&O는 1925년 덴마크 북부의 스트루어(Struer) 마을에서 라디오 제조업체로 설립되었다. 회사설립 초기에 중요한 기술 혁신과 함께 창업자인 피터 뱅(Peter Bang)과 스벤드 올루프센(Svend Olufsen)의 부품 및 제품 품질에 대한 꼼꼼한 관리로 회사는 탁월한 명성을 얻어 나갔었다. 그 후 수십 년 동안 디자인에 대한 관심이 강화되었고, 유명한 덴마크 건축가와 산업 디자이너가 제품 디자인에 참여하게 되었다. 그러나 1972년에서 1998년 사이에 3차례의 반복적인 경쟁기업 관련 위협과 환경변화가 발생하였다. 이로 인해 조직 리더가 조직정체성 관련 조직의 핵심적이며 독특한 특징에 대한 신념을 재평가하게 되었다. 1972년

일본 경쟁사와의 경쟁이 심화되면서 당시 CEO인 에베 맨스테드(Ebbe Mansted)는 B&O 경영진이 회사의 핵심 및 독특한 특징을 기업 내부에 반영하도록 자극을 주었다. 당시 일본 제조사는 유럽 시장에 저가, 대량 판매 전략으로 진출하였다. 당시 오디오와 비주얼 제품을 판매하는 딜러는 B&O가 일본 기업과 더 비슷해지도록 압력을 행사하였다. 일본 경쟁사의 부상은 B&O가 추구했던 값비싼 틈새 시장 전략의 지속 가능성에 대한 의문을 제기하도록 하였다. B&O의 가치는 "Bang & Olufsen: 가격에 앞서 디자인과 품질을 논하는 사람들을 위해"라는 기업 모토에 표현되어 있다(Ravasi & Schultz, 2006).

B&O 관리자들은 일본의 경쟁회사를 모방하는 것이 회사에 도움이 될지, 심지어 이러한 활동이 가능할지에 대해 의구심을 가졌다. 게다가 그들은 외부의 기대에 부응하는 것이 B&O의 고유한 디자인 철학을 잃는 것을 의미하는 것으로 여겼다. 그리고 B&O의 어떤 경영진도 이를 고려하기를 원하지 않았다. 그럼에도 불구하고, 그들은 외부의 변화에 적응하고 이해관계자들의 기대에 부응하기 위해 회사(그리고 그 제품)를 일본 기업 및 제품과 실제로 차별화하는 것이 무엇인지를 재평가하고 공식화할 필요성을 느꼈다. 결국, 경영 팀의 반영하기는 7가지 기업 정체성 구성요소인 CIC(corporate identity components)가 되었다. 이는 진정성, 자기 시각성(자체 설명이 가능한 디자인 특징), 신뢰성, 가정적임, 본질성, 개성, 창의성이다. 이는 최고경영진이 회사와 그 제품을 다른 경쟁기업과 차별화하는 특징을 담고 있었다(Ravasi & Schultz, 2006).

1970년대 내내 B&O의 제품 개발과 소통은 7가지 CIC를 따랐다. 그러나 시간이 지나면서 제품 및 시장 전략에 표현된 구성원의 이해는 표류하였다. 새로운 CEO인 배건 앤더슨(Vagn Andersen)의 암묵적인 승인으로 제품 개발자는 점점 더 정교하고 비싼 장비를 설계하였다. 이에 더해 강력한 자회사는 B&O의 제품을 사치품과 사회적 지위 상징으로 위치를 정립하였다. 그러나 1990년대 경제 침체와 80년대에 B&O 제품 판매를 촉진했던 젊은 도시 전문직을 의미하는 유피(yuppie) 문화의 종식으로 인해 사치에 대한 암묵적인 흐름이 갑자기 중단되었다. 그리고 B&O는 심각한 재무상태에 빠졌다. 당시 회사의 판매가 갑작스럽게 감소했고, 많은 소매업체가 B&O를 평균적인 기술적 품질을 가진 아름다운 상자 제조업체로 묘사했다는 조사 결과가 나왔었다. 몇 달 후, 새로운 CEO인 앤더스 크누센(Anders Knutsen)이 Break Point '93이라는 프로그램을 시작하였다. 이 프로그램은 조직의 '제품과 정신의 독특성'에 초점을 맞추는 것을 목표로 삼았다. 여러 차례의 비공식 회의 후, 정체성 선언문을 수정하는 책임을 맡은 그룹은 나중에 'The New Vision'으로 알려진 문구를 만들어냈다. '두 세계의 최고: Bang & Olufsen, 기술적 우수성과 감성적 매력의 독특한 조합'(Ravasi & Schultz, 2006).

한편 Bang & Olufsen은 1994년과 1996년 사이에 매출과 이익이 급증하였다. 그러나 1996년 말에 이전의 높은 성장률은 둔화되기 시작하였다. 그 후 몇 달 동안 일부 경쟁기업은 회사의 고유한 위치를 위협하였다. 예를 들어 저가 생산자인 톰슨(Thomson)은 곧 B&O와 같은 리그에서 경쟁할 것이라고 선언하였다. Bang & Olufsen 제품은 이전에 다양한 멀티브랜드 딜러를 통해 유통되었으며, 다른 많은 브랜드와 함께 전시되고 소개되었다. 그러나 관리자들은 그러한 소매환경에서 제품의 고유성을 완전히 표현할 수 있을지 확신하지 못했고 딜러가 제품의 철학에 대한 심오한 이해를 가져야 한다고 생각하였다. 이를 위해 Bang & Olufsen은 결과적으로 그들은 새로운 전략의 일환으로 회사의 정체성을 검토하고 명확히 하는 또 다른 변화를 일으켰다(Ravasi & Schultz, 2006).

〈표 2〉에서 Ravasi & Schultz(2006)는 Bang & Olufsen의 역사적 사례를 통해 정체성 위협에 대한 반응을 정체성 수정 및 조직문화

〈표 2〉 Bang & Olufsen의 정체성 위협에 대한 반응 단계(1972~98)

단 계	Bang & Olufsen, 1972-1998 정체성 위협과 조직반응		
	기업 정체성 7가지 요소(진정성, 자기 시각성, 신뢰성, 가정적임, 본질성, 개성, 창의성) 1972년: 일본기업과의 경쟁증가	분기점, 1993: 자사의 시장 매력도 감소와 후퇴	변화 노력을 "B&O 통합"으로 명시, 1998: 경쟁사의 디자인 향상으로 인한 경쟁 압력
조직이미지 해석	디자인 철학 강조	고객 설문지 조사에 의해 기업 특성 확인	국제적 브랜드 전문가를 통한 기업 인식 평가
문화적 관행과 인공물 반영하기	디자인 관점에서 정체성정의	핵심 기술과 제품 특성으로부터 정체성 정의	구성원 행동이나 제품 특성 관점에서 정체성 정의
정체성 주장 수정	7가지 정체성 요소의 구체화: 진정성, 자기시각성, 신뢰성, 가정적임, 본질성, 개성, 창의성.	기술적 우월성과 감정 호소의 고유한 조합으로 조직 구체화	우수성, 통합, 시(poetry)의 가치체계 제시
바람직한 이미지 투영	7가지 정체성 요소를 기업광고의 지침으로 삼음	딜러 네트워크나 비전 포럼을 통해 조직정체성 인식 확산	딜러 대상 지역 세미나에서 시작, 브랜딩 슬로건과 시각 표현 시행

반영 등의 관계를 통해 설명하였다. 이를 보다 세분화하면 조직이미지 해석, 현재의 문화적 관행과 인공물 반영하기, 정체성 주장 수정, 바람직한 미래 이미지 투영, 조직문화 속으로 새로운 정체성 주장 뿌리내림의 5가지 단계로 구분할 수 있다. 조직이 이와 같은 단계를 통해 반복적으로 외부 환경에 적응하여 조직정체성 차이를 줄일 수 있었다(Ravasi & Schultz, 2006).

2) 전략변화로 인한 탈정체성과 새로운 정체성 형성

새로운 조직정체성의 형성을 위해서는 분리된 조직정체성이 필요하다(Gutierrez, Howard-Grenville, & Scully, 2010). 조직구성원들은 소식의 창업이념에 대한 정체성은 유지하면서 이전 사업에 대해서는 탈정체성을 시도하면서 새로운 사업에 대한 정체성을 형성할 수 있다. 분리된 조직정체성은 창업이념과 같은 정체성을 조직이 지속적으로 유지하면서 변화가 필요한 부분의 정체성을 인지적으로 분리하는 것을 의미한다.

조직이 자신들의 정체성을 변화시키기 위해서는 기존의 사업 군에 대한 탈정체성이 선행되어야 한다. 그룹은 기존의 사업 관련 가치에 대한 의미파괴와 새로운 정체성의 의미부여 및 의미형성을 통해 정체성을 변화시킬 수 있다(Clark, Gioia, Ketchen, & Thomas, 2010). 조직경영자들이 새로운 전략시도를 위해서는 현재의 정체성에 대해 의문을 품어야 한다(Gioia, Schultz, & Corley, 2000). 그리고 신규 사업의 새로운 가치나 관행이 구성원들 사이에 뿌리내려 새로운 정체성이 형성되어야 한다. 이를 위해서는 기존의 정체성을 버리는 탈정체성이 이루어진 후 신규 정체성이 형성되어야 한다(Gioia & Thomas, 1996).

조직의 관성을 변화시키기 위해서는 조직정체성의 근본적 변혁이 필요하다. 기존의 주요 정체성은 탈정체성이 필요하다. 그리고 조직은 새로운 정체성의 재지향이 필요하다. 이를 위해 미시적 차원에서는 조직에 대한 조직구성원들의 탈동일시 또한 진행되어야 한다. 2개 조직이 합병한 조직에서 기존의 정체성을 유지하려는 정체성의 관성이 나타났고, 기존 이미지와 변화된 이미지 사이의 부정적 비교, 합병이 이루어진 2개 집단에서 나타나는 자신들만이 가지고 있는 각각의 집단 인식이 있었다(Clark, Gioia, Ketchen, & Thomas, 2010). 조직정체성의 근본적 변화요인 중 하나는 환경의 급격한 변화이다. 이 경우 정체성의 관성(Albert & Whetten, 1985; Ashforth & Mael, 1989)은 변화를 진행하는 데 어려움을 초래한다. 조직구성원들은 관성으로 인해 변화요인에 저항하게 된다(Clark, Gioia, Ketchen, & Thomas, 2010; Nag, Corley, & Gioia, 2007). 조직정체성 부활은 과거 조직정체성의 긍정적인 면을 재생산하는 것이다. 조직정체성 부활을 위해 생생한 경험, 적극적 조직 참여, 이 과정에서 생성된 감정 등이 중요하다(Howard-Grenvill, Metzger, & Meyer, 2013).

사례 14: 두산그룹

두산그룹은 전통적으로 소비재 산업의 정체성과 이미지가 강하였다. 예를 들어 1980년대 말에 두산은 맥주 시장 70%, 음료 시장 50%, 위스키 시장 70%의 시장점유율을 달성하였다(Suh & Ko, 2017). 그러나 두산은 1991년 페놀이 유출되는 사고를 경험하였다. 그 이후 두산은 그룹의 주력 사업인 OB맥주가 1994년부터 3년 동안 2천억 원이 넘는 적자가 발생하였고 이로 인해 자본잠식이 되었다. 여기에 OB맥주는 1995년 하이트맥주와의 경쟁에서 밀리기 시작하였다. 50년간 지배해온 맥주 시장에서의 1위를 경쟁기업에게 빼앗긴 일은 두산그룹 경영진의 위기의식을 심화시켰다. 이러한 상황에서 두산은 창업 100주년을 맞게 되었고 소비재 위주 사업에 대한 재검토를 심도 있게 진행하였다. 두산그룹은 구조조정을 위해 글로벌 컨설팅기업인 매킨지사에 자문을 구하였다. 매킨지의 보고서에는 두산그룹이 구조조정을 하지 않으면 지속가능성이 어려울 수 있고, 이를 해결하기 위한 그룹의 대규모적인 구조조정 내용이 있었다. 두산의 경영진은 매킨지 보고서를 토대로 그룹의 구조조정을 위해 계열사들의 통폐합과 주식과 부동산 매각을 추진하였다(두산중공업, 2012). 먼저 미래의 두산은 글로벌화를 지향하였으나, 두산의 주력 사업인 소비재 산업으로는 글로벌화를 통한 그룹 발전에 적합하지 않다고 판단하였다. 따라서 소비재 산업보다 중공업 분야로의 진입을 목표로 삼았다. 두산은 당시 국내의 대표적 기업인 한국중공업이 매물로 나와 이를 인수하면서 그룹의 정체성은 변화가 시작되었다(신현한 · 야나기마치이사오 · 곽주영, 2017). 기존 사업 철수와 사업 매각은 두산그룹의 탈정체성을 유도하였다(이승욱, 2002). 두산그룹의 구조조정은 1998~1999년 가속화되어, OB맥주의 지분 50%를 네덜란드의 인터브루에게 매각하였다. 그리고 두산은 주류사업을 최소한으로 유지하였다. 두산은 중공업을 바탕으로 한 글로벌화를 지향하는 그룹의 정체성을 확립하기 위해 노력하였다. 이를 위해 두산그룹은 새로운 조직문화 가치인 인재 확보와 활용, 공정성과 포용력, 열린 소통 등의 두산웨이(Doosan Way)를 그룹 내에 적극적으로 확산시켰다. 두산은 중공업을 안정적으로 운영하기 위해 글로벌화 가속화, 성과주의 확산으로 경쟁력 강화, 권한위양 확대를 통한 자율성 증대, 혁신 활동, 팀제 활성화, 인재육성 등을 강조하였다(장용선, 2017a).

3) 전략 선택과 조직정체성 선언

조직정체성 선언은 조직이 나가야 할 방향의 새로운 개념화이면서 전략적 변화를 담고 있다(Kjærgaard, Morsing, & Ravasi, 2011). 조직은 전략적 선택에 따른 정체성 선언과 현재 유지되고 있는 조직문화와의 격차를 줄여나가야 한다. 이와 같은 정체성 조정을 위한 수단으로는 새로운 선택에 대한 가치부여, 가치의 의미설명, 집단의 성과평가, 비공식적 모임, 소속감, 새로운 규범과 규칙 적용, 구성원 정의, 새로운 지식과 기술 습득, 새로운 위계구조 설계가 있다(Alvesson & Willmott, 2002).

조직정체성이 명확하지 않은 경우 조직구성원들은 조직에 대한 의미의 결핍을 경험한다(Corley & Gioia, 2004; Gioia, Schultz, & Corley, 2000; Gioia, Price, Hamilton, & Thomas, 2010). 조직구성원들의 조직에 대한 의식이 부족하고 조직이미지 또한 약할 때 조직정체성은 불명확하게 된다(Gioia, Price, Hamilton, & Thomas, 2010). 이 경우 조직은 정체성 모호, 혼란, 긴장이 발생하고 명확한 정체성을 형성하려고 한다. 조직이 환경변화를 고려하여 정체성 재평가 혹은 재조명을 하는 경우 새로운 정체성 선언이 조직으로 유입되어 정체성을 형성할 수 있다(Ravasi & Phillips, 2011). 조직정체성에 적절한 의미를 부여하기 위해서는 조직의 적합한 목표와 사업영역을 전략적으로 선택하고 이를 달성하기 위한 미래 이미지와 연관된 행동 모델이 필요하다(Corley & Gioia, 2004).

사례 15: 삼성전자(장용선, 2018a)

조직정체성 선언과 효과적인 경영관리에 의해 이를 효과적으로 형성한 사례는 한국의 대표적 기업인 삼성전자가 있다. 삼성전자는 1969년에 창립되었으나 가전 위주의 사업, 초기 높지 않은 기술수준, 약한 브랜드 이미지로 인하여 1980년대 초까지 다른 전자회사에 비해 뚜렷한 조직정체성을 형성하지 못하였다. 삼성전자는 1970년대 말까지 일본 기업으로부터 핵심 부품 대부분을 조달하였다. 그리고 가전제품은 1990년대 초반까지 저가인 주문자상표부착상품(OEM)이 대부분이었다. 그리고 TV의 경우 소형과 중형만 생산이 가능하였다. 하지만 고가인 대형 TV는 생산되지 못했다(장세진, 2008). 그러던 중 삼성그룹은 도전적인 조직정체성 선언을 연달아 하였다. 삼성그룹의 이병철 창업자는 1983년 삼성전자에서 반도체사업을 시작하였고, 반도체사업을 통해 삼성전자를 글로벌 수준의 전자회사로 만들겠다는 목표를 정하였다(전자신문, 2016.8.10.). 이는 삼성전자를 글로벌 전자회사로 발전시키겠다는 조직정체성 선언이었다. 삼성은 정체성 선언 후 반도체사업에 대규모 투자를 진행하였다. 삼성전자의 두 번째 정체성 선언은 1993년에 이루어졌다. 두 번째 정체성 선언에는 보다 우수한 전자회사로 도약하기 위한 내용을 담고 있다.

정체성과 조직의 문화적 관행은 서로 적합이 필요하다(Ravasi & Phillips, 2011). 따라서 삼성은 경영관리의 대규모 변화를 시도하였다. 삼성은 1983년 반도체사업에의 진입을 결정하였고 이는 2·8 동경 구상이라고 한다(전용욱 · 한정화, 1994). 삼성전자의 조직정체성 형성에는 메모리반도체 사업의 디지털 기술발전이 절대적인 영향을 미쳤다. 삼성전자에게는 디지털의 확산이 적절한 기회가 되었다(삼성전자, 2010).

삼성전자는 반도체 진입 초기 반도체 시장의 불황으로 인한 큰 손실로 자본잠식 상태가 되었다. 그러던 중 1988년 반도체 시장은 큰 호황이 찾아왔고 삼성은 1988년에 이전 5년간의 누적 적자를 메꿀 수 있는 많은 순이익을 달성하였다(김진백 · 이남석, 2016). 특히 삼성전자의 D램 반도체는 세계 시장점유율 4위에 올라 이 분야에서 세계적 기업이 되었다. 삼성전자는 1992년에 D램 반도체에서 세계 1위 기업이 되었으며, 그 이후 메모리반도체에서 세계 1위를 유지하고 있다(삼성전자, 2010).

삼성전자의 정체성 형성에는 삼성그룹의 조직문화가 토대가 되었다. 삼성그룹에서 전통적으로 중시하는 문화적 가치와 인공물은 합리성 추구(이종구 · 김호원, 2012), 신중한 기획, 신속한 자원 획득, 목표관리, 성과통제, 능력 및 업적 고과(전용욱 · 한정화, 1994), 인재제일 정신(이채윤, 2011; 한국경제신문 특별취재팀, 2002), 능력 위주, 적재적소, 능력주의, 신상필벌, 공채제도와 면접 중시, 체계적인 교육훈련(전용욱 · 한정화, 1994), 실행중심, 효율성 강조(장세진, 2008) 등이다.

삼성전자는 1993년 2기 정체성 선언을 하였다. 경영진은 삼성전자의 디자인과 품질의 문제들을 심각하게 생각하였고, 미국 시장에서 제품들에 대한 부정적인 이미지와 비효율적인 생산과정의 문제들를 확인하였다. 이러한 문제들을 해결하기 위한 조직변화와 관련하여 삼성은 1993년 신경영선언(푸랑크푸르트 선언)을 하였다(송재용 · 이경묵,

2013). 1993년 프랑크푸르트 회의에서 삼성은 양 위주에서 질 위주로의 변화를 선언하였다(삼성전자, 2010). 삼성에서는 이를 삼성 신경영이라고 한다. 이를 실현하기 위한 문화적 가치와 인공물에는 불량이 발생하는 생산라인을 세우는 라인스톱제 도입, 아침 7시에 출근하여 오후 4시에 퇴근하는 7·4제가 시행(삼성전자, 2010), 3·3·7 운동(3가지 사고방식, 3가지 효율화 원칙, 7가지 회의규칙) 실천, 구두보고와 메모보고 생활화를 위한 보고 SOS(Simple, On-time, Slim), 당일 결재 처리, 1매 보고서 원칙, 권한 위양에 초점을 맞춘 MyMy운동(김신, 2005), 경영이념과 정신, 그룹 마크, 사가 등의 변경(이채윤, 2011) 등이 있었다.

4) 인수 · 합병 및 내부사업다각화와 조직정체성

조직은 인수 · 합병과 내부사업다각화로 인해 하위집단이 형성되어 다양한 정체성이 나타날 수 있다(Ashforth & Mael, 1989). 조직은 수행하는 사업 수와 이들 사업들 사이의 시너지를 고려하여 구분, 제거, 통합, 집합을 포함한 다중조직정체성의 유형을 고려할 수 있다. 하위정체성을 다수 유지하지만 정체성들 사이의 시너지는 낮은 구분, 하위정체성을 소수 유지하면서 정체성들 사이의 시너지가 낮은 제거, 하위정체성을 소수 유지하면서 정체성 시너지를 높이는 통합, 다수의 하위정체성을 유지하면서 정체성들 사이의 시너지를 높이는 집합(aggregation)이 있다. 집합에서 대표적 정체성이 메타정체성이다(Pratt & Foreman, 2000). 기업의 인수 · 합병 후 조직정체성과 조직문화는 다양한 유형으로 나타날 수 있다. 인수 · 합병 후 조직정체성은 정체성 통합, 정체성 동화, 정체성 상호 분리, 탈조직정체성 등으로 구분할 수 있다(Nahavandi & Malekzadeh, 1988). 하위정체성들 사이는 상호 균형, 비동조화(decoupling), 하위정체성들 사이의 양립이 필요하다(Fiol, Pratt & O'connor, 2009; Pratt & Foreman, 2000). 그리고 조직에서 다중조직정체성을 효과적으로 관리하기 위해서는 정체성들 사이의 우선순위 설정, 상황에 적합한 적정 수준의 하위정체성을 유지하여야 한다.

사례 16: SK그룹

SK그룹은 대한석유공사, 한국이동통신, 하이닉스반도체 등 해당 산업에서 지배적인 위치의 기업을 잇달아 인수하여 그룹의 주력으로 성장시켰다. SK는 이들에 대한 강력한 통합정책으로 통합된 조직정체성을 효과적으로 확립하였다. SK그룹에는 '따로 또 같이'라는 표어가 있다. '따로'는 지주회사의 주도적인 의사결정이 아니라 가능하면 계열회사 스스로 의사결정의 자율성을 갖는 것을 의미한다. 계열사 간 시너지가 필요할 때는 '또 같이' 방식을 활용한다(조선일보, 2015. 11.30.). SK그룹의 조직정체성은 메타정체성의 특성을 보여주고 있다. SK그룹은 경영철학이자 경영관리시템인 SKMS(SK Management System)을 만들어 운영하였다. SKMS는 1979년 정립되었다. SK그룹은 1990년대에 SUPEX(Super Excellent)를 개발하여 적극적으로 활용하였다. 이와 같이 SKMS(SK Management System)는 SK의 고유한 경영철학이면서 경영시스템이다. SK는 SKMS를 통해 인수한 계열사들을 그룹과 통합하여 개성이 강한 조직정체성과 기업문화를 발전시킬 수 있었다(SK텔레콤 2018.10월 홈페이지).

5) 전략유지와 조직정체성의 관성

조직정체성의 변화는 환경의 불확실성으로 인해 조직에 부정적인 요인들이 나타나면서 진행된다. 조직정체성의 관성(Albert & Whetten, 1985; Ashforth & Mael, 1989)은 변화의 장애요인이 된다. 조직정체성은 관성으로 인해 외부 요인을 고려하지 않고 변화요인에 저항하려 한다(Clark, Gioia, Ketchen, & Thomas, 2010; Nag, Corley, & Gioia, 2007). 특히 조직관성은 조직이 오랫동안 성공을 경험한 결과로 나타난다. 성공적인 조직일수록 성공경험이 규범, 가치, 신화형태로 제도화되고, 제도화가 강할수록 조직의 관성은 커진다(Tushman & O'Reilly, 1996). 그리고 외부 이해관계자들과의 연결부족은 사회적 이슈에 대한 무관심을 낳을 수 있다(Hatch & Schultz, 2002). 조직정체성의 관성은 사회적 고립을 유발시키며 이로 인해 기업은 소비자의 선호를 추적하지 못한다. 예를 들어 로열 더치 쉘은 엔지니어링 주도 문화로 환경오염의 영향을 무시하였고, 환경보호단체인 그린피스와의 대화를 거부하였다.

사례 17: 핀란드의 노키아

1871년부터 현재의 사명을 사용하기 시작한 노키아는 고무, 제지, 케이블 회사에서 휴대폰과 통신장비 회사로 변신하였다. 과거 노키아는 휴대폰 사업 회사들 중 휴대폰 판매액, 판매대수, 시장점유율 등에서 세계에서 가장 규모가 컸었다. 노키아는 2007년까지 휴대폰의 시장점유율을 80%까지 점유하였었다. 그러나 이후 노키아는 사업의 기술적 변화에 적응을 못하여 스마트폰 사업에서 어려웠다(Aspara, Lamberg, Laukia, & Tikkanen, 2013).

모바일 통신산업은 지난 20년 동안 빠르게 성장했다. 그리고 성장 단계는 명확하게 구분되는 기술 단계로 구분된다. 2005년경 통신산업은 더 빠른 인터넷 연결을 가능하게 하는 3세대(3G) 무선 기술로 이동하였다. 2007년에 Apple은 모바일 인터넷이 가능한 아이폰(iPhone)을 출시하였다. 애플의 아이폰은 자체 운영체제인 iOS를 기반으로 하였다. 이러한 변화는 소프트웨어 개발에 이미 강했던 애플이나 구글과 같은 회사가 스마트폰 산업에서 성장할 수 있는 기회가 되었다. 반면에 2005년까지 노키아(Nokia)의 주요 스마트폰 운영시스템은 심비안(Symbian)이었는데, 내 · 외부 개발자 모두 일반적으로 심미안을 통한 작업이 어렵다고들 하였다. 노키아 최고경영진은 소프트웨어 측면에서 자신들이 자율성을 유지해야 한다는 믿음을 가졌으며 그것은 노키아의 과거의 업적에 의해 뒷받침되었다. 반면 소프트웨어 혁명 이후 번영한 유일한 기업인 삼성전자는 구글의 리눅스 기반 안드로이드 OS(오픈소스 소프트웨어)를 채택하기로 하였다. 노키아의 최고경영진은 노키아가 경쟁력 있는 소프트웨어를 개발하고 업계 최고의 스마트폰 공급업체로 남을 수 있는 모든 요소를 갖추고 있다고 믿었다. 하지만 노키아의 스마트폰에 대한 소비자의 반응은 2008년과 2010년 사이에 점점 더 부정적으로 변했다. 이는 노키아의 제품 품질 개선이 도전자인 애플에 비해 미미했기 때문이었다(Vuori & Huy, 2016).

노키아의 중간 및 최고 경영자들 사이에서 조직의 관성이 나타났다. 노키아 중간관리자들은 자신들이 애플보다 뛰어나다고 믿었다. 예를 들어 중간관리자들은 아이폰은 수준 이하의 제품이라고 생각하였다. 그리고 최고경영층은 애플과 구글을 포함한 새로운 진입자의 위협을 공개적으로 무시하였다. 노키아의 중간관리자들은 경쟁기업에 비해 자신들의 우월성을 믿었기 때문에 외부 경쟁자에 대한 두려움이 적었다(Vuori & Huy, 2016).

당시 노키아의 중간관리자들은 최고경영층의 반응을 두려워했다. 이들은 중요한 정보에 대해 침묵하거나 자신들에게 불리한 정보는 걸러냈다. 정보는 하향식으로만 이동이 가능하였고 상향식 정보는 포장된 보고서만 올라갔다. 이는 최고경영층을 잘못된 방향으로 유도하였다. 중간관리자들은 조직의 역량을 과도하게 포장하였다. 반면에 외부 경쟁업체에 대한 위기의식은 무디었다. 중간관리자들은 경쟁업체보다 내부의 경영층을 두려움의 대상으로 삼았다. 그리고 중간관리자는 최고경영자가 원하는 사항만을 주로 전달하였다. 중간관리자는 경영자의 질책이 두려워 시장을 과도하게 낙관하는 보고서를 주로 만들었다. 이와 같은 조직정체성의 관성은 노키아 성공의 결과물이었다. 노키아의 큰 성공과 강한 시장지배력은 경쟁기업들의 위협적인 장점을 인식하지 못하게 만들었다(Vuori & Huy, 2016).

6) 전략적 재지향과 조직정체성의 부활

조직정체성의 지속을 위해 조직정체성 관련 경험을 반복하여야 한다. 조직정체성의 쇠퇴는 기존에 가지고 있던 조직정체성에 대해 구성원들이 이를 주장하지 않아 정체성으로서의 역할이 점차적으로 상실될 때 발생한다. 조직정체성 쇠퇴는 1990년대 초 · 중반 애플(Apple), 과거 침체기의 할리데이비슨(Harley Davidson)과 레고(Lego)사의 예 등이 있다. 특히 오토바이 제조업체인 할리데이비슨은 경영자들이 1983년에 파산 직전에서 구해내기 전까지 10년 이상 자사의 조직정체성에 충실하지 않은 제품을 생산하였다(Howard-Grenvill et al., 2013). 덴마크 기업 레고는 75년 역사의 심층을 파헤치면서 놀이라는 핵심 아이디어를 회복하면서 2004년 방향전환을 하게 되었다(Howard-Grenvill et al., 2013; Schultz & Hernes, 2013).

기업조직에서 조직기억의 유지와 재생산은 조직정체성의 연속성을 가능하게 한다. 조직기억은 원문(textual), 역사적 유물, 의미를 전해주는 살아있는(living) 기억으로 구분 가능하다. 역사적 유물에 대한 기억과 살아 있는 생생한 기억이 과거, 현재, 미래를 보다 긴밀하게 연결시킨다(Schultz & Hernes, 2013). 조직기억은 조직정체성을 유지하게 한다(Anteby & Molnar, 2012). 조직정체성과 연관된 구성원들의 경험은 과거와 현재를 생생하게 연결해준다. 조직정체성에서 과거는 의미의 전달자 역할만 하는 것은 아니다. 조직구성원들은 과거의 전통과 유산을 재해석하고 재창조해야 할 경우가 있다. 과거의 경험과 지식들은 정체성 부활에 필요한 원재료이다. 조직들은 일반적으로 기업의 사료, 로고, 과거의 사명 선언과 같은 인공물을 통해 과거를 돌아보고 회상한다. 이와 같은 인공물에 비해 조직구성원들 사이에서 존재하는 살아 있는 기억이 정체성 부활에 더 필요하다(Howard-Grenvill et al., 2013). 현재의 구성원들은 조직정체성의 의미와 관련된 행동을 수행하기 위해 과거 행동이 필요하다(Schultz & Hernes, 2010). 조직정체성은 유형적 자원(재무, 인적, 물리적 자원), 무형적 자원(상징, 관계적 시스템) 및 리더와 구성원이 이러한 자원을 활용할 때 생성되는 경험 간의 상호작용을 통해 재생산될 수 있다. 리더는 유형 및 무형적 자원을 활용하여 경험을 조율한다. 조직정체성 부활은 과거 정체성을 재생산하는 것을 의미한다. 이는 유형 및 무형 자원들 사이의 긴밀한 상호작용을 통해 재부활될 수 있다. 정체성 부활을 위해서는 구성원들이 과거의 의미를 과거와 유사하게 경험할 수 있어야 한다(Howard-Grenvill et al., 2013).

정체성 부활과 관련하여 웅진그룹 사례가 있다. 방문판매로 크게 성장한 웅진은 그동안 쌓아온 핵심 역량과는 이질적인 극동건설과 저축은행 인수 등 비관련 분야로의 무리한 사업확장으로 2012년에 법정관리를 받았다. 웅진은 정체성 쇠퇴와 조직의 위기를 심각하게 경험하였다. 그러나 웅진그룹은 코웨이와 웅진식품 등의 주력 계열사를 매각하여 부채를 상환하였고, 2014년에 법정관리를 벗어났다. 그 후 웅진그룹은 기업경영을 점차적으로 회복하면서 정체성 부활을 시도하였다.

웅진그룹의 조직정체성은 영업활동의 속성을 잘 아는 창업자의 경험공유, 방문판매구성원들의 의례와 의식, 세레모니, 슬로건을 포함한 다양한 상징을 통해 형성 및 강화되었다. 윤석금 창업자는 1980년에 방문판매 서적사업인 웅진출판(현 웅진씽크빅)으로 시작해 웅진그룹을 크게 성장시켰으며 그룹 부활의 핵심 수단으로 선택한 것도 방문판매업이었다. 무리한 비관련 사업다각화가 웅진그룹 쇠퇴의 주요 요인이었기 때문(동아일보, 2016.6.8.)에 창업자가 조직 전체적으로 노하우가 풍부한 방문판매업을 기반으로 부활하려는 것에 대해서 주변은 긍정적으로 바라보았다.

사례 18: 덴마크 레고

덴마크의 완구제조 기업 레고는 1932년에 설립되었다. 레고는 조직정체성 조정을 여러 번 시도하였다. 그중 첫 번째는 레고에 불어닥친 새로운 위기로 1990년대 인터넷이 보급되고 이를 활용한 디지털 장난감과 게임의 발전으로 이 시장에서 극적인 변화가 일어난 후에 시작되었다. 레고그룹은 2000과 2001년에 조직의 재무적 변동성과 전략적 방향성을 상실한 상황에서 자신들의 브랜드 전략을 재구축하려고 하였다. 레고는 핵심 가치와 브랜드 포트폴리오에 대한 의미를 명확하게 하는 한편 이를 재정의하려는 노력에 집중하였다. 레고는 브랜드를 확장하여 새로운 장난감을 제품군에 포함시켰다. 그리고 레고는 런던에 새로운 사업부인 레고미디어를 설립하여 컴퓨터 게임과 TV 시리즈를 개발하였다. 레고는 또한 헤리포터나 스타워즈와 같은 라이선스에 대한 의존도를 높이고 글로벌 수준으로 놀이공원을 확장하였다. 그러나 다양하면서 많은 확장으로 인해 레고의 핵심 이해관계자들의 마음속에서 레고 고유의 정체성은 타격을 받았다. 직원들과 소비자들은 조직으로서의 레고와 놀이 경험 제공자로서의 레고의 정체성에 대해 혼란스러워했다. 이 시기 첫번째 목표는 확립된 비전과 사명의 한계 내에서 정체성 주장에 대한 명확성과 일관성을 높이는 것이었다. 태스크포스의 분석 결과 유럽에서 레고 브랜드는 어린이를 위한 고품질의 장난감과 관련이 있는 반면, 미국에서 레고는 다채로운 플라스틱 블록과 관련이 있었다. 이러한 서로 다른 인식은 레고 브랜드의 미래에 대해 다양한 아이디어를 만들어냈다. 두 번째 정체성 조정은 2005~2007년 사이로 레고는 조직정체성을 다시 재검토하였다. 레고의 경제적 상황은 더욱 악화되었고 사업의 변동성이 커지고 재무적 압박은 더욱 더 강해졌다. 레고는 2006년에 회사의 존립 이유에 대해 포괄적으로 검토하기 시작하였다. 이 시기 레고는 해외 생산을 아웃소싱으로 전환하고, 일부 브랜드를 폐쇄하였고, 직원을 대대적으로 감축한 구조조정을 단행하였다(Schultz & Hernes, 2013).

두 경우의 정체성 재구성은 여러 면에서 차이가 났다. 첫 번째 경우는 기존 정체성 주장을 재진술하여 정체성 주장의 범위를 줄이고 정체성에 대한 명확성과 일관성을 높이는 것이었다. 반대로 두 번째 경우는 회사의 존재 이유를 보다 근본적으로 재고하는 것이었다. 레고는 비전에서 슬로건에 이르기까지 정체성 주장의 전체 범위를 포괄적으로 다루었다. 조직의 기억은 두 경우 모두에서 중요하였지만 두 번째의 경우 보다 오랜 기간 동안의 레고의 정체성 기억을 조사하여 반영하였다. 첫 번째 경우는 주로 텍스트 메모리를 불러와서 검토했지만 여기에는 내부 기록부터 이전의 의사소통 자료에 이르기까지 다양한 종류의 문서가 포함되었다. 두 번째 경우는 예를 들어 CEO가 소유자, 경영진 및 기타 주요 이해관계자와의 내화기억을 참고하였다. 미래에 대한 정체성 형성은 과거의 기억을 바탕으로 이루어지며 과거에 대한 기억이 중요한 영향력을 행사하였다. 조직이 정체성과 관련하여 생생한 기억들과 자료들을 상호 효과적으로 결합하면 창업 시기와 그 당시 기억에 내재된 아이디어를 확장해서 새해석할 수 있다. 이는 조직의 정체성 재구성에서 과거의 기억들이 더 많이 결합될수록 새로운 미래 정체성의 범위와 깊이를 확장할 수 있는 잠재력을 더 키울 수 있다(Schultz & Hernes, 2010).

레고는 창업이념에 기반을 둔 핵심 역량을 재정의하고 21세기의 오픈 이노베이션, 크라우드 소싱 등의 신개념을 접목하였다. 그리고 레고는 아날로그의 정체성과 디지털의 첨단기술을 효과적으로 융합했다. 레고는 자신들의 로봇을 출시하고 성인용 장난감 시장을 개척하여 디지털 시대에 성공적으로 대응하였다. 이러한 과정은 "과거에 훔친 자산으로 미래를 해석하였다"라고 표현하였다(한국경제신문, 2016.3.17.).

※

참고문헌

권중생 · 김태형(2002). 조직정체성이 구성원의 방어적 행동에 미치는 영향. *조직과인사관리연구*, 26(1), 243-266.

김경묵 · 김상준(2006). 고성과 인적자원관리가 성과에 미치는 영향: 시스템 도입 강도의 역할에 대한 탐색적 연구. *인사조직연구*, 14(3), 107-151.

김광석(2024년 2월). 인구감소와 HR 전략, *월간인사관리*, 46-49.

김기진(2023년 9월). 생성형 AI, HR에 어떻게 접목할 것인가, *월간인사관리*, 40-43.

김덕중(2023년 9월). 디지털직원의 출현과 대응, *월간인사관리*, 48-50.

김상욱(2024년 1월). 2024년 국내기업 HRD 이슈와 과제, *월간인사관리*, 44-46.

김상준(2023년 11월). 긱 HR, *월간인사관리*, 26-27.

김신(2005). 한국 기업경영학계에 있어서의 삼성의 위치. *경영사학*, 20(3), 297-343.

김연정(2023년 9월). 프리보딩과 온보딩을 체계적으로 지원하는 플랫폼구축, *월간인사관리*, 51-53.

김원태(2023년 9월). 데이터로 소통하고 해결하는 'Data Driven HR', *월간인사관리*, 54-56.

김재구 · 임상훈 · 김동배(2003). 인사관리시스템과 경영성과가 상호 간에 미치는 영향에 대한 연구. *조직과 인사관리연구*, 27(3), 31-54.

김진백 · 이남석(2016). 삼성전자의 성장: 기술추격, 마케팅, 국제화 관점의 분석. *상품학연구*, 34(6), 89-103.

동아일보(2000.3.28.).

두산중공업(2012). 두산중공업 50년사.

박정웅(2007). *정주영: 이봐 해봤어?* 서울: FKI미디어.

배종석(2018). *인적자원론: 가치, 사람, 그리고 제도*, 3판, 홍문사.

사람인 · HR매거진(2020.3.30.). MZ세대, 가장 입사하기 싫은 기업은? - 사람인(saramin.co.kr)

삼성전자(2010). 삼성전자 40년사: 도전과 창조의 역사.

서울경제신문(2022.8.26.)

서울경제신문(2023.9.10.)

손성길(2024년 2월). 하이브리드 근무시대 리더의 역할, *월간인사관리*, 40-43.

송재용 · 이경묵(2013). *글로벌 일류기업 삼성을 만든 이건희 경영학 Samsung Way*, 21세기북스.

신현한 · 야나기마치이사오 · 곽주영(2017). 두산 120년-적응과 변신의 역사 . *경영사학*, 32(2), 97-122.

엄명섭(2023년 11월). 최근 국내기업 채용방식 동향과 특징, *월간인사관리*, 40-43.

엄명섭(2024년 2월). 2024년도 국내기업 채용 동향과 특징, *월간인사관리*, 26-29.

웅진(2010). *서른 살의 웅진이야기*, 서울: 웅진.

웅진닷컴(2000). *웅진 20년 아름다운 사람들*, 서울: 웅진닷컴.

유성진(2023년 9월). 호봉제에서 연봉제로의 전환, *월간인사관리*, 30-33.

유홍준(1993). *조직사회학*, 경문사.

윤동열(2024년 2월). 2024년 HR 트렌드, *월간인사관리*, 24-25.

윤우곤(1977). *조직론*, 법문사, 1977.

이상묵(2015). 정형화된 범주체계에서의 범주 확장형 혁신: 한국 영화시장에서의 장르혼합형 영화의 시도에 대한 연구. *경영컨설팅연구*, 15(1), 39-49.

이상훈(2024년 2월). 고용브랜드확보와 고령인력 경쟁력 강화, *월간인사관*

리, 60-62.

이승욱(2002). 두산그룹의 성장과 발전. *경영사학*, 17(1), 63-100.

이종구 · 김호원(2012). 삼성의 인재경영 변천과정과 시대별 특성 비교분석에 관한 연구 -호암 이병철의 경영이념 중심으로-. *경영사학*, 27(2), 95-126.

이채윤(2011). *삼성전자 3.10 이야기*, 북오션.

장세진(2008). *삼성과 소니*, 서울: 살림Biz.

장용선(2015). 창업자의 가치관이 조직정체성에 미친 영향 분석. *Korea Business Review*, 19(2), 27-62.

장용선(2016). 다중 조직정체성 관점에서 조망한 현대그룹 3사의 60년 사: 메타정체성 진화 과정을 중심으로. *Korea Business Review*, 20(2), 85-120.

장용선(2017a). 그룹 정체성 변화: 두산그룹 사례. *전문경영인연구*, 20(4), 139-157.

장용선(2017b). 창업자와 조직문화: 오이솔루션 사례. *기업경영리뷰*, 8(3), 121-137.

장용선(2018a). 삼성전자의 조직정체성 형성 과정. *경영사연구*, 33(1), 27-46.

장용선(2018b). 조직정체성과 전략경영과의 관계에 대한 사례 연구. *경영컨설팅연구*, 18(4), 267-276.

장용선 · 부기철(2018). 조직상징과 조직문화와의 관계에 관한 연구. *경영컨설팅연구*, 18(3), 89-100.

장용선(2022). 조직문화의 형성 및 확산: SK그룹 사례. *경영사연구*, 37(1), 63-84.

전자신문(2016.8.10.). 〔한국 반도체 50년〕 〈5〉 삼성, 그룹 차원의 반도체 사업 진출… 2.8 도쿄 구상.

전용욱 · 한정화(1994). *삼성의 성장과 변신: 초일류 기업으로 가는 길*, 서울: 김영사.

정주영(1991). *시련은 있어도 실패는 없다*, 제삼기획.

정주영(2011). *이 땅에 태어나서*, 솔출판사.

조선일보(2015.11.30.).

중앙선데이, 2020.8.29.

천성현(2024년 2월). 지속가능기업을 향한 Sustainable HR, *월간인사관리*, 33-35.

최윤정(2023년 9월). 새로운 성과관리 트렌드, *월간인사관리*, 34-37.

한국경제신문(2016.3.17.).

한국경제신문(2022.8.29.).

한국경제신문(2023.10.30.).

한국경제신문(2023.12.27.).

한국경제신문 특별취재팀(2002). 삼성전자 왜 강한가.

홍주영(2024년 1월). HR의 AI활용, *월간인사관리*, 24-25.

https://namu.wiki/w/메이요%20클리닉

SK텔레콤(2018.10월 홈페이지).

Aiken, M., & Hage, J. (1966). Organizational alienation: a comparative analysis. *American Sociological Review*, 31(4), 479-509.

Aiken, M., & Hage, J. (1967). Relationship of centralization to other structural properties. *Administrative Science Quarterly*, 12(1), 72-92.

Albert, S. & Whetten, D. A. (1985). Organizational identity. In L. L. Cummings & B. M. Staw (Eds.), *Research in Organizational Behavior(*7: 263-295), Greenwich, CT: JAI Press.

Alvesson, M. & Willmott, H. (2002). Identity regulation as organizational control: Producing the appropriate individual. *Journal of Management Studies,* 39(5), 619-644.

Alvesson, M. (1995.) *Cultural Perspectives on Organizations*. New York: Cambridge University Press.

Alvesson, M., & Sveningsson, S. (2008). *Changing Organizational Culture: Cultural Change Work in Progress*. Routledge.

Anteby, M. & Molna, V. (2012). Collective memory meets organizational identity: Remembering to forget in a firm's rhetorical history. *Academy of Management Journal,* 55(3), 515-540.

Ashforth, B. E. & Mael, F. A. (1989). Social identity theory and the organization. *Academy of Management Review,* 14, 20-39.

Ashforth, B. E., Harrison, S. H. & Corley, K. G. (2008). Identification in rganizations: An examination of four fundamental questions. *Journal of Management,* 34, 325-374.

Aspara, J., Lamberg, J-A., Laukia, A., & Tikkanen, H. (2013). Corporate business model transformation and inter-organizational cognition: The case of Nokia. *Long Range Planning*, 46(6), 459-474.

Appelbaum, E., Bailey, T., Berg, P., & Kalleberg, A. L. (2000). *Manufacturing Advantage: Why High Performance Work Systems Pay off.* London: ILR Press.

Balthazard, P. A., Cooke, R. A., & Potter, R. E. (2006). Dysfunctional culture, dysfunctional organization: Capturing the behavioral norms that form organizational culture and drive performance. *Journal of Managerial Psychology*, 21(8), 709-732.

Barley, S. R. (1983). Semiotics and the study of occupational and organizational cultures. *Administrative Science Quarterly,* 28, 393-413.

Berg, P. O. (1985). Organization change as a symbolic transformation process. In P. J. Frost, L. F. Moore, M. R. Louis, C. C. Lundberg, & J. Martin (Eds.), *Organizational Culture* (pp. 281-299). Beverly Hills, CA: Sage.

Berry, J. W., Poortinga, Y. H., Segall, M. H., & Dasen. P. R. (2002). *Cross-Cultural Psychology: Research and Applications*. UK: Cambridge University Press.

Blackburn, R. (1982). Dimensions of structure: A review and reappraisal. *Academy of Management Review*, 17(1), 59-66.

Brandl, J., Keegan, A., & Kozica, A. (2022). When less is more: HRM implementation, legitimacy, and decoupling. *Human Resource Management Journal*, 32, 247–260.

Brickson, S. L. (2005). Organizational identity orientation: Forging a link between identity and organizations' relations with stakeholders. *Administrative Science Quarterly*, 50, 576-609.

Bromley, P., & Powell, W. W. (2012). From smoke and mirrors to walking the talk: Decoupling in the contemporary world. *Academy of Management Annals*, 6(1), 483-530.

Broms, H., & Gahmberg, H. (1983). Communication to self in organizations and cultures. *Administrative Science Quarterly*, 28, 482-495.

Cameron, K. S., & Quinn, R. E. (1999). *Diagnosing and Changing Organizational Culture.* Addison-Wesley Publishing Company, Inc.

Canato, A., & Ravasi, D. (2015). Managing long-lasting cultural changes. *Organizational Dynamics*, 44(1), 75-82.

Chatman, J. A., & Cha, S. E. (2003). Leading by leveraging culture. *California Management Review*, 45(4), 20-34.

Chatman, J. A., & Jehn, K. A. (1994). Assessing the relationship between industry characteristics and organizational culture: How different can you be? *Academy of Management Journal*, 37, 522-553.

Chatman, J. A., & O'Reilly C. A. (2016). Paradigm lost: Reinvigorating the study of organizational culture. *Research in Organizational Behavior*,

36, 199-224.

Cheney, G., & Christensen, L. T. (2004), Organizational identity: Linkages between internal and external communication. In M. J. Hatch and M. Schultz (Ed.), *Organizational Identity: A Reader*(510-557); New York: Oxford University Press.

Child, J. (1974). Comments on Reimann and Mansfield's "bureaucracy". *Administrative Science Quarterly*, 19, 247-250.

Chreim, S. (2002) Reducing dissonance: Closing the gap between projected and attributed identity. In B. Moingeon & G. Soenen(Eds.), *Corporate and Organizational Identities*(75-90), London: Routledge.

Chuang, C., & Liao, H. (2010). Strategic human resource management in service context: Taking care of business by taking care of employees and customers. *Personnel Psychology*, 63(1), 153-196.

Clark, B. R. (1972). The organizational saga in higher education. *Administrative Science Quarterly*, 17, 178-183.

Clark, S. M., Gioia, D. A., Ketchen, D., & Thomas, J. B. (2010). Transitional identity as a facilitator of organizational identity change during a merger. *Administrative Science Quarterly,* 55, 397-438.

Cooke, R. A., & Rousseau, D. M. (1988). Behavioral norms and expectations: A quantitative approach to the assessment of culture. *Group & Organization Management*, 13, 245-273.

Corley, K. G., & Gioia, D. A. (2004). Identity ambiguity and change in the wake of a corporate spin-off. *Administrative Science Quarterly,* 49, 173-208.

Cummings, T. G., & Worley, C. G. (1997). *Organization Development & Change.* Cincinnati, Ohio: South-Western College Publishing.

Daft, R. L. (2020). *Organization Theory and Design,* 13th Edition, South-

Western Cengage Learning.

Dandridge, T. C. (1983). Symbols' function and use. In L. R. Pondy, P. J. Frost, G. Morgan, & T. C. Dandridge (Eds.), *Organizational Symbolism* (69-79), Greenwich, CT: JAI Press.

Dandridge, T. C., Mitroff, I. I., & Joyce, W. F. (1980). Organizational symbolism: A topic to expand organizational analysis. *Academy of Management Review*, 5, 77-82.

Deal, T. E., & Kennedy, A. A. (1982). *Corporate Cultures*. MA: Addison-Wesley.

Denison, D. R. (1990). *Corporate Culture and Organizational Effectiveness*. New York: John Wiley & Sons.

Denison, D. R., & Mishra, A. K. (1995). Toward a theory of organizational culture and effectiveness. *Organization Science*, 6, 204-223.

Denison, D., Nieminen, L., & Kotrba, L. (2014). Diagnosing organizational cultures: A conceptual and empirical review of culture effectiveness surveys. *European Journal of Work and Organizational Psychology*, 23(1), 145–161.

Do, H., Patel, C., Budhwar, P., Katou, A., Arora, B., & Dao, M. (2020). Institutionalism and its effect on HRM in the ASEAN context: Challenges and opportunities for future research. *Human Resource Management Review*. 30(4), 1-28.

Dutton, J. E., & Dukerich, J. M. (1991), Keeping an eye on the mirror: Image and identity in organizational adaptation. *Academy of Management Journal*, 34, 517-54.

Dutton, J., Dukerich, J., & Harquail, C. V. (1994). Organizational images and membership commitment. *Administrative Science Quarterly*, 39, 239-263.

Dyer, G. W. (1986). *Cultural Change in Family Firms.* San Francisco, CA: Jossey-Bass Publishers.

Elsbach, K. D., & Kramer, R. M. (1996). Member responses to organizational identity treats: Encountering and countering the business week rankings? *Administrative Science Quarterly,* 41(3), 442-476.

Eoyang, C. (1983). Symbolic transformation of belief systems. In L. R. Pondy., P. J. Frost., G. Morgan and T. C. Dandridge (Eds.), *Organizational Symbolism*: 109-121. Greenwich, CT: JAI Press.

Evans, W. R., & Davis, W. D. (2005). High-performance work systems and organizational performance: The mediating role of internal social structure. *Journal of Management*, 31, 758-775.

Evered, R. (1983). The language of organizations: The case of the navy. In L. R. Pondy., P. J. Frost., G. Morgan and T. C. Dandridge (Eds.), *Organizational Symbolism* :125-143. Greenwich, CT: JAI Press.

Ferris, G. R., Hochwarter, W. A., Buckley, M. R., Harrell-Cook, G., & Frink, D. D. (1999). Human resource management: Some new directions. *Journal of Management*, 25(3), 385-415.

Fey, C., & Denison, D. R. (2003). Organizational culture and effectiveness: Can an American theory be applied in Russia? *Organization Science*, 14, 686-706.

Fiol, C. M. (2001). Revisiting an identity-based view of sustainable competitive advantage. *Journal of Management,* 27, 691-700.

Fiol, C. M., Pratt, M. G., & O'connor, E. J. (2009). Managing intractable identity conflicts. *Academy of Management Review,* 34(1), 32-55.

Fiol, C. M., Hatch, M. J., & Golden-Biddle, K. (1998). Organizational culture and identity: What's the difference anyway? In D. A. Whetten

& P. Godfrey (Eds.). *Identity in Organizations: Building Theory through Conversations*(56-62), Thousand Oaks, CA: Sage.

Gioia, D, A., Price, K. N., Hamilton, A. L., & Thomas, J. B. (2010). Forging an identity: An insider-outsider study of processes involved in the formation of organizational identity. *Administrative Science Quarterly*. 55, 1-46.

Gioia, D. A., & Thomas, J. B. (1996). Identity, image, and issue interpretation: Sensemaking during strategic change in academia. *Administrative Science Quarterly*, 41, 370-403.

Gioia, D. A., Schultz, M., & Corley, K. G. (2000). Organizational identity, image, and adaptive instability. *Academy of Management Review*, 25(1), 63-81.

Glynn, M. A., & Watkiss, L. (2012). Exploring cultural mechanisms of organizational identity construction. In M. Schultz, S. Maguire., A. Langley., & H. Tsoukas (Eds.), *Constructing Identity in and around Organizations*(63-88), New York: Oxford University Press.

Golden-Biddle, K., & Rao, H. (1997). Breaches in the boardroom: Organizational identity and conflicts of commitment in a nonprofit organization. *Organization Science*, 8, 593-611.

Gregory, B. T., Harris, S. G., Armenakis, A. A., & Shook, C. L. (2009). Organizational culture and effectiveness: A study of values, attitudes, and organizational outcomes. *Journal of Business Research*, 62, 673-679.

Gutierrez, B., Howard-Grenville, J., & Scully, M. (2010). The faithful rise up: Split identification and an unlikely change effort. *Academy of Management Journal*, 53, 673-699.

Hage, J. (1965). An axiomatic theory of organizations. *Administrative*

Science Quarterly, 10(1), 290-315.

Hall, R. H., Haas, J., & Johnson, N. J. (1967). An organization of the Blau-Scott and Etzioni typologies. *Administrative Science Quarterly*, 12, 590-613.

Han, J. H., Kang, S., Oh, I-S., Kehoe, R. R., & Lepak, D. P. (2019). The goldilocks effect of strategic human resource management? Optimizing the benefits of a high-performance work system through the dual alignment of vertical and horizontal fit. *Academy of Management Journal*, 62(5), 1388-1412.

Harrell-Cook, G., & Ferris, G. R. (1997). Competing pressures for human resource investment. *Human Resource Management Review*, 7(3), 317-340.

Hatch, M. J., & Schultz, M. (2000). Scaling the tower of Babel: Relational differences between identity, image and culture in organizations. In M. Schultz, M. J. Hatch, & M. H. Larsen (Eds.), *The Expressive Organization*(11-36), Oxford, U.K.: Oxford University Press.

Hatch, M. J., & Schultz, M. (2004), Introduction. In M. J. Hatch and M. Schultz (Ed.), *Organizational Identity: A Reader*(1- 15) Oxford; New York: Oxford University Press.

Hatch, M. J., & Schultz, M. S. (2002). The dynamics of organizational identity. *Human Relations,* 55, 989-1018.

Hatch, M. J. (1993). The dynamics of organizational culture. *Academy of Management Review*, 18, 657-693.

He, H., & Baruch, Y. (2010). Organizational identity and legitimacy under major environmental changes: Tales of two UK building societies. *British Journal of Management,* 21(1), 44-62.

Higgins, J. M., & Mcallaster, C. (2004). If you want strategic change, don't forget to change your cultural artifacts. *Journal of Change Management*, 4(1), 63-73.

Higgins, J. M., & McAllaster, C. (2002). Then use cultural artifacts that support it. *Organizational Dynamics*, 31, 74-84.

Higgins, J. M., Mcallaster, C., Certo, S. C., & Gilbert, J. P. (2006). Using cultural artifacts to change and perpetuate strategy. *Journal of Change Management*, 6(4), 397-415.

Hofstede, G., Neuijen, B., Ohayv, D. D., & Sanders, G.(1990). Measuring oganizational cultures: A qualitative study across twenty cases. *Administrative Science Quarterly*, 35, 286-316.

Howard-Grenvill, J., Metzger, M. L., & Meyer, A. D. (2013). Rekindling the flame: Processes of identity resurrection. *Academy of Management Journal*, 56(1), 113-136.

Jarnagin, C., & Slocum, J. (2007). Creating corporate cultures through mythopoetic leadership. *Organizational Dynamics*, 36(3), 288-302.

Jennings, P. D. (1994). Viewing macro HRM From without: Political and institutional perspectives. *Research in Personnel and Human Resources Management*, 12, 1-40.

Jeyavelu, S. (2007). Organizational identity and sustainable competitive advantage: Combining resource based view and configuration approach. *International Journal of Management Practices & Contemporary Thoughts*, 2(2), 80-88.

Jloti, J., & Rani, A. (2017). High-performance work system and organizsational performance: Role of knowledge management. *Personnel Review*, 46(8), 1770-1795.

Kerr, J., & Slocum, J. W. (2005). Managing corporate culture through reward systems. *Academy of Management Executive*, 19, 130-138.

Kim, T-Y., Moon, T-W., & Kim, M-S. (2010). An Integrative framework of social and organizational identities. Korean Academy of Management Conference.

Kjærgaard, A. L., Morsing, M., & Ravasi, D. (2011). Mediating Identity: A study of media influence on organizational identity construction in a celebrity firm. *Journal of Management Studies*, 48(3), 514-543.

Kochan, T., & Dyer, L. (1995). HRM: An American view. In J. Story (Ed.), *Human Resource Management*: 332-351, New Fetter Lane, London: Routledge.

Kono, T., & Clegg, S. R. (1998). *Transformations of Corporate Culture*. Berlin · New York: Walter de Gruyter.

Kozlowski, S. J., & Bell, B. S. (2013). Work groups and teams in organizations. In N. W. Schmitt, S. Highhouse, & I. B. Weiner (Eds.), *Handbook of Psychology: Industrial and Organizational Psychology* (pp. 412–469). John Wiley & Sons, Inc.

Kreiner, G. E., Hollensbe, E., Sheep, M. L., Smith, B. R., & Kataria, N. (2015). Elasticity and the dialectic tensions of organizational identity: How can we hold together while we are pulling apart? *Academy of Management Journal*, 58(4), 981-1011.

Kroezen, J. J., & Heugens, P. (2012). Organizational identity formation: Processes of identity imprinting and enactment in the Dutch micro brewing landscape. In M. Schultz, S. Maguire., A. Langley. and H. Tsoukas (Eds.), *Constructing Identity in and around Organizations(*89-127), New York: Oxford University Press.

Laukia, A. (2012). How does who we are affect where we go? Multiple identities and organizational outcomes. Academy of management proceedings.

Legge, K. (1995). HRM: "Rhetoric, Reality and Hidden Agendas". In J. Story (Ed.), *Human Resource Management*: 33-59, New Fetter Lane, London: Routledge.

Marin-Garcia, J. A., & Tomás, J. (2016). Deconstructing AMO framework: A systematic review. *Intangible Capital*, 12, 1040-1087.

Martin, J. (1992). *Cultures in Organizations.* New York Oxford: Oxford University Press.

Martin, J. (2002). Organizational Culture: Mapping the Terrain, Sage Publications.

Martin, J., Feldman, F. S., Hatch, M. J., & Sitkin, S. B., (1983). The uniqueness paradox in organizational stories. *Administrative Science Quarterly,* 28, 438-453.

Martin, J., & Sichl, C. (1983). Organizational culture and counterculture: An uneasy symbiosis. *Organizational Dynamics*, 12(2), 52–64

Mead, G. H. (1967), *Mind, Self, and Society*. In C. W. Morris (Eds.). Chicago: The University of Chicago Press.

Mike, B., & Slocum, J. W. (2003). Changing culture at Pizza Hut and Yum! Brands, Inc. *Organizational Dynamics*, 32(4), 319-330.

Mintzberg, H. (1979). *The Structuring of Organizations*. Englewood Cliffs NJ: Prentice Hall.

Mitroff, I. I. & Kilmann, R. H. (1976). On organization stories: An approach to the design and analysis of organizations through myths and stories. In Kilmann, R. H., Pondy, L. R., & Slevin, D. P. (Eds.), *The Management of Organization Design*. 189-207. New York: North-Holland.

Morgan, G., Frost, P. J., & Pondy, L. R. (1983). Organizational symbolism. In L. R. Pondy., P. J. Frost., G. Morgan and T. C. Dandridge (Eds.),

Organizational Symbolism: 3-35. Greenwich, CT: JAI Press.

Nag, R, K., Corley, G., & Gioia, D. A. (2007). The intersection of organizational identity, knowledge, and practice: Attempting strategic change via knowledge grafting. *Academy of Management Journal,* 50, 821-47.

Nahavandi, A., & Malekzadeh, A. (1988). Acculturation in mergers and acquisitions. *Academy of Management Review*, 13(1), 79-80.

Oh, I-S., Han, J. H., Holtz, B., Kim, Y. J., & Kim, S. (2018). Do birds of a feather flock, fly, and continue to fly together? The differential and cumulative effects of attraction, selection, and attrition on personality-based within-organization homogeneity and between-organization heterogeneity progression over time. *Journal of Organizational Behavior,* 39(10), 1347-1366.

Oliver, D., & Bürgi, P. (2005). Organizational identity as a strategic practice. 4th International Critical Management Studies Conference.

O'Reilly, C. A., Chatman, J., & Caldwell, D. F. (1991). People and organizational culture: A profile comparison approach to assessing person-organization fit. *Academy of Management Journal*, 34, 487-516.

Ott, J. S. (1989). *The Organizational Culture Perspective.* Pacific Grove, California: Brooks/Cole Publishing Company.

Pathomphatthaphan, S., Das, S., & Virat, K. (2021). A conceptual approach to HRM practices influencing organizational outcomes and shared values to society: The mediating role of employee outcomes and organizational culture. *Organizational Cultures: An International Journal*, 21(2), 19-33.

Pettigrew, A. M. (1979). On studying organizational cultures. *Administrative*

Science Quarterly, 24, 570-581.

Pondy, L. R. (1983). The role of methphors and myths in organization and in the facilitation of change. In L. R. Pondy., P. J. Frost., G. Morgan and T. C. Dandridge (Eds.), *Organizational Symbolism*: pp. 157-166. Greenwich, CT: JAI Press.

Pratt, M. G., & Foreman, P. O. (2000). Classifying managerial responses to multiple organizational identities. *Academy of Management Review,* 25(1), 18-42.

Pugh, D. S., Hickson, D. J., Hinings, C. R., Macdonald, K. M., Turner, C., & Lupton, T. (1963). A conceptual scheme for organizational analysis. *Administrative Science Quarterly*, 8(3), 289-315.

Pugh, D. S., Hickson, D. J., Hinings, C. R., & Turner, C. (1968) Dimensions of organization structure. *Administrative Science Quarterly*, 13, 65-105.

Ravasi, D., & Schultz, M. (2006). Responding to organizational identity threats: Exploring the role of organizational culture. *Academy of Management Journal*, 49(3), 433-458.

Ravasi, D., & Phillips, P. (2011). Strategies of alignment organizational identity management and strategic change at Bang and Olufsen. *Strategic Organization*, 9(2), 103-135.

Reger, H. K., Gustafson, L. T., DeMarie, S. M., & Mullane, J. V. (1994). Reframing the organization: Why implementing total quality is easier said than done. *Academy of Management Review*, 19(3), 565-584.

Riley, P. (1983). A structurationist account of political culture. *Administrative Science Quarterly*, 28(3), 414-437.

Rindova, V. P., & Fombrun, C. J. (1998). The eye of the beholder: The role of corporate reputation in defining organizational identity. In D. A.

Whetten & P. Godfrey (Eds.). *Identity in Organizations: Building Theory through Conversations*(62-82), Thousand Oaks, CA: Sage.

Rogg K. L., Schmidt D. B., Shull, C., & Schmitt, N. (2001). Human resource practices, organizational climate, and customer satisfaction. *Journal of Management*, 27, 431-449.

Sathe, V. (1983). Implications of corporate culture: A manager's guide to action. *Organizational Dynamics,* 12, 5-23.

Schein, E. H. (2004). *Organizational Culture and Leadership (3nd ed.).* CA: Jossey-Bass Publishers.

Schein, E. H.(1985), Organizational Culture and Leadership, San Francisco, CA: Jossey-Bass Publishers.

Schneider. B., Goldstein, H. W., & Smith. D. B. (1995). The ASA framework: an update. *Personnel Psychology*, 48, 747-773.

Schultz, M. (1995). *On Studying Organizational Cultures*, New York: Walter de Gruyter.

Schultz, M., & Hernes, T. (2010). Powers of the past: Evoking organizational memory in identity reconstruction. Academy of Management Best Papers Proceedings, 1-6.

Schultz, M., & Hernes, T. (2013). A temporal perspective on organizational identity. *Organization Science*. 24. 1-21.

Siehl, C. (1985). After the founder: An opportunity to manage culture. In P. J. Frost, L. F. Moore, M. R. Louis, C. C. Lundberg, & J. Martin (Eds.), *Organizational culture* (pp. 125-140). Sage Publications, Inc.

Smircich, L. 1983(a). Concepts of culture and organizational analysis. *Administrative Science Quarterly*, 28(3), 339-358.

Smircich, L. 1983(b). Organizations as shared meanings. In L. R. Pondy., P. J. Frost., G. Morgan and T. C. Dandridge (Eds.), *Organizational*

Symbolism: 55-65. Greenwich, CT: JAI Press.

Smith, K. K., & Simmons, V. M. (1983). A Rumpelstiltskin organization: Metaphors on metaphors in field research. *Administrative Science Quarterly*, 28(3), 377-392.

Soenen, G., & Moingeon, B. (2002). The five facets of collective identities: Integrating corporate and organizational identity, In B. Moingeon & G. Soenen(Eds.), *Corporate and Organizational Identities* (13-34), edited by , London, Routledge.

Spradley, J. P. (1979). *The Ethnographic Interview*. FL: Harcourt Brace Jovanovich College Publishers.

Story, J. (1995). Human resource management: Still marching on, or marching out?" In J. Story (Ed.), *Human Resource Management*: 3-32, New Fetter Lane, London: Routledge.

Suh, B. W., & Ko, Y-H. (2017). Doosan: Cross-border M&A strategy to global growth. *Korean Business Review*, 21(2), 33-58.

Tajfel, H., & Turner, J. C. (1985). The social identity theory of intergroup behavior. In S. Worchel and W. G. Austın (Eds.), *Psychology of Intergroup Relations (2nd ed.),* Chicago: Nelson-Hall, 7-24.

Trice, H. M., & Beyer, J. M. (1984). Studying organizational cultures through rites and ceremonials. *Academy of Management Review,* 9, 653-669.

Trice, H. M., & Beyer, J. M. (1991). Cultural leadership In organizations. *Organization Science,* 2, 149-169.

Trice, H. M., & Beyer, J. M. (1993). *The Culture of Work Organizations.* Englewood Cliffs, NJ: Prentice Hall.

Trice, H. M., Belasco, J., & Alutto, J. (1969). The role of ceremonials in organizational behavior. *Industrial and Labor Relations Review,* 23,

40-51.

Tushman, M. L., & O'Reilly, C. A. (1996). Ambidextrous organizations: Managing evolutionary and revolutionary change. *California Management Review,* 38(4), 8-30.

Ulrich, W. L. (1984). HRM and culture: History, ritual, and myth. *Human Resource Management*, 23(2), 117-128.

Van Maanen, J., & Kunda, G. (1989). Real feelings: Emotional expression and organizational culture. In L. L. Cummings and B. M. Staw (Eds.), *Research in Organizational Behavior,* 11: 43-103. Greenwich, CT: JAI Press.

Vuori, T. O., & Huy, Q. N. (2016). Distributed attention and shared emotions in the innovation process: How Nokia lost the smartphone battle. *Administrative Science Quarterly*, 61(1), 9-51.

Weber, P. S., & Manning, M. R. (1998). A comparative framework for large group organizational change interventions. In R. W. Woodman and W. A. Pasmore (Eds.), *Research in Organizational Change and Development*, 11, pp. 225-252. Greenwi- ch, CT: JAI Press.

Whetten, D. A., & Mackey, A. (2002). A social actor conception of organizational identity and its implications for the study of organizational reputation. *Business and Society,* 41(4), 393-414.

Wiener, Y. (1988). Forms of value systems: A focus on organizational effectiveness and cultural change and maintenance. *Academy of Management Review*, 13(4), 534-545. https://doi.org/10.2307/258373

Wilkins, A. L. (1983). Organizational stories as symbols which control the organization. In L. R. Pondy., P. J. Frost., G. Morgan and T. C. Dandridge (Eds.), *Organizational Symbolism:* 81-92. Greenwich, CT: JAI Press.

Woodrow, C., & Guest, D. E. (2014). When good HR gets bad results: Exploring the challenge of HR implementation in the case of workplace bullying. *Human Resource Management Journal*, 24(1), 38-56.

기업의 지속가능성과 경쟁력의 기반

조직문화와 조직정체성

지은이 장용선
펴낸이 윤동구
펴낸곳 도서출판 청민사

출판등록 1999.10.28./제10-1846호
주소 서울시 마포구 창전로 46 4층 401호
전화 02-3272-1243~4
팩스 02-3272-1245
E-mail cmbooks@hanmail.net
블로그 http://blog.naver.com/cmbooks1

2025년 3월 20일 초판 인쇄
2025년 3월 25일 초판 발행

ISBN 979-11-92272-30-6 93320